车用余热回收型涡旋膨胀机的多场耦合分析

刘　祯　著

中国水利水电出版社
www.waterpub.com.cn
·北京·

内容提要

本书针对应用于车用发动机有机朗肯循环余热回收系统的涡旋膨胀机，存在着工作温度较高、涡旋盘侧壁面在涡盘热膨胀变形和润滑油碳化颗粒影响下磨损严重的问题，采用多场耦合数值模拟方法针对涡旋盘变形特性和影响因素开展研究，分析了给定工况下膨胀机流场分布对涡旋盘温度载荷和内压载荷的影响，对比了各载荷对动、静涡旋齿变形的影响程度，研究了吸气温度对膨胀机工作腔流场分布和涡旋盘变形特性的影响，介绍了对涡旋型线啮合理论，明确了涡旋型线啮合的基本条件，构造出不同等壁厚和变壁厚渐开线类涡旋型线并对其结构参数进行了计算，分析了不同型线对涡旋膨胀机结构参数和工作性能的影响，最终提出了采用与原型机基本几何结构参数相同的变径基圆涡旋型线的设计方案，对比分析了改型前后的涡旋膨胀机排气腔和背压腔流场以及温度场分布的差异，研究了两个膨胀机变形特性的差异。

本书可作为相关领域研究人员的参考用书，也可供相关专业高年级的本科生、研究生和博士生阅读。

图书在版编目（CIP）数据

车用余热回收型涡旋膨胀机的多场耦合分析/刘祯著．—北京：中国水利水电出版社，2019．10

ISBN 978-7-5170-8087-9

Ⅰ．①车…　Ⅱ．①刘…　Ⅲ．①汽车—发动机—膨胀机—耦合—分析方法　Ⅳ．①U464

中国版本图书馆 CIP 数据核字（2019）第 228277 号

书　　名	车用余热回收型涡旋膨胀机的多场耦合分析 CHEYONG YURE HUISHOUXING WOXUAN PENGZHANGJI DE DUOCHANG OUHE FENXI
作　　者	刘　祯　著
出版发行	中国水利水电出版社 （北京市海淀区玉渊潭南路 1 号 D 座　100038） 网址：www. waterpub. com. cn E-mail：sales@ waterpub. com. cn 电话：（010）68367658（营销中心）
经　　售	北京科水图书销售中心（零售） 电话：（010）88383994、63202643、68545874 全国各地新华书店和相关出版物销售网点
排　　版	京华图文制作有限公司
印　　刷	三河市元兴印务有限公司
规　　格	170mm×240mm　16 开本　12 印张　215 千字
版　　次	2020 年 1 月第 1 版　2020 年 1 月第 1 次印刷
印　　数	0001—2000 册
定　　价	59. 00 元

前 言

涡旋式膨胀机以效率高、噪声低、运转平稳、结构紧凑、可靠性好等突出优点和小流量、高膨胀比的特性，成为目前小微型有机朗肯循环余热回收系统中较好的做功部件。在有机朗肯循环系统性能试验台上进行涡旋膨胀机性能试验中，膨胀机的吸气温度较高，涡旋盘承受着较高的热负荷，工作条件相对恶劣，涡旋盘侧壁面在涡盘热膨胀变形和润滑油碳化颗粒影响下磨损严重。我们通过对涡旋膨胀机内部工作过程开展的 CFD（computational fluid dynamics，计算流体动力学）研究表明，其内部存在非常复杂的三维非定常流动。然而将膨胀机内部工质的非定常流动与换热相结合去探讨涡旋盘结构变形机理及响应特性方面的研究未见报道。

为此，本书以应用于车用发动机有机朗肯循环余热回收系统的某型涡旋膨胀机为研究对象，采用多场耦合数值模拟方法针对涡旋盘变形特性和影响因素开展研究，探讨了膨胀机非稳态流动对涡旋盘变形的影响规律。本书的具体内容如下：

第 1 章阐述了本书的研究背景及意义、涡旋膨胀机的结构原理和研究进展以及本书的主要研究内容与章节安排。

第 2 章通过分析有机工质涡旋膨胀机涡旋盘产生应力变形的流-热-固耦合过程，建立了涡旋膨胀机流-热-固多场耦合的数值模型，包括描述涡旋膨胀机内部非稳态流动与共轭传热的流体力学模型和描述涡旋盘应力变形的结构力学模型。采用有限体积法离散求解涡旋膨胀机的流动与传热控制方程，再利用单向耦合法将获得涡旋盘面压力和体温度作为边界条件加载到有限元模型中，以实现涡旋盘应力应变场的求解，并获得涡旋盘的位移数据。

第 3 章分析了给定工况下膨胀机流场分布对涡旋盘温度载荷和内压载荷的影响，对比了各载荷对动、静涡旋齿变形的影响程度。结果表明，在工质与涡旋齿壁面间的对流换热和涡旋齿自身热传导的作用下，动、静涡旋齿温度沿涡旋型线由齿头向齿尾方向先降低再升高最后降低。作用于动、静涡旋齿上的内压载荷的大小和方向随工作腔流动形态的变化而变化，其中动涡旋齿齿尾末端的变形受内压载荷变化的影响较大。温度载荷对动、静涡旋盘变形分布的趋势和大小影响最大；内压载荷仅仅改变了涡旋盘变形量，对变形分布趋势的影响较小；惯性载荷仅增加了动涡旋齿齿尾的变形量。

第 4 章研究了吸气温度对膨胀机工作腔流场分布和涡旋盘变形特性的影响。结果表明，吸气温度升高，间隙流动损失增加，相邻工作腔的压差增大；吸气温度升高，背压腔压力减小，排气阻力减小，两侧排气腔和背压腔压力与温度分布更均匀。不同吸气温度下涡旋齿的变形规律基本相同，吸气温度升高，动、静涡旋盘的热变形量增加，而压力变形量基本不变。同时，研究了吸气压力对膨胀机工作腔流场分布和涡旋盘变形特性的影响。结果表明，吸气压力增加，背压腔内二次流旋涡的强度和尺度增大，排气阻力增加，气流微团间的摩擦增大，气体和涡旋齿的换热增强，涡旋齿温度分布的不均匀性增加。不同吸气压力下动、静涡旋齿的变形规律基本一致，热变形量和压力变形量都随吸气压力的增加而增大，变形值与吸气压力呈现出明显的正相关关系。

第 5 章介绍了涡旋型线啮合理论，明确了涡旋型线啮合的基本条件。构造出线段渐开线、正四边形渐开线和圆渐开线 3 种等壁厚渐开线类涡旋型线并对其结构参数进行了计算，分析了 3 种型线对涡旋膨胀机结构参数和工作性能的影响。针对本课题组有机朗肯循环系统中的涡旋膨胀机，在保证其占用空间不变的前提下，建立了高次曲线组合型线、圆弧组合型线及变径基圆渐开线涡旋型线 3 种变壁厚涡旋膨胀机的几何模型。

第 6 章针对高次曲线组合型线、圆弧组合型线及变径基圆渐开线涡旋型线 3 种变壁厚涡旋膨胀机模型，利用 FLUENT 进行膨胀机工作过程的非稳态数值模拟，讨论型线类型及运行工况对涡旋膨胀机性能的影响规律。

第 7 章针对工作腔流场结构对涡旋齿变形的影响规律，提出变径基圆渐开线涡旋膨胀机的设计方案，对比分析等径基圆渐开线和变径基圆渐开线涡旋膨胀机的排气腔及背压腔流场特性，讨论型线参数对涡旋齿所受温度载荷和内压载荷的影响规律，比较两者涡旋齿在各载荷作用下的变形特性。这对于评价型线的优劣和有机工质涡旋膨胀机型线的设计选择提供了一定的理论依据。

第 8 章对本书的研究工作进行了总结，并对下一步工作进行了展望。

本书的出版得到“纯电动汽车动力系统设计与测试平台”中央引导地方科技发展专项资金、湖北省技术创新专项重大项目（2017AAA133）、湖北文理学院湖北省优势特色学科群和纯电动汽车动力系统设计与测试湖北省重点实验室开放基金、襄阳市软科学研究计划资助，在此表示衷心的感谢！感谢宋盼盼、张臣等师兄师弟提供的宝贵素材及无私帮助。湖北文理学院新能源汽车研究团队的领导及同事对本书的资料的收集和整理给了无私的帮助和支持，在此一并感谢！

作　者
2019 年 6 月

主要符号说明

a_0　变径基圆初始基圆半径
A0，A1　膨胀机模型
Bac_1，Bac_2　两侧背压腔
C1，C2，…，C7　工况点
D_{min}　最小工作面积当量直径
Exp_1，Exp_2　两侧膨胀腔
Exh_1，Exh_2　两侧排气腔
$F_{\mathrm{r,or}}$　动涡旋盘所受径向气体力
$F_{\mathrm{t,or}}$　动涡旋盘所受切向气体力
$F_{\mathrm{a,or}}$　动涡旋盘所受轴向气体力
$F_{\mathrm{r,fix}}$　静涡旋盘所受径向气体力
$F_{\mathrm{t,fix}}$　静涡旋盘所受切向气体力
$F_{\mathrm{a,fix}}$　静涡旋盘所受轴向气体力
F_{oc}　离心力
H　涡旋齿高度
k　变径基圆渐开线多变指数
m_{o}　动涡旋盘的质量
m　工作腔体单元数量
M_{d}　瞬态驱动力矩
n　主轴转速
P_{i}　进口压力
P_{o}　出口压力
$\overline{p}_j$　离散时间点体平均压力
$p_{i,j}$　工作腔体单元压力
P_{or}　动涡旋齿特征线起点
P_{fix}　静涡旋齿特征线起点
q_m　质量流量
R_{or}　偏心距
r_{b}　基圆半径
$r_{v,\mathrm{i}}$　内容积比
Suc，Suc_1，…，Suc_5　吸气腔
S_{d}　最终膨胀腔 Z 轴横截面积
S_{suc}　吸气容积 Z 轴横截面积
T_i　进口温度
V_j　工作腔体积
$V_{i,j}$　工作腔体单元体积
V_{d}　最终膨胀腔容积
V_{suc}　吸气容积
W_{exp}　轴功率实验值
W_{sim}　轴功率模拟值
$\varphi_{\mathrm{i,0}}$　内侧渐开线发生角
$\varphi_{\mathrm{i,s}}$　内侧渐开线起始角
$\varphi_{\mathrm{o,e}}$　渐开线终止角
$\varphi_{\mathrm{o,0}}$　外侧渐开线发生角
$\varphi_{\mathrm{o,s}}$　外侧渐开线起始角
η　集总效率
η_{s}　等熵效率
δ_{a}　轴向间隙
δ_0　变径基圆渐开线修正增量
Nu　努塞尔数
St　斯坦顿数
D_{h}
R_{c}
λ

目　录

第1章 绪 论

1.1 研究背景及意义

在自然界和工业生产过程中，存在着相当数量的中低温热源，如太阳能、地热能、生物质能、内燃机余热和工业废热等。由于中低温品位热能往往要么被直接排入大气（内燃机余热、工业废热），要么难以开发利用（太阳能、地热能、生物质能），这就造成了能源的严重浪费。当前，有机工质朗肯循环、布雷顿循环、卡琳娜循环和温差发电等热电转化技术的发展，使各种中低品位热能的回收利用潜力受到关注。其中，有机朗肯循环（organic rankine cycle, ORC）由于其合适的工作压力范围、相对较高的系统回收效率、较简单的设备和较低的环境要求，在中低温余热回收和利用领域的应用最为广泛。

目前，国内外已有相当数量的 ORC 系统应用于工业余热回收、太阳能发电和地热发电等领域。水泥、钢铁、石油化工等工业生产中存在大量中低温余热。海德伯格公司建有 1 500 kW ORC 电站[1-2]，可回收水泥工业中排放的余热，是最早的用于水泥工业的 ORC 电站。Hung[3] 指出炼铁厂高炉汽化冷却水、石化行业炼油装置的催化、裂化和焦化冷却水以及平炉汽化冷却水等低温废热都可以采用 ORC 进行废热回收。

Nowak 等[4] 将 ORC 用于冷却高温设备，该系统利用导热油带走高温设备产生的热量，而高温的导热油又作为 ORC 系统的热源来进行做功，用以回收高温设备余热。McMahan 等[5] 采用有限时间热力学方法对基于 ORC 的太阳能发电系统进行了优化研究，认为采用他们提出的方法进行优化，可使发电系统的总成本与净输出功率的比值减小 17%。澳大利亚联邦科学与工业研究组织（CSIRO）[6] 研究出采用槽式集热器和 ORC 的太阳能热电系统。而除了直接利用太阳能集热器热能外，ORC 还可以利用太阳池[7-8] 或者海水[9] 表层和底层温差进行发电。天津大学赵力等[10]提出了以 R245fa 和 R152a 为组元的混合工质应用于太阳能低温朗肯循环系统，得到的结论认为混合工质下 ORC 具有较小的膨胀比。

随着 ORC 在工业废热、太阳能及地热等领域的应用与发展，国内外许多学者开始进行利用朗肯循环回收车用发动机余热方面的研究。法国能源研究中心的 Chammas 等人[11]提出利用朗肯循环回收发动机排气和冷却系统的废热推动涡轮机工作，并与发动机实现动力混合的设想，同时对多种工质的工作效率进行了分析和评价，获得了一些具有理论参考价值的结论。李斯特内燃机及测试设备公司设计了一个回收大负荷柴油机废热的超临界 ORC 系统[12]，通过选取合适的工质，实现大功率柴油机与朗肯循环发动机的最佳动力组合，在改善燃料经济性和动力性方面有巨大的潜力。另外，美国威斯康星大学的 Arias[13]、苏塞克斯大学的 Stobart 等人[14]也对发动机废热利用的理论和回收策略进行了深入的研究工作。国内方面，北京理工大学[15-21]开展了关于利用 ORC 回收重型车用柴油机余热的模拟计算和实验设计的研究工作，并通过模拟计算揭示了不同工质、循环压力、工质流量以及不同柴油机排气温度下系统效率的变化规律，并分别采用 R123 和 R245fa 在所搭建的车用发动机余热回收试验台上进行了实验研究，以涡旋膨胀机作为做功部件，该系统的发电功率达到 400~500 W。西安交通大学的何茂刚[22-23]针对汽车发动机排气余热、冷却水余热和润滑油余热的特点，提出利用卡琳娜循环和 ORC 耦合来回收车用发动机余热，其中卡琳娜循环用于回收温度较低的发动机冷却水余热，ORC 用于回收温度较高的发动机排气余热及润滑油余热。天津大学的吕登科[24]设计了由热交换器、冷凝器、泵和涡轮机组成的发动机废气能量回收利用系统，以某天然气发动机为研究对象，循环工质为水。其理论计算结果表明，在发动机标定工况下，可使发动机的热效率提高 3.2%，有效功率提高 9.7%，燃油消耗率降低 8.8%。北京工业大学的王恩华[25]针对车辆的工作条件，对车用汽油机和柴油机分别设计了双 ORC 余热利用系统，采用理论分析的方法获得了双 ORC 余热利用系统的性能随发动机工况的变化规律：在汽油机小负荷区域内，组合系统的输出功率提高比例最大，在柴油机小负荷和高转速区域内，组合系统的输出功率提高比例最大。

膨胀机作为 ORC 余热回收系统的核心做功部件，其工作效率与可靠性极大地影响了余热回收系统的效率及技术经济性。现有研究结果表明，涡轮膨胀机最适用于系统输出功率为大于 50 kW 的情况。然而，车用余热回收系统的输出功率一般低于 15 kW，需要开发设计一种适用于输出功率低于 15 kW 的小型高效膨胀机。膨胀机可分为速度型和容积型两类。涡轮属于速度型膨胀机，具有输出功率大，膨胀比小，系统工质流量大，并对工质的干度有一定要求，在小功率、小流量的工作场合并不适用。Platell[26]指出相比速度型的涡轮膨胀机，容积型膨胀机更适用于小型余热回收系统。比较常见的容积型膨胀机主要包括螺杆式、涡旋式、活塞式、旋叶式以及滚动转子式等[27-28]。螺杆式膨胀机对工质中大量润滑油不敏感，且具有结构简单、排气温度低等优点，但其质量和体积都相对较大，不太适合车用。活塞式膨胀机具有膨胀比大、结构简单等优点，但它对于系统配气相位要求较高，若采用凸轮顶杆式配气机构，则会增加系统机械结构的复杂程度和凸轮型线的设计要求；若采用电控式配气机构，则会提高对电磁阀响应频率和响应时间的要求。相比其他容积式膨胀机，涡旋膨胀机由于其高效率、低噪声、高可靠性及结构紧凑等特点，成为在小型ORC余热回收系统中应用较为广泛的做功设备。虽然各高校和科研院所对于涡旋膨胀机的研究已有20余年，但涡旋膨胀机还未真正进入大规模商用阶段。在涡旋膨胀机实际工作过程中，由于机械摩擦、泄漏、内流损失及传热等因素的影响，膨胀机的效率不高。而由于涡旋膨胀机与涡旋压缩机有类似的几何结构，其封闭的工作腔和较高的工作转速导致很难通过目前的实验手段来获取膨胀机的工作过程特性。因此，需探索涡旋膨胀机的工作过程，明确其工作腔内工质的传热和流动特性，获取作用于动静涡旋盘上的温度和内压载荷分布，揭示系统工况和膨胀机型线参数对膨胀机性能及传热和流动的影响机制，这对于改进涡旋膨胀机的设计，提升余热回收系统的效率，促进余热回收技术在交通领域的应用都具有一定的意义。

1.2 涡旋膨胀机的结构原理及研究进展

1.2.1 涡旋膨胀机的结构及工作原理

涡旋膨胀机是一种通过容积的变化来实现气体膨胀的流体机械，主要由动涡旋盘、静涡旋盘、防自转机构、主轴和支架等零部件组成。动涡旋盘的运动是在偏心轴的直接驱动下进行的，动、静涡旋盘在一定偏心距下相对旋转180°后组装在一起，形成多对封闭的月牙形容积腔。随着动涡旋盘的转动，动、静涡旋齿的啮合线沿涡旋齿壁面由内而外移动，所形成的月牙形容积由小变大，进而实现封闭工作腔容积的周期性变化，最终实现气体的吸入、膨胀和排出。

涡旋膨胀机的工作过程与原理如下：高温高压工质由静涡旋盘端板中心吸

气孔口进入膨胀机的中心吸气腔，当动涡旋盘做平动旋转时，中心吸气腔容积逐渐增加，并持续吸入气体，当动涡旋盘随主轴旋转至360°转角位置时，吸气过程完成。中心吸气腔内气体开始进入第一膨胀腔，与此同时，膨胀机中心吸气孔处开始形成新的吸气腔，开始第二次吸气，随着动涡旋盘持续转动，膨胀腔内的气体达到最大体积，开始进入排气阶段，排气腔容积减小直至气体完全排出，排气过程结束，膨胀机完成一个工作行程。

1.2.2 涡旋膨胀机的实验研究进展

由于目前尚无生产小型涡旋膨胀机的成熟技术，应用于中低温 ORC 余热回收系统实验的涡旋膨胀机多由涡旋压缩机改装，如全封闭式压缩机、开启式涡旋空压机、半封闭电涡旋压缩机以及涡旋空气压缩机等都可经过不同程度的改装作为膨胀机使用，如图 1.1 所示。涡旋膨胀机最早应用于 1993 年，日本丰田汽车公司率先在朗肯循环中利用涡旋膨胀机作为能量转换装置，来提高发动机的燃料利用效率。该膨胀机利用发动机冷却系统中的废热作为驱动动力，以 R123 作为一级循环的工质。实验结果表明，回收能量的数量取决于环境温度。在环境温度为 25 ℃时，回收的能量为汽车输出总能量的 3%。由此可见，涡旋膨胀机作为朗肯循环中的做功部件是可行的。近年来，越来越多的国内外学者对涡旋膨胀机展开研究，其研究主要集中于实验、几何理论和工作过程的数学模型等方面。而由于涡旋膨胀机同涡旋压缩机结构相似，涡旋膨胀机理论模型的研究也常借鉴涡旋压缩机的一些研究方法。

(a) 全封闭式压缩机[29] (b) 开启式压缩机[30] (c) 半封闭电涡旋压缩机[31] (d) 涡旋空气压缩机[32]

图 1.1 涡旋压缩机类型

Zanelli 等[33]将一封闭式涡旋压缩机改装为膨胀机，并利用该压缩机内置的电机作为发电机，去除吸气止回阀，采用 R134a 作为循环工质，在太阳能 ORC 低温发电系统中进行测试。结果显示当膨胀机输出功率为 1~3.5 kW，转速为 2 400~3 600 r/min 时，膨胀机等熵效率达到 63%~65%；膨胀比在 2.4~

4 时，膨胀机性能较为稳定；而当转速达 4 200 r/min 时，膨胀机由于其内部润滑情况恶化，导致机械摩擦损失增加，等熵效率大幅下降。

Kane 等[34]将两个不同排量的封闭式涡旋式压缩机改装为膨胀机，分别用于小型 ORC 双循环系统用于回收发动机尾气、发动机冷却液和太阳能。结果显示，当膨胀机处于理想膨胀状态时等熵效率最高，过膨胀和欠膨胀状态下的膨胀机的等熵效率都有明显下降。

Saitoh 等[35]将汽车空调用开式涡旋压缩机改装为膨胀机，应用于太阳能低温 ORC 系统（SORCS）上，以 R113 为工质进行了性能实验，当膨胀机转速为 1 800 r/min 时，系统循环效率达到 12%，膨胀机的等熵效率达到 63%。

Takara[36]对应用于朗肯循环的涡旋膨胀机，分别以蒸汽和压缩空气对膨胀机进行了性能测试实验。当膨胀机吸气压力为 300 kPa，转速为 500~3 000 r/min，蒸汽做功时，等熵效率为 10%~40%；压缩空气做功时，等熵效率为 20%~50%。

Aoun 等[37]将一无油涡旋压缩机作为膨胀机组装到小型朗肯循环废热发电系统中进行了试验研究。在不同的运行压比及转速情况下，试验结果表明膨胀机容积效率随着转速的增加而增加；在给定的压力下，当膨胀机的转速为 2 000 r/min时，等熵效率达到最优。在容积效率偏低的情况下，将膨胀机原密封条替换为聚四氟乙烯（PTFE）密封后，膨胀机容积效率提高了 20%。

Peterson 和 Wang 等[38-39]将改装的涡旋膨胀机用于以高温油为热源的小型 ORC 系统，并利用单独的润滑循环系统对涡旋膨胀机进行润滑。试验中分别采用 R123 与 R134a 为工质，对系统以及膨胀机性能进行了测试。结果表明，受转速、膨胀比、泄漏、润滑以及密封等因素的影响，膨胀机的等熵效率为 45%~70%。当膨胀机转速为 1 280 r/min 时，膨胀机最大容积效率和等熵效率分别为 42%和 50%。

Lemort 等[40]将 3 种不同型号的涡旋压缩机（注：各种压缩机结构、用途、运行工质不尽相同）改为膨胀机，以水蒸气、空气、水与丙二醇的混合物为工质，对膨胀机进行了性能测试实验，在不同的工质、蒸发压力及转速下，膨胀机的等熵效率在 30%~70%变化。

Mathias 等[41]将摆线式膨胀机和涡旋膨胀机应用于固定式发动机尾气 ORC 余热回收系统，采用 R123 进行了性能测试。两者回收的能量分别为 2. 07kW 和 2. 96 kW，等熵效率分别为 85%和 83%。同时，采用两种膨胀机串联布置方式，对系统理论模型进行了模拟计算，系统回收能量为 6. 27 kW，效率达 7. 7%。

Declaye 等[42]研究了以 R245fa 为工质的 ORC 某开式涡旋膨胀机的实验特

性。该系统额定热输入及额定净功率输出分别为 20 kW 和 1.8 kW，膨胀机运行参数随实验设定变化：入口压力为 9~12 bar，出口压力为 1.5~4 bar，转速为 2 000~3 500 r/min，膨胀机最大等熵效率及轴功率分别为 75.5%和 2.1 kW。

Yamada 等[43]对无泵朗肯循环涡旋膨胀机进行了实验研究，以验证由低品位热源提供动力输出的可行性。无泵朗肯循环系统由涡旋膨胀机、换热器以及转换阀构成。小型无泵朗肯循环系统实验结果表明其能够成功利用涡旋膨胀机输出功率 20 W。

Tarique 等[44]以 R134a 为工质搭建了 ORC 实验台架，所用的涡旋膨胀机-发电机组由空调电动压缩机改造而成。实验中膨胀机进口条件保持不变，结果显示，涡旋膨胀机-发电机组存在最佳膨胀比和转速值。当运行工况达理想状态时，膨胀机的等熵效率最高。当发电电压达 18.6 V 时，转速和膨胀比分别为 171 rad/s 和 4。

南京化工学院郑敏之[45]对涡旋式膨胀机的性能进行了理论分析和实验研究。结果表明，膨胀机的轴输出力矩比较小，在转速低的时候，涡旋式膨胀机的泄漏量较大；在转速为 4 000 r/min 时，等熵效率最高达到 75%，转速过大不仅不会提高效率反而会增大损失使得效率下降。

西安交通大学刘广彬等[46]采用实验方法，研究了涡旋膨胀机工作过程中工作腔内气体压力的瞬时变化。研究结果表明：当涡旋膨胀机的内压比大于外压比时，实际工作过程发生过膨胀；当工作腔内气体压力低于排气压力时，实际工作过程发生欠膨胀。过膨胀和欠膨胀的发生都会对膨胀机的等熵效率有所影响。

顾伟等[47]以 R600a 为工质，80~100 ℃热水为热源，对采用涡旋膨胀机的朗肯循环系统进行了实验研究。实验结果表明，膨胀机最大输出功率达到 750 W，但系统效率只有 2.4%，实验中膨胀机的最高转速达到 4 589 r/min。

上海交通大学的韦伟等[48]用 R134a、R324、R22 和 R245fa 四种不同循环工质，测试了 ORC 系统的整体性能以及涡旋式膨胀机特性。系统最高运行效率为 6.75%，涡旋式膨胀机进出口的压差相对稳定，为 261.2~608.8 kPa，绝热效率为 79.30%~99.19%，工质实际流量为理论流量的 23.5%~50.6%。

褚晓广等[49]采用圆渐开线加过渡直线的方法增大吸气容积，扩大进口面积。试验结果表明，改造后的涡旋膨胀机的输出功率和总效率大幅提高，其中最大输出功率增加了 600 W，样机总效率高达 53%。该结果证实了结构改造方法的有效性。

Hoque[50]将一半封闭式汽车空调涡旋压缩机改装为膨胀机，并利用其内置三相交流永磁电机作为发电机使用，输出功率可达 1.5 kW，膨胀机最大等熵效率可达80%。

Jradi 等[51]通过将用于一混合动力汽车空调上的三电混合电动半封闭式涡旋压缩机改为膨胀机，应用于微型热电联产 ORC 系统。当内置无刷永磁电机作为发电机使用时，膨胀机在特定工况下的等熵效率为75%，输出功率为0.5 kW。

1.2.3 涡旋型线设计的研究进展

涡旋型线的设计是决定涡旋膨胀机性能的根本因素。目前涡旋型线的研究和设计都是基于特定的几何轮廓曲线，来研究其啮合特性和气体膨胀机理，并进行参数的设计和单目标优化。目前已经研究出的型线主要有圆渐开线、正多边形渐开线、线段渐开线、代数螺线、变径基圆渐开线、组合型线和通用型线等[52-56]。

圆渐开线理论最早由日本学者 Morishita[57]建立并进行详细的研究，建立了涡旋压缩几何和力学模型，分析了压缩过程；并对线段渐开线、正多边形渐开线进行了一定的探讨。丹麦工业大学的 Gravesen 教授[58]从微分几何理论的角度出发，利用平面曲线的特性方程，研究了圆渐开线的型线理论，指出获取高效型线的两种途径，并为优化研究的可能性奠定了基础。

目前圆渐开线型涡旋盘是应用最广的，其他型线应用相对较少，主要原因在于其数学描述相对简单并且加工较为方便。但是随着工业的发展，圆渐开线型线将难于满足需要，因此在新型线理论研究方面一直都是涡旋机械研究方面的重点方向。Bush 等[59]利用一般共轭关系定义涡旋几何体，更加有效地利用了圆形周边空间，和传统的涡旋型线相比，涡旋机械容量提高了18%以上。西安交通大学的李连生等[60]在 Morishita 研究的基础上对线段渐开线进行了深入的探讨、分析和补充，导出了容积表达式，分析了动力特性，完善了线段渐开线理论。兰州理工大学的邵兵等[61]对代数阿基米德螺旋型线进行了研究，证明了代数阿基米德螺旋型线的结构及受力均优于圆的渐开线。Liu 等[62]利用平面轨道运行定理构建出变径基圆渐开线涡旋型线的几何模型并进行了参数研究。与传统涡旋型线相比，在相同吸气容积、容积比和外壳尺寸条件下，新的模型由于涡旋齿高的降低而具有更高的可靠性和效率；此外，为满足设计多样性，还对涡旋齿进行了圆弧和直线修正，该修正能够避免涡旋副中心干涉并增大容积比。

田亚永[63]对变径基圆渐开线涡旋压缩机型线进行分析，利用微分几何共轭曲面理论，证明了变径基圆渐开线作为涡旋型线的可行性，推导出利用该型线作为涡旋压缩机型线的基本方程，讨论了该型线的基本特点，表明变径基圆渐开线作为涡旋型线的优良特性，对该型线形成的涡旋盘进行工作腔容积计算，并进行了涡旋齿的气体力分析。不同涡旋型线后的涡旋膨胀机工作腔容积和工作性能也会有较大不同，如图 1.2 所示，等壁厚与变壁厚的涡旋齿几何结构不尽相同。孙迎[64]构建了一种以渐开线和高次曲线为基线的新型组合型线，以较少的圈数实现了涡旋压缩机的高压比，提出了变截面涡旋压缩机的数学模型，通过对数学模型的详细研究得到了整机的性能特点。北京理工大学的张臣[65]建立了高次曲线组合型线、圆弧组合型线及变径基圆渐开线涡旋型线 3 种涡旋膨胀机的几何模型，并通过流场仿真对比 3 者与原型机的性能差异，结果表明，变径基圆渐开线与圆渐开线涡旋膨胀机相比，总效率提升 3.3%；而两种组合型线与圆渐开线涡旋膨胀机相比，轴功率和总效率均有所下降。

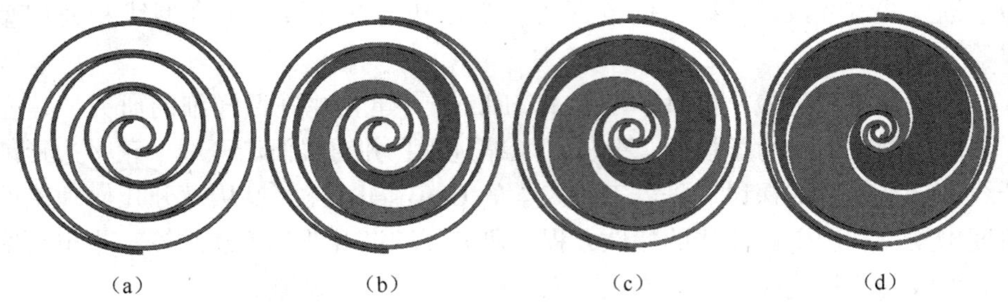

图 1.2 等壁厚与变壁厚的涡旋体几何结构示意图[66]

重庆大学的陈进、王立存等[67-68]对通用型线理论进行了深入的研究和分析，提出了基于泛函理论的通用型线统一的数学模型理论，并采用优化设计的方法，建立了通用涡旋型线集成型线优化的数学模型。Qiang[69]基于通用型线理论，对基本型线的解析式表达形式进行了研究，以多项式或简单的三角函数形式来描述涡旋型线。对于任意涡旋齿数的涡旋机械，根据相邻涡旋型线间的相位差定义特征角，对通用型线参数进行了研究。Orosz 等[70]利用 Gravesen 和 Henriksen[71]的涡旋通用型线公式以紧凑系数作为目标参数，根据给定的 ORC 系统工况条件经计算得到涡旋膨胀机的几何参数，结果表明，经优化后的膨胀机等熵效率可高达 85%。

由于涡旋型线由特定的几何轮廓曲线数学模型来确定，其固有的几何特性和数学特性往往对膨胀机性能有所制约，同时可加工性不好。于是研究人员对特定的涡旋型线进行改良和修正，如增加根部轮廓厚度、设置过渡圆弧、采用多基圆、改变基圆圆心位置、双圆弧修正、二次函数修正、三角函数类修正等，以期获得较高的性能和可加工性。日本学者 Hirano 等[72]在对涡旋压缩性能研究的基础上，提出了一种修正型线理论，在基圆渐开线的起始端基于加工和改善排气角的考虑，利用两段圆弧进行修正，即 PMP（perfect meshing profile，完全啮合型线），PMP 型线能够较好地改善压缩性能。而后，各国研究人员在此基础上提出了各种改进方案并加以理论论证，形成了一系列改进型线理论。Lee 等[73]在 Hirano 研究的基础上进一步完善和改进了 PMP 修正方法。Bell 等[74]采用 PMP 修正法建立了基于渐开线展开角的压缩机中心排气腔的几何理论模型。Blunier[75]采用正交坐标系分析法推导出了双圆弧-直线修正涡旋齿齿头型线下压缩机中心排气腔的几何关系表达式。

1.2.4 涡旋膨胀机的工作过程研究

涡旋机械封闭的工作腔和较高的工作转速，导致很难通过实验手段来获取其内部的流动特性。因此，为更加深入研究涡旋机械的工作特点，需通过建立涡旋机械工作过程的数学模型来对其工作腔内工质的传热和流动过程进行分析。

涡旋机械在实际工况中的传热过程相当复杂，原因在于涡旋机械有多个工作腔，而各个工作腔内的压力和温度分布都不相同，工作过程中的传热又受控于工质与壁面及各零件间的热交换。涡旋机械现有的传热模型大多采用的是纯热传导模型或绝热模型，很少有同时考虑热传导与热对流的模型，且由于涡旋机械工作腔内工质与涡旋壁面的对流换热系数的确定较为复杂，因此这方面的研究工作并不多见。

一部分研究人员将管槽内部湍流 Dittus-Boelter 对流传热关联式[76]用于涡旋膨胀机内部工作腔的热交换[77]，如式（1.1）所示。

$$Nu = 0.023\,Re0.8Pr^{n} \tag{1.1}$$

式中，流体加热工况时 $n=0.4$，流体冷却工况时 $n=0.3$。

为描述螺旋管或螺旋板式换热器内的对流换热，需加入修正项 C_1，计算式为

$$C_1 = 1 + 1.77\frac{D_{\mathrm{h}}}{R_{\mathrm{c}}} \tag{1.2}$$

Jang 和 Jeong 在模型中加入修正项 C_2 用于反映对流换热受动涡旋齿运动情况的影响，计算式为

$$C_2 = 1+8.48\,[1-\exp(-5.35St)] \tag{1.3}$$

由式（1.1）~式（1.3）可求得换热系数 h，用于计算压缩机、膨胀机的内流换热。

$$h = C_1 C_2 Nu \frac{\lambda}{D_{\mathrm{h}}} \tag{1.4}$$

屈宗长等[78]对背压平衡涡旋压缩机进行了传热研究，认为背压孔和工作腔内工质与壁面的换热均类似于内燃机，并建立了相应的传热学模型。刘振全等[79]利用热力学第一定律建立了全封闭涡旋压缩机的动态数学模型，分析了各腔室之间的热量传递规律，但模型中未考虑压缩过程中的泄漏。Ishii 等[80]假设工质在涡旋压缩机工作腔内是充分湍流，利用平板湍流强迫对流关联式计算对流换热系数。Ooi 和 Zhu[81]采用 CFD 方法对涡旋压缩机腔内流体进行了二维非稳态计算，根据模拟结果得出现有的经验公式无法准确预测腔内的对流换热情况的结论。Jang[82]通过实验测得涡旋压缩机内壁面温度，通过实验结果对工作腔内的换热系数进行定量分析并建立了压缩过程的热力学模型，修正了换热公式。

涡旋膨胀机在吸气和膨胀过程中存在气流脉动、气体压力不均匀分布、泄漏和流动损失等问题，涡旋膨胀机的性能受到这些因素的影响。近年来越来越多的国内外学者开始对涡旋膨胀机的流场展开研究。王吉岱、梁新军等[83]在分析涡旋式膨胀机工作特性的基础上，从涡旋式膨胀机啮合点的角度对膨胀起始角进行了推导；将其工作形式分为进气、膨胀、排气 3 个过程，建立了各过程函数形式的工作腔容积计算模型。运用 FLUENT 软件对涡旋式膨胀机的工作过程进行仿真分析，仿真结果对涡旋式膨胀机容积计算模型进行了验证。杨兴华、潘家祯等[84]在分析涡旋式膨胀机工作原理的基础上，建立了内部工作腔的二维模型，模拟了涡旋膨胀机内部气体非定常流动过程，得到了不同转角时刻的压力分布和速度分布图，模拟结果表明膨胀腔内压力和速度的分布存在不均匀性。Chang 等[85]对应用于 ORC 系统的涡旋膨胀机进行了二维 CFD 数值模拟研究。模拟通过改变涡旋体几何，分析了示功图以及容积随转速的变化情况。Chang 等[86]以 R245fa 为工质，对两个不同内容积比的膨胀机进行实验和 CFD 模拟，结果显示，提高内容积比可以使膨胀机性能大幅提升；同时涡旋齿头的修正会引起膨胀机内压力分布不均。Morini 等[87]利用 RE/CFD 的方法将实际的涡旋机械转化为模型，从而获得涡旋盘之间的实际配合间隙，并建立了二维 CFD 模型来比较相同几何的涡旋机械的压缩和膨胀过程，为压缩机转化为膨胀机的可能性提供有效信息。为优化设计膨胀机，北京理工大学开展了涡旋膨胀机三维非定常数值模拟的研究工作[88-90]，分别以 R245fa 和 R123 为工质，研究了涡旋膨胀机内部三维流场特性、吸气和排气过程非稳态特性，探讨了膨胀机内旋涡形成、发展及耗散机理。

1.3　涡旋盘的应力变形研究进展

涡旋盘轴径向配合间隙是膨胀机重要的结构参数。涡旋机械工作过程的间隙一般是通过型线的精确设计、机加工及装配保证，即工程中需要的是冷态配合间隙值，而型线的变形对轴、径向间隙产生极大的影响，使不同部位处各间隙均有不同程度的减少，这一方面可以减少泄漏，提高容积效率；另一方面也会增大摩擦功耗，甚至卡死，降低膨胀机的工作效率。这就要求考虑型线工作过程中的变形，因此热态间隙的优化应和型线的变形耦合进行计算。而上述关于涡旋机械开展的试验及理论模拟研究工作，多侧重于通过改变几何结构、系统工况以及循环工质类型等来比较研究整机稳态性能的差异，但对于涡旋膨胀机的涡旋盘变形及其影响的分析研究却未有报道。由于涡旋膨胀机同涡旋压缩机结构相似，为了深入研究涡旋膨胀机的涡旋盘的变形及其影响因素，可以借鉴涡旋压缩机的一些研究方法。

1.3.1　涡旋压缩机动静涡旋盘的有限元分析研究进展

许多研究人员利用有限元法对涡旋齿的应力变形进行分析，而涡旋盘温度分布和压力分布的正确加载是变形量计算的关键。从目前文献来看，Suefuji等[91]最早提出气体载荷和温度载荷是影响涡旋齿变形的主要因素，将实验测得的气体压力和温度作为边界条件计算出稳态工况下的涡旋齿的变形量，并根据计算结果给出适当的设计间隙，改进后的压缩机等熵效率提升4%。Diniz和Pereira[92]采用集中系数法，把压缩过程的热力学模型和涡齿温度分布的数学模型耦合计算并分析了涡齿温度的分布规律。O′Leary[93]通过建立涡旋膨胀机的热力学模型获得压力分布和温度分布结果，结合有限元软件分析出气体载荷和温度载荷对涡盘的变形特点，指出合理的设计间隙有助于提升涡旋压缩机的效率。

赵树峰等[94]分析了涡旋压缩机动涡盘在实际工况时，惯性载荷、气体力载荷作用下的应力分布特点及变形规律，并求得动涡盘最大应力位置和最大应力时的主轴转角。袁荣华和李连生[95]利用ANSYS软件根据受力情况对动涡盘进行有限元分析，分析了动涡盘在工作过程中由于力的作用而产生的应力与变形的规律。Lin等[96]指出热变形对涡旋压缩机热效率有重要影响，通过实验测量出静涡盘工作时测量点的温度值并利用有限元软件ABAQUS分析了涡盘热变形及应力分布。Liu等[97]研究了相同吸气容积、内容积比和外壳尺寸下的等基圆渐开线涡旋压缩机与变基圆渐开线涡旋压缩机的轴径向变形情况，研究结果显示，变基圆渐开线涡旋压缩机的轴径向变形均小于等基圆渐开线涡旋压缩机，涡旋型线的基圆半径、涡齿高度和修正角度是影响涡齿变形量的重要设计参数。

李超等[98]选取涡旋压缩机排气开始的时刻，对气体力、温度场以及惯性力耦合作用下的动涡旋盘进行了变形分析。结果表明，温度载荷会导致较大的轴向变形，多场耦合作用下涡旋齿齿头部位的变形量较大。研究中规定各工作腔气体压力均匀分布，且涡旋盘温度沿半径方向呈线性变化[99]。杜涛等[100]以相似的载荷加载方式，研究了涡旋压缩机变径基圆渐开线动涡旋盘的应力与应变，分析同样指出，温度载荷会导致涡旋体产生较大的应力与应变，且变径基圆渐开线可以降低涡旋齿高度，从而减小涡旋体的应力应变程度。在线性变化非均匀温度场的基础上，黄蕾等[101]比较了无温度场、均匀温度场以及线性分布温度场对动涡旋盘应力应变的影响。分析认为，在进行有限元分析时必须考虑温度载荷的影响，即便是线性分布温度场仍然与涡旋盘实际温度分布存在一定差距。

涡旋机械在工作时受到温度载荷和内压载荷在涡旋盘上的分布严格意义上讲是非线性的，上述针对压缩机涡旋盘的变形研究对温度和压力分布多是按照沿轴向的固定均布加载，或按涡旋盘半径线性加载，或分块加载测量点的温度和压力，或在工作区域以换热系数的方式来加载温度边界条件。上述方法在模拟涡旋盘上的作用载荷时存在一定的偏差，且部分关于涡旋压缩机的 CFD 研究表明压缩机工作腔具有不均匀的压力场与温度场结构[102-104]，这种情况下就不能得到准确的涡旋盘的应力应变特征。

1.3.2 涡旋压缩机在流-固耦合作用下的变形研究进展

近年来，部分研究者开始采用流-固耦合的方法来获得涡旋机械中作用于涡旋盘的温度载荷和内压载荷。刘涛和王永威[105, 106]基于二维 CFD 温度场与线性分布温度场，对变截面涡旋压缩机动涡盘的热变形进行了比较分析，结果表明，基于流场的热载荷有限元分析更符合涡旋压缩机的实际工况。需要指出的是，该模型中假定压缩机给定工况下动、静涡旋盘温度场为稳态温度场，所以基于流场的热载荷是通过选取涡旋盘多个固定点不同时刻的温度及换热系数，经过平均拟合处理后进行加载分析，并非直接将 CFD 模拟的动态温度场作为热载荷。王君等[107]对涡旋压缩机进行了二维非稳态 CFD 仿真分析，并将工作腔非均匀压力场和温度场分别作为气体压力载荷与温度载荷的边界条件，比较了多个压缩时刻的涡旋盘变形情况。分析指出，基于非稳态流场的载荷条件下，内压载荷引起的涡旋盘变形程度甚于温度载荷，且在气体压力和温度耦合载荷作用下，涡旋盘径向变形大于轴向变形。上述基于 CFD 流场的压缩机涡旋齿应力应变分析模型，其流场均采用的是二维模型，并不能准确反映工作状态下压缩机工作腔内压力和温度分布情况。且已有针对涡旋压缩机在流-固耦合作用下的变形研究都只考虑了流场与结构场的单向耦合，即气体的压力和温度向结构场的单向传递。与涡旋压缩机不同，ORC 系统中膨胀机的工作温度更高，流体与涡旋壁面的对流换热导致的流场分布变化不可忽略。

综上所述，目前基于多物理场耦合方法的涡旋机械涡旋盘的变形研究尚处于初期阶段。涡旋膨胀机基于多场耦合方法的涡旋盘应力应变研究涉及以下几个问题：

（1）目前对涡旋机械的 CFD 数值仿真模型中将涡旋壁面设置为绝热或等温壁面，因此无法准确得到涡旋体所承受的温度载荷。

（2）目前关于涡旋结构应力应变研究的对象都是涡旋压缩机，而涡旋膨胀机与涡旋压缩机的工作过程及工作条件不同，造成涡旋盘承受的温度载荷和内压载荷差别很大，膨胀机与压缩机工作腔流动特性及涡旋盘变形特性同样大不相同。

（3）对涡旋压缩机涡旋盘的变形分析均选择压缩结束时刻作为变形最大时刻，而涡旋膨胀机涡旋盘的最大变形时刻需通过非稳态流-固耦合模拟分析确定。

1.4　本书的主要研究内容

设计良好的涡旋压缩机改装成膨胀机之后，运行于较高温度下会出现摩擦阻力增大，甚至卡死的现象，这给目前小型余热回收系统的研发带来了较大的困难。针对这一问题，有必要深入开展涡旋膨胀机涡旋盘结构变形分析的研究。需要研究的具体问题包括多场耦合作用下涡旋膨胀机的涡旋盘变形机理、涡旋盘应力应变的主要影响因素、系统工况变化对膨胀机涡旋盘应力应变及膨胀机性能的影响规律。

围绕上述研究问题，本书探讨涡旋膨胀机工作腔非稳态流动对作用于动、静涡旋盘的温度载荷和内压载荷的影响规律，揭示膨胀机动、静涡旋盘发生最大变形的时刻，研究不同吸气温度/压力对膨胀机工作腔流动特性以及对涡旋盘变形特性的影响。

针对以上研究目的，本书的研究内容安排如下：

（1）涡旋膨胀机流-热-固多场耦合模拟方法研究。确定适用于涡旋膨胀机内部非稳态流场建模分析的湍流模型、气体模型，控制方程离散方法、边界条件、初始条件、网格划分及网格质量控制方法等，建立涡旋膨胀机非稳态三维流-固耦合传热模型，建立描述涡旋盘应力应变场的弹性方程，利用有限元法建立涡旋膨胀机热-结构耦合模型。

（2）多场耦合作用下涡旋盘变形数值计算。研究工作腔压力场和温度场分布特征，论述了膨胀机非稳态流场对作用于涡旋盘的内压载荷和温度载荷的影响规律，并将内压载荷和温度载荷的计算结果作为涡旋盘变形分析的边界条件，研究涡旋盘的变形和应力分布规律。分析讨论涡旋盘最大变形的发生时刻，揭示导致动、静涡旋盘产生应力变形的主要因素，为涡旋膨胀机的可靠性研究和获得高性能涡旋膨胀机提供了理论依据。

（3）不同系统工况下涡旋膨胀机多场耦合数值模拟研究。比较分析吸气温度/压力的变化对膨胀机等熵效率、功率等性能参数的差异，在阐明不同系统工况下工作腔瞬态压力场、温度场的分布特征的基础上，研究各工况下不同载荷单独作用对动、静涡旋齿变形特性的影响规律，论述影响涡旋齿变形的敏感工况参数，揭示排气腔及背压腔流场对涡旋齿变形的重要影响。

（4）不同涡旋型线涡旋膨胀机的结构分析。对涡旋型线啮合理论进行了介绍，明确了涡旋型线啮合的基本条件。构造出线段渐开线、正四边形渐开线和圆渐开线 3 种等壁厚渐开线类涡旋型线并对其结构参数进行了计算，分析了 3 种型线对涡旋膨胀机结构参数和工作性能的影响。针对本课题组 ORC 系统中的涡旋膨胀机，在保证其占用空间不变的前提下，建立了高次曲线组合型线、圆弧组合型线及变径基圆渐开线涡旋型线 3 种变壁厚涡旋膨胀机的几何模型。

（5）不同型线涡旋膨胀机性能影响规律研究。针对高次曲线组合型线、圆弧组合型线及变径基圆渐开线涡旋型线 3 种变壁厚涡旋膨胀机模型，利用 FLUENT 进行膨胀机工作过程的非稳态数值模拟，讨论型线类型及运行工况对涡旋膨胀机性能的影响规律。

（6）型线变化对涡旋膨胀机涡旋盘变形特性的影响研究。针对工作腔流场结构对涡旋齿变形的影响规律，提出变径基圆渐开线涡旋膨胀机的设计方案，对比分析等径基圆渐开线和变径基圆渐开线涡旋膨胀机的排气腔及背压腔流场特性，讨论型线参数对涡旋齿所受温度载荷和内压载荷的影响规律，比较两者涡旋齿在各载荷作用下的变形特性。这对于评价型线的优劣和有机工质涡旋膨胀机型线的设计选择提供了一定的理论依据。

第2章 涡旋膨胀机流-热-固多场耦合模拟方法研究

2.1 引　　言

课题组先期在ORC性能试验台上进行涡旋膨胀机性能实验中发现，膨胀机的吸气温度往往高达200~300℃，涡旋膨胀机进排气处工质压力和温度差别较大，工作腔内压力与温度分布的不均匀导致涡旋盘特别是涡旋齿承受着较大的气体力和热应力，且工作腔位置随主轴的转动而持续变化，这使得涡旋盘所受应力具有很强的时变性，涡旋盘工作条件相对恶劣，结构变形比较严重，尤其是涡旋齿的变形。而涡旋膨胀机封闭的工作腔导致其内部传热边界条件和压力分布难以精确确定，多数针对涡旋压缩机涡旋盘的变形研究多是做一定的简化或按一定近似规律施加边界条件，特别是传热边界条件的施加。涡旋机械现有的传热模型大多采用的是纯热传导模型[108-109]或绝热模型[110-113]，仅有少数关于涡旋齿的热传导与工质热对流的模型，但都局限于现有经验模型[78, 81, 92, 96, 114]，且绝大多数的研究对象是涡旋压缩机。

采用流-热-固耦合的办法可以将仿真计算时较难确定的外边界转化为部件间的内边界，并省略掉其定义过程。由此可见，为了全面分析涡旋膨胀机的工况条件以及几何参数对涡旋盘热变形的影响规律，需要建立描述涡旋膨胀机的内部流动、传热和应力应变的数值模型。涡旋膨胀机的数值模拟研究涉及两个领域：一是计算流体动力学（computational fluid dynamics, CFD）研究领域，包含膨胀机工作腔内气体流动以及传热特性；二是计算结构力学（computational structural mechanics, CSM）研究领域，包含涡旋盘的应力应变现象，因此需对这两部分分别建立数值模型。其中，CFD模型计算域包括流体域和固体域两部分，CSM模型计算域只包含固体域。数值模型的建立则需要对膨胀机内部流动、对流换热、热传导和应力应变等各个过程进行理论分析，并建立控制方程。本章从涡旋膨胀机工作过程中产生热变形和压力变形的流-热-固耦合作用出发，通过对比耦合传热和流-固耦合的方法，确定了涡旋膨胀机流-热-固多场耦合策略，确定了适用于涡旋膨胀机内部非稳态流场建模分析的湍流模型、控制方程离散方法、边界条件、初始条件、网格划分及网格质量控制方法等，建立了涡旋膨胀机流-固耦合传热模型；建立了描述涡旋盘应力应变场的热弹性方程，利用有限元法建立了涡旋膨胀机热-结构耦合模型。

2.2 涡旋膨胀机流-热-固耦合求解策略

2.2.1 多场耦合概述

从物理学角度来讲，场的定义是物质间的相互作用。在工程应用中，场主要是指流场、温度场、结构场、电磁场、浓度场、声场和静电场等[115]。多场耦合是指在实际系统中分析由两个或两个以上物理场的相互作用。

流-热-固多场耦合是指系统中所存在的流场、温度场和结构场之间的相互影响，即流体域的流场、流体域和固体域的温度场、固体域的位移和应力场同时存在的基本问题。涡旋膨胀机内部工质存在流动损失，流动过程中工质的温度发生变化，使得涡旋盘在气体压力和热应力共同的作用下发生变形，涡旋盘的变形反过来也会对工质流场和温度场产生影响，因此对于涡旋膨胀机多场耦合问题，便是涉及流场、温度场和结构场的耦合，它共有以下 5 个层面[116]。

（1）流-热耦合，即流场与温度场的耦合，流动对温度场的作用表现在热传递过程中系统满足热力学第一定律，温度场对流场的作用表现在温度的变化会引起流体动力黏度的变化。

（2）热-固耦合，即温度场与其结构场的耦合，温度场对结构场的影响体现在温差引起结构的热应力，但一般来说结构应变对热参数影响较小，通常可忽略。

（3）流-固耦合，即流场与结构场的耦合，流体的压力施加于结构上，结构位移和速度施加于流体上。

（4）耦合传热，也叫共轭传热，即流体的流场和其温度场与结构的温度场的耦合，通常用于流体与固体交界面上的热边界条件无法预先规定的情况。

（5）流-热-固耦合，是以上 4 种耦合问题的叠加，即流体的流场和其温度场与结构场和其温度场的耦合，综合研究流动与传质传热和结构变形，在小变形情况下结构变形对流场的影响可忽略，但在大变形情况下结构变形对流场影响则不可忽略。

这 5 种耦合中，前 4 种的耦合研究较为常见，但对于第 5 种研究较少。对于涡旋机械，目前的研究一般以流-热耦合、热-固耦合居多，而对耦合传热、流-固耦合较少，以下对耦合传热和流-固耦合的求解方法加以描述。

2.2.2　涡旋膨胀机耦合求解方法

在进行对流换热和介质导热问题的数值计算时，传热边界条件有 3 类：一是给定温度边界上的温度分布，二是给定温度边界上的热流密度，三是给定壁面温度和表面换热系数。需要注意的是，第三类热边界条件所给定的表面换热系数并不是计算域内的值，而是外界环境中的流体与边界的对流换热系数。

对于有些对流换热问题，热边界条件无法以这 3 类边界条件的形式预先给定，而是受到流体与壁面间相互作用的影响。此时界面上温度或热流密度都应该作为计算结果的一部分，而非已知条件，这类无法预先给定热边界的问题就是耦合传热问题。

耦合传热问题的数值求解方法通常分为顺序法和直接法两类[117]。

1. *顺序法*

顺序法又可分为顺序迭代和顺序耦合。顺序迭代即分区求解、边界耦合法。这种计算方法对各个区域中物理问题单独建立控制方程，且各区域的边界条件需满足以上耦合边界条件中的两个。在求解一个区域得到耦合边界上的初始热边界条件后，再求解另一个区域得到新的耦合边界条件，再将此边界条件代入前一个区域，如此反复直到计算收敛，因此耦合边界上信息传递的快慢则决定了迭代过程的收敛速度。顺序耦合是先求解其中一个区域，计算完成后将结果直接传递给另一个区域，本质是对单个区域只作一次分析计算。相比而言，顺序迭代法更适用于耦合较为强烈的场合，而顺序耦合法一般用于耦合作用不明显的场合。

2. *直接法*

直接法即整域离散、整域求解法。它把不同区域的传热作为一个整体进行模拟，采用通用的控制方程求解不同区域，其中仅有广义扩散系数及广义源项有所区别。耦合界面成为计算域的内部，这样就能省去不同区域间的反复迭代，有效降低计算时间。

求解以上方法建立的耦合方程有两种算法：强耦合和弱耦合。虽然直接解法将流固控制方程耦合到同一求解器中同时求解，但它并不一定是强耦合。只有当全部场量在同一时间步求解时才是强耦合，否则是弱耦合。当求解流-固耦合换热时，在 FLUENT 中可同时建立流体与固体模型，耦合面设置为共轭传热面（coupled wall），固体和流体的温度场结果可在直接法求解结束后一同得出。而当求解器不同时，则该直接解法所采用的耦合算法也不相同。FLUENT 中控制方程的求解器分为分离求解器和耦合求解器，若直接解法采用分离求解器则是弱耦合；若采用耦合求解器则为强耦合。而顺序法则一定为弱耦合。

当不考虑温度场的变化与流体的流场和固体位移场之间的耦合作用时，即假设在流-固耦合过程中温度场恒定或只考虑流场与位移场间的耦合作用，流-热-固多场耦合被简化为流-固耦合。与耦合传热的求解方法类似，流-固耦合的数值模拟方法也分直接法和顺序法。流-固耦合分析的顺序解法按数据传递方向分类，可分为单向流-固耦合和双向流-固耦合。

单向流-固耦合是指耦合界面的数据为单向传递，一般是指将 CFD 的计算结果传递给固体进行结构分析，而结构分析的结果并不传递给流体。因此，单向流-固耦合常应用于当流场计算结果对结构分析影响较大，而结构变形对流场的影响可以忽略不计的情况，即小变形条件下。而在大变形条件下，双向流-固耦合的数据交换则是双向的，流场计算结果需传递给固体，固体的结构分析结果也要反向传递给流体。在涡旋膨胀机涡旋盘结构热应力问题中，流体的流场和温度场引起应力，效果明显，但在不关注间隙流流动形态时，结构变形对流场和温度场的变化并不明显，则简化为单向耦合求解。

2.2.3 涡旋膨胀机多场耦合流程

由于涡旋膨胀机流体域与结构域之间存在界面相互作用、彼此影响的关系，属界面多场耦合问题。其中，主要涉及结构域位移场、流体域流场、结构域和流体域温度场的耦合，位移场存在于动、静涡盘及壳体结构域，流场存在于膨胀机进排气道、集气室、吸气孔和涡旋工作腔流体域，温度场存在于动、静涡盘及壳体结构域与膨胀机进排气道、集气室、吸气孔和涡旋工作腔流体域。图 2.1 给出了膨胀机多场耦合物理量传递关系，假设在小变形条件下，忽略膨胀机结构域的变形对流体域流场的影响，但结构域与流体域在耦合界面处温度的相互影响不可忽略。即有在耦合界面处传递的物理量为界面温度，以及流体域向结构域单向传递的界面载荷。由此可见，采用单向耦合法求解涡旋盘的变形问题需一个用于求解工作腔内流动和传热模型的 CFD 求解器与一个用于求解涡旋盘 CSM 模型的求解器。

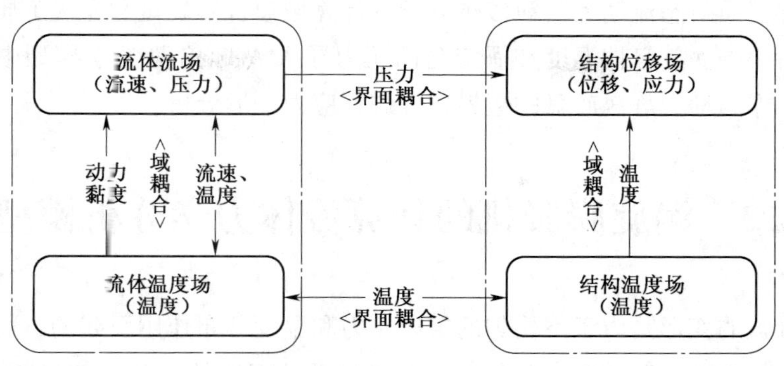

图 2.1　膨胀机多场耦合物理量传递关系图

很多研究学者[81-90]采用基于有限体积法（FVM）的 FLUENT 软件对涡旋机械工作腔的流动特性进行研究，且计算结果与实验结果有较好的一致性。此外，有限体积法在求解对流共轭传热问题上也有很大的优势。有限元法（FEM）是计算结构力学问题最常用的数值方法，由于有限元法在求解热弹性变形问题上的极大优势，国内外大多学者[93-101]采用有限元软件 ANSYS 研究涡旋盘的变形问题。鉴于以上考虑，本书采用有限体积法和有限元法相结合来求解涡旋膨胀机的动、静涡旋盘的变形问题，利用 FLUENT 和 ANSYS 分别对涡旋膨胀机的流动控制方程与弹性方程离散求解，并在 ANSYS WORKBENCH 中实现有限体积模型和有限元模型之间的数据传输。图 2.2 给出了本书涡旋膨胀机的流-热-固耦合求解流程图。求解过程如下：先用 FLUENT 进行涡旋膨

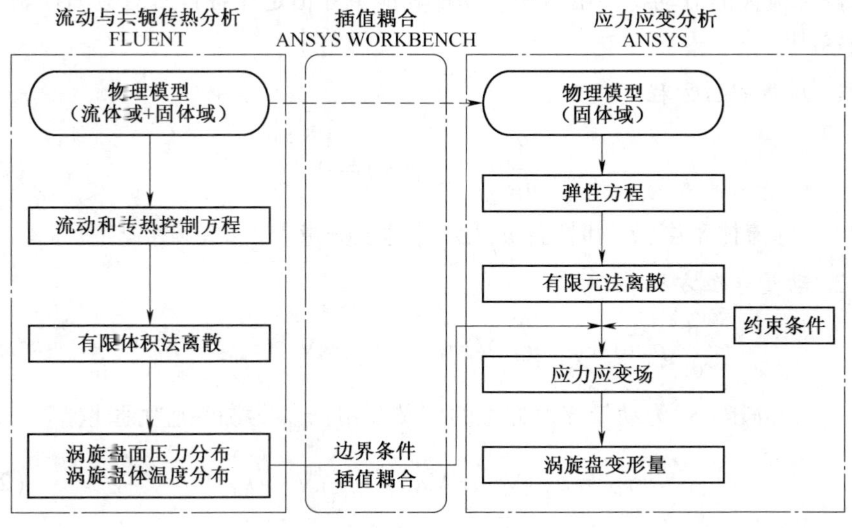

图 2.2　涡旋膨胀机流-热-固耦合流程图

胀机内部工质瞬态流动和共轭传热分析，计算域包含涡旋盘和有机工质，之后把求解所得的涡旋盘体温度和涡旋盘面压力导入 ANSYS 静力学模型中进行节点插值，作为动、静涡旋盘的边界条件进行应力变形分析。

2.3 涡旋膨胀机的计算流体力学分析模型

涡旋盘的变形是由于不均匀的气体压力和温度分布作用引起的，而作用于涡旋盘上的内压载荷和温度载荷又与膨胀机内部工质的流动和传热紧密相关，因此为了研究涡旋膨胀机涡旋盘的变形特性首先需研究其内部流动及传热特性。相对于现有研究中采用经验公式或理论公式计算出的对流换热系数来简化涡旋膨胀机内部对流换热过程的办法，CFD 虽然会使计算量增加，但其所得到的结果却可以更好地反映流场分布对结构域温度场和位移场的影响，而且更符合实际情况。

2.3.1 流动基本控制方程

涡旋膨胀机内部流体流动需遵循基本物理守恒定律，其中包括质量守恒定律、动量守恒定律和能量守恒定律。控制方程就是这些守恒定律的数学表达。若当流动处于湍流状态时，系统还需遵循湍流输运方程。本书所研究的涡旋膨胀机内部流体的流动特性由质量、动量和能量守恒定律各自所对应的控制方程来描述[118]。

1. 质量守恒方程

$$\frac{\partial \rho_f}{\partial t} + \nabla \cdot (\rho_f \vec{u}) = 0 \tag{2.1}$$

式中：ρ_f 为流体密度；t 为时间；$\vec{u}$ 为流体速度矢量。

2. 动量守恒方程

$$\frac{\partial}{\partial t}(\rho_f \vec{u}) + \rho_f (\vec{u} \cdot \nabla) \vec{u} = - \nabla p + \nabla \cdot (\tau_{eff}) + S_i \tag{2.2}$$

式中：p 为静压；S_i 为动量守恒方程的广义源相；τ_{eff} 为黏性应力张量。

$$\tau_{eff} = \mu \left[(\nabla \vec{u} + \nabla \vec{u}^T) - \frac{2}{3} \nabla \cdot \vec{u} I \right] \tag{2.3}$$

式中：μ 为动力黏度；I 为单位应力张量；$\nabla \vec{u}^T$ 为微元体积膨胀效应。

3. 能量守恒方程

$$\frac{\partial}{\partial t}(\rho E)+\nabla\cdot\left[\vec{u}(\rho E+p)\right]=\nabla\cdot\left[\lambda_{\text{eff}}\nabla T-\sum_j h_jJ_j+(\tau_{\text{eff}}\cdot\vec{u})\right]+S_{\text{h}} \tag{2.4}$$

式中：h_j 为组分 j 的比焓；λ_{eff} 为有效传热系数，$\lambda_{\text{eff}}=\lambda+\lambda_{\text{t}}$，$\lambda_{\text{t}}$ 为湍流传热系数，与所采用的湍流模型有关；J_j 为组分 j 的热扩散系数；S_{h} 为化学反应热及其他自定义热源；E 为流体微团的比能，可表示为

$$E=h-\frac{p}{\rho}+\frac{u^2}{2} \tag{2.5}$$

涡旋膨胀机内部的三维湍流数值计算采用雷诺时均法，湍流的特征变量中的速度和压力标量分解为时均分量与脉动分量：

$$u_i=\bar{u}_i+u_i' \tag{2.6}$$

$$p=\bar{p}+p' \tag{2.7}$$

式中：$\bar{u}_i$ 为 i 方向速度平均值；u_i' 为 i 方向速度脉动值；p 为时均压力值；p' 为脉动压力值。

将式(2.6)和式(2.7)代入各瞬时可压缩湍流的流动控制方程中，可分别得到时均 Navier-Stokes 方程组，如式(2.8)~式(2.10)所示。

$$\frac{\partial\rho_{\text{f}}}{\partial t}+\frac{\partial}{\partial x_j}(\rho_{\text{f}}u_j)=0 \tag{2.8}$$

$$\frac{\partial}{\partial t}(\rho_{\text{f}}u_i)+\frac{\partial}{\partial x_j}(\rho_{\text{f}}u_ju_i)= -\frac{\partial p}{\partial x_i}+\frac{\partial}{\partial x_j}\left[\mu\left(\frac{\partial u_i}{\partial x_j}+\frac{\partial u_j}{\partial x_i}-\frac{2}{3}\delta_{ij}\frac{\partial u_k}{\partial x_k}\right)-\overline{\rho u_i'u_j'}\right]+S_i \tag{2.9}$$

$$\frac{\partial}{\partial t}(\rho_{\text{f}}E)+\frac{\partial}{\partial x_i}\left[u_j(\rho_{\text{f}}E+p)\right]= \frac{\partial}{\partial x_j}\left(\tau_{ij}u_i+\overline{\tau_{ij}u_i'}+\lambda_{\text{eff}}\overline{\partial T/\partial x_j}-c_{\text{p}}\overline{\rho_{\text{f}}u_i'T'}+u_i\overline{\rho_{\text{f}}u_i'u_j'}-\frac{1}{2}\overline{\rho_{\text{f}}u_i'u_i'u_j'}\right) \tag{2.10}$$

式中：δ_{ij} 为 Kronecker 函数，即当 $i\neq j$ 时，$\delta_{ij}=0$；当 $i=j$ 时，$\delta_{ij}=1$。τ_{ij} 定义为黏性应力张量，表达式如式（2.11）所示。

$$\tau_{ij}=\mu\left(\frac{\partial u_i}{\partial x_j}+\frac{\partial u_j}{\partial x_i}\right)-\frac{2}{3}\mu\delta_{ij}\frac{\partial u_i}{\partial x_i} \tag{2.11}$$

雷诺时均方程多出的雷诺应力项 $-\overline{\rho u_i'u_j'}$ 代表湍流脉动对时均流动的影

响。它使得4个流动控制方程组成的时均Navier-Stokes方程组增加了6个未知变量，因此该方程组是不封闭的。为封闭该方程组，需对雷诺应力项做一定的假设，即引入新的湍流模型，建立起湍流时均值与脉动值的联系，并增加气体模型。

2.3.2 湍流模型

由于不同类型问题之间的湍流流动存在明显差异，湍流模型的选择取决于流动机理、要求的精度级别、同类问题的模拟经验、计算资源与时间等各种因素。工程中常用的几种湍流模型包括Spalart-Allmaras（S-A）单方程模型、双方程模型、雷诺应力模型（RSM）等。

S-A模型作为比较典型的单方程模型已广泛应用于航空以及叶轮机械领域。该模型数值解算稳定，能较好地预测附面层的逆压梯度流动，并适合于中等曲率变化的流动。在FLUENT中S-A模型可以结合改进的壁面函数法处理附面层流动。即便如此，依然要保证足够精细的附面层网格（10~15层网格）。对于仅有微米级泄漏间隙的涡旋膨胀机而言，这种相对苛刻的要求无疑会大幅提升网格数量，增加计算负担。

标准 $k-\varepsilon$ 模型是工程上广泛应用的双方程湍流模型。作为一种高雷诺数的湍流模型，标准 $k-\varepsilon$ 模型同样需要结合壁面函数法来处理近壁区的低雷诺数流动。近年来，该模型也被应用于部分涡旋压缩机、膨胀机的数值模拟中。但是它不能准确地模拟强旋流、流线弯曲流动。针对强旋流、旋转、高曲率以及高应变率流动，出现了标准 $k-\varepsilon$ 模型的修正模型：Realizable $k-\varepsilon$ 模型与RNG $k-\varepsilon$ 模型。Realizable $k-\varepsilon$ 模型在湍动黏度计算中考虑了平均应变率以及转动速率的影响。但是当计算域包含转动和静止流体域时，该模型会导致非物理湍动黏度。

RNG $k-\varepsilon$ 模型可反映涡旋流动和分离流动效应，并能较好地处理近壁区的流动[119-121]，同时结合该湍流模型在已有数值模拟涡旋机械的三维非定常流动时，得到了较好的结果，本书亦选用RNG $k-\varepsilon$ 模型。RNG $k-\varepsilon$ 模型依据模糊数学的理论，是标准 $k-\varepsilon$ 模型的修正形式，它可以更好地处理强旋流和带有弯曲壁面的流动[122]。

湍动能的输送方程表示为

$$\frac{\partial(\rho_{\mathrm{f}}k)}{\partial t}+\frac{\partial(\rho_{\mathrm{f}}ku_i)}{\partial x_i}=\frac{\partial}{\partial x_j}\left(\alpha_k\mu_{\mathrm{eff}}\frac{\partial k}{\partial x_j}\right)+G_k-\rho\varepsilon \tag{2.12}$$

耗散率的输送方程表示为

$$\frac{\partial(\rho_{\mathrm{f}}\varepsilon)}{\partial t}+\frac{\partial(\rho_{\mathrm{f}}\varepsilon u_i)}{\partial x_i}=\frac{\partial}{\partial x_j}\left(\alpha_{\varepsilon}\mu_{\mathrm{eff}}\frac{\partial\varepsilon}{\partial x_j}\right)+\frac{C_{1\varepsilon}^{*}}{k}G_k-C_{2\varepsilon}\rho_{\mathrm{f}}\frac{\varepsilon^2}{k}-R_{\varepsilon} \quad (2.13)$$

式中，u_i 为在 x 和 y 轴方向上的气流速度分量。

$$C_{1\varepsilon}^{*}=C_{1\varepsilon}-\frac{\eta(1-\eta/\eta_0)}{1+\beta\eta^3} \quad (2.14)$$

其中，

$$\left.\begin{aligned}\eta&=(2E_{ij}\cdot E_{ij})^{1/2}\frac{k}{\varepsilon}\\E_{ij}&=\frac{1}{2}\left(\frac{\partial u_i}{\partial x_j}+\frac{\partial u_j}{\partial x_i}\right)\end{aligned}\right\} \quad (2.15)$$

有效湍流黏度 μ_{eff} 为动力黏度 μ 与湍流黏度 μ_{t} 之和，即

$$\mu_{\mathrm{eff}}=\mu+\mu_{\mathrm{t}} \quad (2.16)$$

高雷诺数流动时，RNG $k-\varepsilon$ 湍流黏度方程与标准 $k-\varepsilon$ 相同，即

$$\mu_{\mathrm{t}}=\rho C_{\mu}\frac{k^2}{\varepsilon} \quad (2.17)$$

G_k 表示由平均速度引起的湍动能 k 产生项

$$G_k=\mu_{\mathrm{t}}\left(\frac{\partial u_i}{\partial x_j}+\frac{\partial u_j}{\partial x_i}\right)\frac{\partial u_i}{\partial x_j} \quad (2.18)$$

基于重整化群理论，通过在湍流尺度消除的过程中求解湍流黏度的微分方程，可以在模拟近壁区和低雷诺数的流动时更好地描述有效湍流随有效雷诺数的变化，即

$$\mathrm{d}\left(\frac{\rho^2}{\sqrt{\varepsilon\mu}}\right)=1.72\frac{\hat{v}}{\sqrt{\hat{v}^3-1+C_v}}\mathrm{d}\hat{v} \quad (2.19)$$

式中，$\mu_{\mathrm{eff}}=\mu\hat{v}$。

FLUENT 中的 RNG $k-\varepsilon$ 模型会根据旋流的强度对湍流的影响情况来修正湍流密度，逆向有效普朗特数 α_k、α_{ε} 的计算公式为

$$\left|\frac{\alpha-1.3939}{\alpha_0-1.3929}\right|^{0.6321}\left|\frac{\alpha+2.3929}{\alpha_0+2.3939}\right|^{0.3679}=\frac{\mu_{\mathrm{mol}}}{\mu_{\mathrm{eff}}} \quad (2.20)$$

式中，$\alpha_0=1$。

此外，RNG $k-\varepsilon$ 模型与标准 $k-\varepsilon$ 模型主要区别在于增加了反映高应变率流动附加项，其表达式为

$$R_{\varepsilon}=\frac{C_{\mu}\rho\eta^3(1-\eta/\eta_0)}{1+\beta\eta^3}\frac{\varepsilon^2}{k} \quad (2.21)$$

由于 RNG $k-\varepsilon$ 模型只对充分发展的湍流才有效，而在涡旋膨胀机膨胀腔中，只有远离壁面的气体有很高的雷诺数，近壁区的气体由于黏性作用和壁面的摩擦作用，其雷诺数很低，需采用壁面函数法计算近壁区的流动，同时需考虑黏性加热。

2.3.3　气体模型

高温高压的气体工质驱动涡旋膨胀机做功过程中，理想气体状态方程不能准确地描述有机工质的 p、v、T 以及 C_p 等热力学状态参数的变化关系，理想气体模型与实际气体模型的预测精度存在较明显差异。因此，本书采用实际气体模型表征有机工质的热力学性质。在 FLUENT 中可通过 3 种方式定义实际气体的热物性：立方形状态方程实际气体模型、NIST 实际气体模型以及自定义实际气体模型。

1. 立方形状态方程实际气体模型

立方形状态方程通用式可写成

$$P = \frac{RT}{V_{\mathrm{m}} - b - c} - \frac{a}{V_{\mathrm{m}}^2 + \delta V_{\mathrm{m}} + \varepsilon} \tag{2.22}$$

式中，a、b、c、δ、ε 为临界热力学状态参数 P_{c}、V_{c}、T_{c} 以及临界偏心因子 ω 的函数。RK 方程、SRK 方程、PR 方程以及 ARK 方程等对以上各系数的函数定义有所不同。其中 RK 方程较准确地用于气液相平衡和混合物的计算，在其基础上 SRK 方程、PR 方程以及 ARK 方程进一步拓宽了该类状态方程的应用范围。在 FLUENT 中可选择以上任意一种立方型状态方程实际气体模型，并根据所要研究的工质类型设定包括比热容、导热系数、动力黏度、分子量、标准状态熵、参考温度、临界压力、临界温度以及偏心因子等物性参数。虽然比热容、热导率、动力黏度等参数有多重设定方式，但是不恰当的设置往往会导致较大的计算误差。

2. NIST 实际气体模型

NIST 实际气体模型是 FLUENT 内置的美国标准化研究院（NIST）物性软件 REFPROP 的多种烃类及纯制冷剂、混合制冷剂模型。这些模型基于 MBWR 状态方程、亥姆霍兹能量方程以及扩展对比态模型建立。在进行数值计算时，可通过宏命令直接调用所需制冷剂，无须进行相关参数的设置。然而，NIST 模型既不能用于模拟相变过程也不能用于多相连续介质流模拟，但该种模型兼容于无质量、惰性粒子的拉格朗日分散相模型。与立方形状态方程相比，NIST 实际气体模型的定义更便捷。

3. 自定义实际气体模型

与以上两种气体模型定义方式相比，自定义方式具有较大的灵活度，用户可依据模拟中的特定需求，选择任意合适的实际气体状态方程以及相关的热力学、输运特性方程。同时，需要编写模型对应的 C 文件，编译并创建 UDF 函数库文件。

综合以上 3 种模型的特点，对于驱动膨胀机做功的高温高压制冷剂工质而言，当气体工质工作过程中不涉及相变，且为纯制冷剂工质或制冷剂混合工质时，NIST 实际气体模型是最合适的气体模型。

2.3.4 传热控制方程

涡旋膨胀机内部的传热是一个非常复杂的过程，在涡旋体和高温工质接触的流固界面上，传热过程涉及流场、温度场和结构场等多个物理场共同作用的耦合过程。因动、静涡旋盘在稳定工况下的温差较小，故涡旋膨胀机内部的热交换不考虑辐射换热，换热过程中热量传递的方式主要是导热和对流换热。

1. 傅里叶导热定律

物体的瞬态温度场随空间坐标和时间而变，即

$$T = f(x,\ y,\ z,\ t) \tag{2.23}$$

式中：T 为温度；x，y，z 为直角坐标系下的坐标；t 为时间。

壁面与高温工质交界处的固体侧，傅里叶导热定律表示为

$$q_{\mathrm{s}} = -\lambda \nabla T \tag{2.24}$$

式中：q_{s} 为壁面热流密度；λ 为导热系数。

傅里叶导热定律在直角坐标系下表示为

$$q_{\mathrm{s}} = -\lambda_x \frac{\partial T}{\partial x}\vec{i} - \lambda_y \frac{\partial T}{\partial y}\vec{j} - \lambda_z \frac{\partial T}{\partial z}\vec{k} \tag{2.25}$$

式中，λ_x、λ_y、λ_z 分别表示 x、y、z 三个方向上的导热系数。本书所选涡旋膨胀机涡旋盘是各向同性材料，因此有 $\lambda_x = \lambda_y = \lambda_z = \lambda$，式（2.25）可改写成

$$q_{\mathrm{s}} = -\lambda\left(\frac{\partial T}{\partial x}\vec{i} + \frac{\partial T}{\partial y}\vec{j} + \frac{\partial T}{\partial z}\vec{k}\right) \tag{2.26}$$

2. 牛顿冷却定律

高温工质流经固体壁面时，不仅流体间有对流换热，同时固体壁面附近的高温流体与固体表面也存在热交换，对流换热用牛顿冷却公式进行计算，即

$$q_{\mathrm{f}} = h(T_{\mathrm{w}} - T_{\mathrm{f}}) \tag{2.27}$$

式中：T_{f} 和 T_{w} 分别为流体温度和壁面温度；h 为换热系数。

由能量守恒定律可知，在涡旋盘表面流-固耦合传热界面上气体放出的热量应等于固体所吸收的热量，即

$$q_{\mathrm{f}} = q_{\mathrm{s}} \tag{2.28}$$

当无内热源且材料为各向同性介质时，根据能量守恒定律和傅里叶定律可能建立固体的导热微分方程，导热微分方程为

$$\rho_{\mathrm{s}} c \frac{\partial T}{\partial t} = \nabla \cdot (\lambda_{\mathrm{s}} \nabla T) \tag{2.29}$$

式中，c 为固体材料的比热。

2.4 控制方程离散与求解方法

2.4.1 空间离散

FLUENT 基于有限体积法在物理计算域对单元体控制方程进行积分离散，控制方程通用微分形式，即

$$\frac{\partial}{\partial t}(\rho\varphi) + \nabla \cdot (\rho\varphi u) = \nabla \cdot (\Gamma_{\varphi} \cdot \nabla\varphi) + S_{\varphi} \tag{2.30}$$

式（2.30）的积分形式为

$$\int_V \frac{\partial(\rho\varphi)}{\partial t} \mathrm{d}V + \oint \rho\varphi u \cdot \mathrm{d}A = \oint \Gamma_{\varphi} \nabla\varphi \cdot \mathrm{d}A + \int_V S_{\varphi} \mathrm{d}V \tag{2.31}$$

由式（2.31）得

$$\underbrace{\frac{\partial(\rho\varphi)}{\partial t} V}_{\text{瞬态项}} + \underbrace{\sum_{f}^{N_{\mathrm{faces}}} \rho_{\mathrm{f}} u_{\mathrm{f}} \varphi_{\mathrm{f}} \cdot A_{\mathrm{f}}}_{\text{对流项}} = \underbrace{\sum_{f}^{N_{\mathrm{faces}}} \Gamma_{\varphi} \nabla\varphi_{\mathrm{f}} \cdot A_{\mathrm{f}}}_{\text{扩散项}} + \underbrace{S_{\varphi} V}_{\text{源项}} \tag{2.32}$$

式中：V 为单元体体积；N_{faces} 为封闭单元体面数；φ_f 为单元面 φ 通量；Γ_{φ} 为扩散系数。

式（2.32）中的对流项和扩散项以控制体界面的物理量及其梯度表示，通过插值的方式将界面物理量以网格点物理量表示，从而建立计算域网格点的离散方程。这种插值方式便是控制方程空间离散的离散格式。常用的离散格式包括中心差分格式、一阶迎风格式、乘方格式、二阶迎风格式、QUICK 格式等。

对流项需根据实际问题选择合适的离散格式。其中一阶迎风格式以及乘方格式具备较好的收敛性及稳定性，但是假扩散现象严重且误差较大，对网格精

度要求相对较高；二阶迎风格式的截断误差小，适用于三角形、四面体网格，考虑了流动方向与网格线非共线的影响；与二阶迎风格式相比，QUICK 格式针对转动及旋流问题可获得更高的精度，但是 QUICK 格式只适用于四边形或六面体网格，不能用于本书基于非结构化三角形以及棱柱形网格的动网格模拟。综合以上分析，本书采用二阶迎风格式离散对流项。

扩散项默认采用二阶精度的中心差分格式进行离散，其中包含的梯度项 $\nabla\varphi$ 可通过 Green - Gauss Cell - Based、Green - Gauss Node - Based 以及 Least Squares Cell-Based 三种插值方式解算。前两种插值方式均基于格林-高斯定理，单元体中心的梯度项为

$$(\nabla\varphi)_{c0} = \frac{1}{v}\sum_{f}\bar{\varphi}_{f} A_{f} \tag{2.33}$$

式中，$\bar{\varphi}_f$ 为单元体表面中心 φ 通量。

当采用 Green-Gauss Cell-Based 时，得到

$$\bar{\varphi}_f = \frac{\varphi_{c0} + \varphi_{c1}}{2} \tag{2.34}$$

式中，c_0，c_1 为相邻两单元体中心。

当采用 Green-Gauss Node-Based 时，得到

$$\bar{\varphi}_f = \frac{1}{N_f}\sum_{n}^{N_f}\bar{\varphi}_n \tag{2.35}$$

式中，N_f 为单元网格节点数。

Green-Gauss Cell-Based 插值方式计算过程中容易产生伪扩散。相比之下，尤其是采用非结构化网格时，Green-Gauss Node-Based 插值方式解算更精确，但是计算量高于前者。Cell-Based 最小二乘法对单元体中心梯度项进行线性插值。如图 2.3 所示，单元体之间梯度项的变化为

$$(\nabla\varphi)_{c0} \cdot \Delta r_i = \varphi_{ci} - \varphi_{c0} \tag{2.36}$$

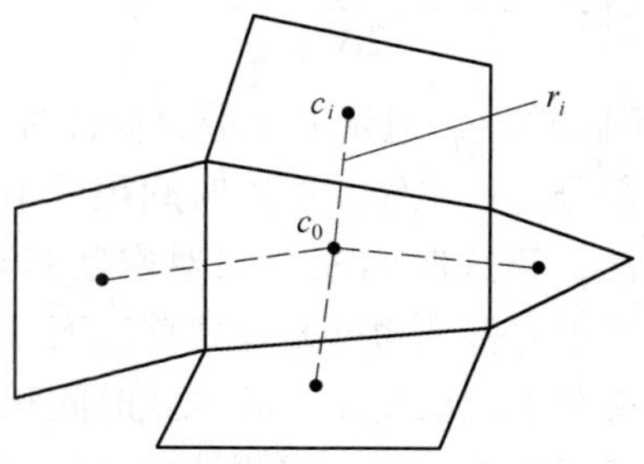

图 2.3　相邻单元体及其中心示意图

对于围绕单元体 c_0 所有的单元体，梯度项为

$$[J]\,(\nabla\varphi)_{c0} = \Delta\varphi \tag{2.37}$$

式中，系数矩阵 $[J]$ 表示几何关系函数。对其进行格拉姆-施密特正交化后得到关于各单元体的权重矩阵，由此得到单元体 c_0 中心的梯度项，即

$$(\nabla\varphi)_{c0} = \begin{bmatrix} \sum\limits_{i=1}^{n} W_{i0}^{x} \\ \sum\limits_{i=1}^{n} W_{i0}^{y} \\ \sum\limits_{i=1}^{n} W_{i0}^{z} \end{bmatrix} (\varphi_{ci} - \varphi_{c0}) \tag{2.38}$$

对于非结构化网格而言，最小二乘法插值法具有与 Green-Gauss Node-Based 插值法相当的精度，并且计算量要低于后者。综合以上分析，本书选择 Cell-Based 最小二乘法对梯度项进行插值求解。

2.4.2 时间离散

非稳态计算时，除了要进行控制方程的空间离散外，还要进行时间尺度的离散。对于式（2.32）的瞬态项，通量 φ 的时间导数为

$$\frac{\partial\varphi}{\partial t} = F(\varphi) \tag{2.39}$$

式中，$F(\varphi)$ 中包含了任何形式的空间离散。式（2.39）的一阶和二阶时间离散格式为

$$\left.\begin{aligned} &\text{一阶：} && \frac{\varphi^{t+\Delta t} - \varphi^{t}}{\Delta t} \\ &\text{二阶：} && \frac{3\varphi^{t+\Delta t} - 4\varphi^{t} + \varphi^{t-\Delta t}}{2\Delta t} \end{aligned}\right\} = F(\varphi) \tag{2.40}$$

$F(\varphi)$ 可作为上述不同时刻 φ 通量的函数，由此控制方程的时间积分又为一阶、二阶隐式及显式积分。一方面，二阶时间积分不能与 FLUENT 网格重构功能同时使用；另一方面，显式时间积分只对密度基显式算法有效，相比之下，隐式时间积分能用于压力基和密度基隐式算法而且关于时间步长无条件稳定，所以本书的非稳态模型中默认使用一阶隐式时间积分进行控制方程的时间离散。同时，为了提高计算收敛速度，需要选择合适的时间步长 Δt 以提高计算收敛速度。由于本书模拟采用了动网格技术，时间步长的选取与网格尺度、

膨胀机转速、单位时间步转动角度和动网格控制策略等因素密切相关。

2.4.3　离散方程组求解方法

离散后的控制方程组选择压力-速度耦合方法，该方法又可有两种求解方式：分离算法和耦合算法。全隐式耦合方程算法联立求解动量方程和压力基的连续性方程，它通过将动量方程中的压力梯度项，包含 Rhie-Chow 压力耗散项的面质量流量在内进行隐式离散后得到[123]。耦合算法（coupled）与分离算法相比，能更有效地加速瞬态计算的收敛；此外，由于涡旋膨胀机中动涡旋盘偏心转动，工作腔内的网格难免产生较大畸变，而耦合算法更适用于瞬态计算时大时间步且低质量网格的计算。

2.5　边界条件设定

2.5.1　边界运动设置

涡旋膨胀机动涡旋盘在工作过程中作偏心公转平动，因此需定义壁面运动。由于在运动壁面处是流-固耦合交界面，运动壁面应有 4 个共两对耦合面，分别为动涡旋体固体壁面和与之接触的流体表面以及静涡旋体固体壁面和与之接触的流体表面。在 FLUENT 中可通过控制刚体运动的 DEFINE_ CG_ MOTION 宏来实现壁面运动轨迹的控制，该 UDF 宏的参数说明见表 2.1。

表 2.1　动边界 UDF 宏的参数说明

DEFINE_CG_MOTION(name, dt, vel, omega, time, dtime)	
参数	说明
Name	UDF 名称
Dynamic_ Thread * dt	储存指定或计算的动网格参数的结构的指针
Real vel [ ]	线速度
Real omega [ ]	角速度
Real time	当前时间
Real dtime	时间步长

2.5.2　边界条件与初始条件的设置

ORC 废热回收系统试验，可以获得系统循环流量、膨胀机进出口压力及温度等参数。对于本书所研究的有机工质气体可压缩流动，可以选取质量流量进口边界或者压力进口边界作为涡旋膨胀机模型的进口边界条件。与进口压力边界相比，给定进口质量流量时，进口总压随内部求解过程的调整变化可能会导致相对较慢的计算收敛速度。因此，本书选取压力边界作为进口边界，并根据实际试验工况设定进口的总压与总温；同时，规定进口气流方向垂直于进口边界的横截面。

对于涡旋膨胀机模型的出口边界，比较压力出口、自由出流以及压力远场3种出口边界条件类型可知：自由出流边界不能与压力进口同时使用，且不能用于可压缩流动；压力远场边界无法与实际气体模型同时使用，气体的密度需由理想气体定律计算得到，且边界要开设于距离核心计算域足够远的地方。因此，本书选取压力出口边界，根据试验工况设定出口静压（恒定值或波动值），并设定合适的回流条件以提高收敛速度。

壁面边界用于限定流体域和固体域，若不考虑有机工质与涡旋体之间的换热，可将涡旋齿“无滑移”壁面设置为绝热。需要指出的是，壁面对膨胀机内部湍流流动影响明显，且平均速度场也受“无滑移”壁面的影响。为了准确反映近涡旋体壁面的流动，本书采用了改进的壁面函数法对近壁区进行求解。另外，当涡旋膨胀机三维模型中两个流体域交界处的面不重合、网格类型以及网格尺度不匹配时，需要将交界面设置成 Interface 边界条件，使得流体域之间保持连通。

膨胀机模型的流体域网格与结构域网格交界处设置共轭传热壁面，即耦合界面处的温度和热量是双向传递的，此时无须给定其他热边界。其他与高温工质相接触的位置都设置为壁面（wall），并施加第三类边界条件，这里利用FLUENT 的薄壁方法，将壳体模拟为一个有厚度的面，定义外界环境温度、换热系数和壁面厚度，壁面材料设置为铝合金。在流体外部虚拟壳体热阻，壳体壁面会通过外部空气对流换热。这种薄壁模型可用于法向导热，不产生实际单元，因此无须划分网格，如图 2.4 所示。另外，流体域与流体域、流体域与固体域以及固体域与固体域间各子计算域为耦合界面非匹配网格，两两相连的交界面需设置为 Interface 边界条件，以进行界面处的物理量传递。

涡旋膨胀机内工质为单相、可压缩实际气体，本书选择将进、出口边界设定为压力边界，根据实验工况设定进口的总压和总温以及出口处静压，并设定了合适的出口温度和回流条件以提高计算收敛速度。

结构域与流体域耦合求解时，结构域的收敛比流体域收敛的速度慢很多。由导热微分方程可知，涡旋膨胀机动、静涡旋盘的温度与其外部对流换热和其内部导热与时间 t 有关，为求解导热微分方程，还需给定初始条件。初始值与

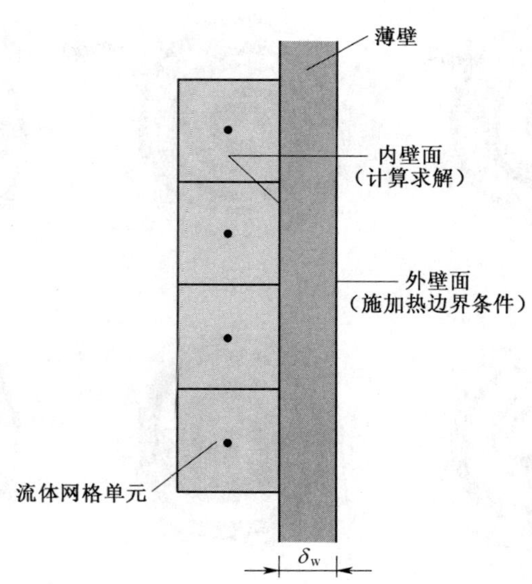

图 2.4　虚拟薄壁方法示意图

实际值越接近，可以提高计算效率。动、静涡旋盘的温度初始条件为涡旋膨胀机涡旋盘开始传热时的温度分布，即

$$T(x, y, z, t)\Big|_{t=0} = T_0(x, y, z, t) \tag{2.41}$$

式中，$T_0(x, y, z, t)$ 为初始状态下涡旋体的温度分布。

非定常计算的初始值一般由定常计算得出，而当涡旋膨胀机工作于一定工况状态下，由于动涡旋盘的持续运动和固体的热惯性，固体的瞬时温度会与定常计算得到的温度有很大区别，在设置结构温度的初始值时不能简单以动涡旋盘某一固定转角的计算值为准，而应计算多个转角下的值。因此，定常计算时取 6 个不同主轴转角位置，分别为 60°、120°、180°、240°、300°、360°，求出不同位置下涡旋齿和涡旋盘的温度分布，如图 2.5 所示。

通过定常计算得到 6 个转角位置动、静涡旋盘端板和涡旋体的网格单元节点温度值，对固体域上各节点 i 的温度值分别求均值，得到近似的一个周期下固体域的稳态温度分布，各节点处平均温度可由式（2.42）得出。

$$\overline{T}(x_i, y_i, z_i) = \frac{1}{6}\sum_{j=1}^{6} T(x_i, y_i, z_i, j) \tag{2.42}$$

此外，本书的实验和模拟均建立在稳定工况下进行，即对涡旋膨胀机工作相当长的一段时间后的工作特性进行分析，因此为获得稳定工况下的压力场和温度场结果，最终用于结构有限元的分析都是基于流-固耦合传热计算第 14 圈的结果进行的，第 14 圈开始的瞬间被记为零时刻。

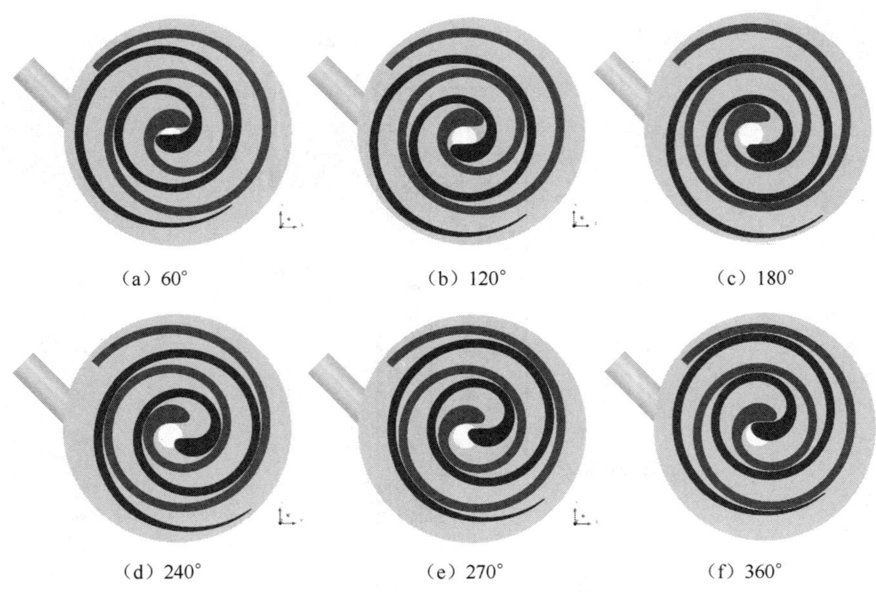

（a）60° （b）120° （c）180°

（d）240° （e）270° （f）360°

图 2.5 定常计算的主轴转角位置

2.6 几何模型建立和计算域网格划分方法

2.6.1 涡旋膨胀机几何模型

本书试验和模拟所用的涡旋膨胀机是改装于某型车用空调涡旋压缩机，动、静涡旋盘实物及涡旋型线如图 2.6 所示，具体几何结构参数见表 2.2。

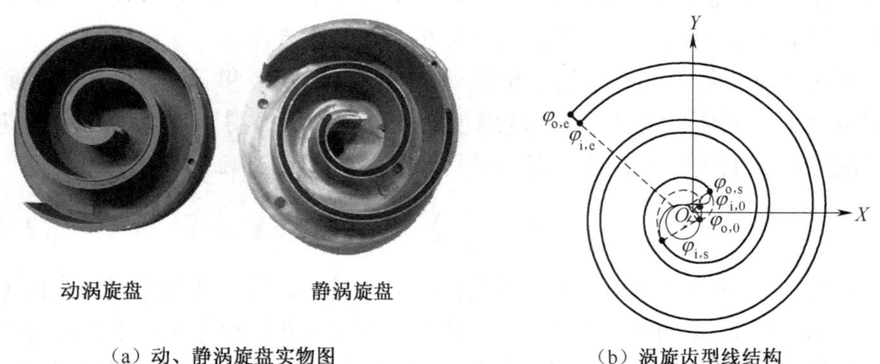

（a）动、静涡旋盘实物图 （b）涡旋齿型线结构

图 2.6 涡旋膨胀机几何结构[110]

表 2.2　涡旋膨胀机主要几何参数

参数名称	参数值
基圆半径 r_b/mm	3.200
偏心距 R_{or}/mm	5.580
内侧渐开线发生角 $\varphi_{i,0}$/rad	0.698
内侧渐开线起始角 $\varphi_{i,s}$/rad	5.236
外侧渐开线发生角 $\varphi_{o,0}$/rad	-0.698
外侧渐开线起始角 $\varphi_{o,s}$/rad	2.094
渐开线终止角 $\varphi_{o,e}$/rad	17.080
涡旋齿高度 H/mm	33.000

2.6.2　网格划分

对涡旋膨胀机进行耦合传热分析时，为了获取整个工作腔内中流动和传热的信息，需要对其流体域和固体域分别建模，对固体域建模虽然使计算量增加，但在计算机性能允许的条件下可以减少假设条件，有利于提高数值求解的计算精度。图 2.7 所示为涡旋膨胀机的内部结构，动涡旋盘背面靠滚珠机构支撑，涡旋膨胀机工作时，滚珠轴承起到限制动涡盘轴向位移的作用，同时还可以防止动涡旋盘自转。考虑到涡旋膨胀机内部结构的复杂性和多场耦合时计算量较大，对膨胀机的局部结构进行适当简化，建立涡旋膨胀机的三维几何模型，其流体和固体计算域如图 2.8 所示。其中流体计算域包括进气道、吸气集气室、吸气道、工作腔及排气道，固体域由于在计算中较流体域收敛慢，为提高计算速度，固体计算域中只包含动、静涡旋盘。

本书在 ANSYS Design Modeler 中利用几何抽取功能建立出膨胀机内部流体域计算模型，模型中坐标原点位于静涡旋齿基圆中心，取静涡旋盘端板表面法向方向为轴向，动涡旋齿旋转方向的法向方向为径向，在 ANSYS ICEM CFD 中对流场计算域包含工作腔、吸气集气室、吸气孔及进排气道等单独进行网格划分。

网格划分对数值模拟计算结果的准确性和可靠性至关重要[124]，质量不好的网格可能会导致数值计算的终止，影响数值求解的计算精度以及收敛性。需要说明的是，基于有限体积法的 CFD 模型和基于有限元法的 CSD（Computational Structure Dynamics）模型对网格要求并不一样，因此在不同模型中需分别划分涡旋盘的网格。在 CFD 模型中，进气道、吸气集气室、吸气孔和排气

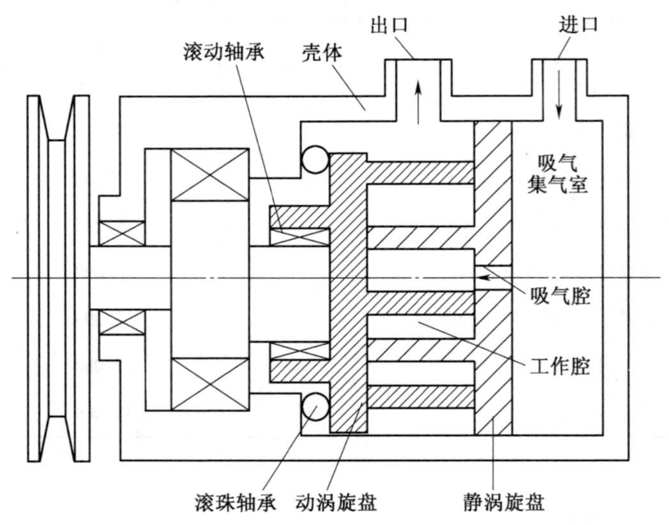

图 2.7　涡旋膨胀机的内部结构

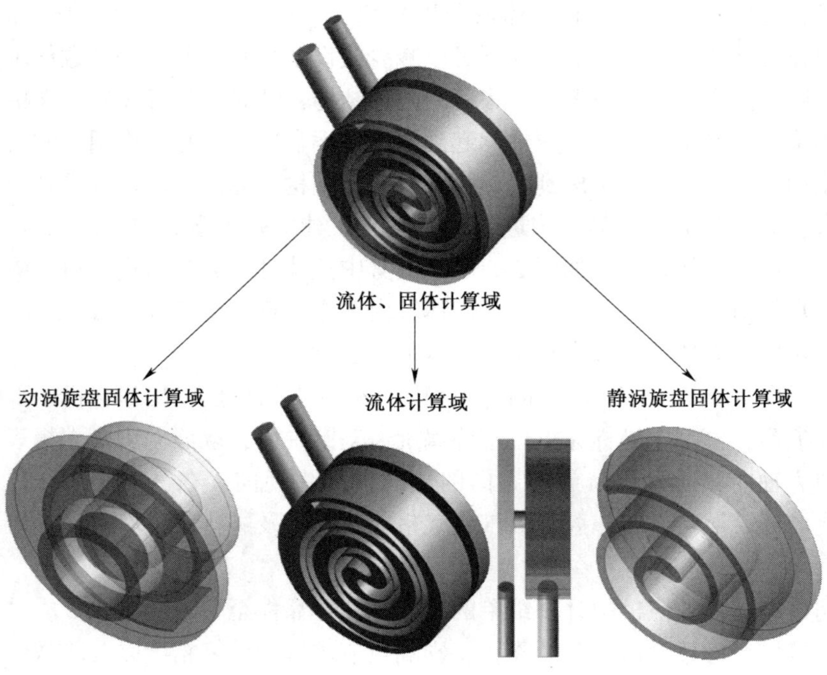

图 2.8　涡旋膨胀机耦合传热模型的计算域

道等静态流体域均采用六面体结构化网格划分。六面体结构化网格的节点排序有规律可循，同时可以很大程度地降低膨胀机三维模型的网格节点，有效提高运算速度，同时六面体网格较高的网格正交性也是数值计算准确性的保证。考虑到计算时间，在进、排气道和集气室中的网格尺度略大于吸气道。工作腔采用非结构网格来划分，这是由于涡旋型线的曲率沿其展开方向不断变化，且工作过程中由于动涡旋体的运动，工作腔内扭曲严重，若采用结构化网格会产生较大畸变，网格质量无法保证[111]。工作腔动态计算域的底面上使用 Delaunay 方法创建三角形面网格，再拉伸为三棱柱体网格。

2.6.3　网格质量评判标准

评价涡旋膨胀机形变计算域网格质量的指标包括正交性（orthogonal quality）、纵横比（aspect ratio）以及畸变度（skewness）等。

1. 正交性

控制体单元网格正交性表示为

$$C_{oq} = \mathrm{Min}\left[\frac{\vec{A_i}\cdot\vec{f_i}}{|\vec{A_i}||\vec{f_i}|}, \frac{\vec{A_i}\cdot\vec{c_i}}{|\vec{A_i}||\vec{c_i}|}\right] \tag{2.43}$$

式中：$\vec{A_i}$ 为控制体单元各表面面积矢量；$\vec{f_i}$ 为单元体质心至各表面质心的矢量；$\vec{c_i}$ 为中心单元体质心至相邻各单元体质心的矢量，如图 2.9 所示。$C_{oq}=0$ 时，网格质量最差；$C_{oq}=1$ 时，网格质量最好。

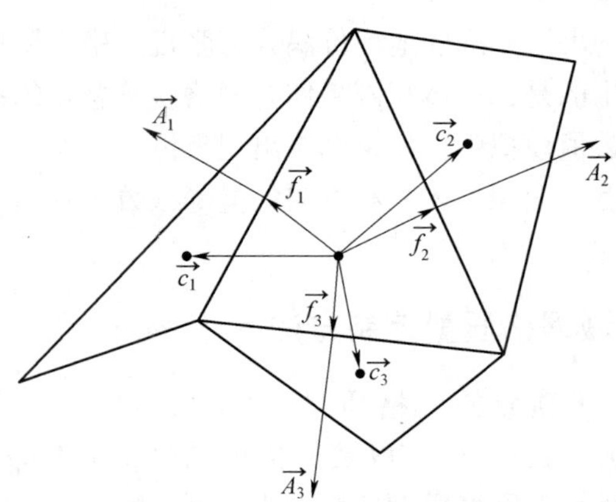

图 2.9　三角形控制体各矢量示意图

2. 纵横比

纵横比是表征控制体单元拉伸的度量，可用于评价包括各种多边形、多面体等各类型网格的质量，其定义为

$$C_{ar} = \frac{D_{A,max}}{D_{B,min}} \tag{2.44}$$

式中：$D_{A,max}$ 为控制体质心至各节点距离的最大值；$D_{B,min}$ 为控制体质心至各表面中心距离的最小值。

若图 2.10 中控制体单元质心与节点间距离的最大值为 0.866，控制体质心至表面中心的最小距离为 0.5，则该立方体单元的纵横比为 1.732。通常情况下，在流场变化剧烈或存在较强压力梯度的区域，要避免控制体网格纵横比的突变。

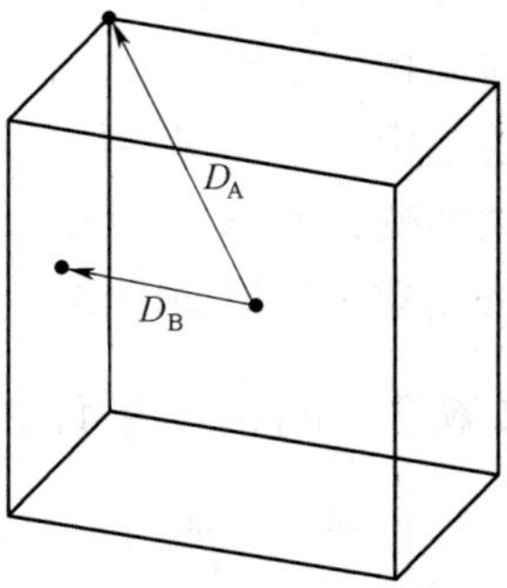

图 2.10　立方体单元纵横比

3. 畸变度

基于归一化角度偏差法，定义控制体单元畸变度

$$C_s = \max\left[\frac{\theta_{max} - \theta_e}{180 - \theta_e}, \frac{\theta_e - \theta_{min}}{\theta_e}\right] \tag{2.45}$$

式中：θ_{max} 为单元面的最大角度；θ_{min} 为单元面的最小角度；θ_e 为等角多边形单元面的角度（三角形为 60°，四边形为 90°）。

$C_s = 0$ 时，网格质量最好；$C_s = 1$ 时，控制体单元面积为 0，网格完全失效。通常情况下，三角形网格的倾斜度最大值需小于 0.95，其平均值保持更低水平，否则会导致计算不易收敛。

以上 3 种准则均可用于准确地评价涡旋膨胀机非稳态模拟中计算域的网格质量。另外需要指出的是，负体积网格作为网格质量恶化的极端情况，需要极力避免。在动网格数值模拟中，如果网格出现负体积，便无法获取正确的控制体单元的边长、角度、面积、体积和方向矢量等参数，并出现插值错误，导致计算终止。

2.6.4　形变区域网格质量控制方法

为了保证形变计算域的网格质量，ANSYS FLUENT 提供了网格光顺（smoothing）、动态层（layering）以及网格重构（remeshing）3 种控制方法。不同类型的网格所采用的网格质量控制方法亦不相同。

1. 网格光顺

网格光顺法的作用：一是控制运动边界位移向内部网格的扩散以及对网格位移的影响程度，二是调整移动边界上各网格节点的位置。网格光顺法包括弹簧光顺（spring-based smoothing）和扩散光顺（diffusion smoothing）。其中，弹簧光顺方法适用于控制体单元或面的任何形变，尤其适用于三角形以及四面体网格。对于非三角形或非四面体的计算域网格，除非计算域网格挤压、拉伸的各向异性程度较弱并且运动主要沿移动边界的法线方向，否则应使用扩散光顺方法。

2. *动态层*

动态层方法可有效地应用于结构四边形网格、棱柱层网格以及六面体网格，根据动边界处网格高度的变化，通过网格分割或合并实现网格更新。然而，由于涡旋膨胀机泄漏间隙处网格与工作腔网格的纵横比相差太大，无法兼顾两处计算域网格的质量以及疏密程度。

3. *网格重构*

对于非结构化网格计算域，当移动边界的位移远大于局部网格尺度时，只使用弹簧光顺方法无法保证更新后的网格质量，甚至会出现负体积网格。在这种情况下，网格重构法可以对局部畸变度较大或超出规定尺度限制的网格进行重新划分，使更新后的网格尽可能达到规定的质量标准。

网格重构法包括局部单元重构（2D 或 3D）、局部面重构（3D）、区域面重构（2D 或 3D）、切割单元域重构（3D）以及 2.5D 面重构。针对不同的网格模型，须选择合适的网格重构方法。局部单元以及局部面重构仅对变形计算域的三角形以及四面体网格有效。面域重构同样只适用于三角形或四面体网格，而且能在 3D 边界层中产生楔形体网格。切割单元域重构适用于 3D 体网格，但对重构的网格数量有一定限制。2.5D 面重构类似于 2D 局部重构，适用于由 2D 三角形网格模型拉伸得到的 3D 楔形体网格模型。

结合以上各种网格质量控制方法的特点和限制，本书采用扩散光顺法调整并更新形变工作腔的结构化四边形网格，采用弹簧光顺、局部单元重构以及 2.5D 面重构方法改善形变计算域中质量恶化的楔形体网格。图 2.11 所示为涡旋膨胀机流体计算域网格，动网格控制策略相关参数设置见表 2.3。

当动涡旋盘旋转速度为 2 000 r/min，从 $t=0$ 时刻起，动网格旋转一周后，最大畸变率由 0.328 变为 0.819，最大长宽比由 10.379 变为 51.175，此后的 10 圈动网格畸变率维持在 0.8~0.85，长宽比在 50~53。也就是说，动网格旋转一周后，网格质量开始趋于稳定，便于流场的计算。动、静涡旋盘的固体计算域网格如图 2.12 所示，网格划分同样在 ANSYS ICEM CFD 中进行，固体域中的涡旋体同样采用与工作腔区域相的三棱柱体网格，在动、静涡旋齿的流–固耦合界面需确保网格节点一致，端板则使用六面体结构化网格，各子计算域的网格质量见表 2.4。

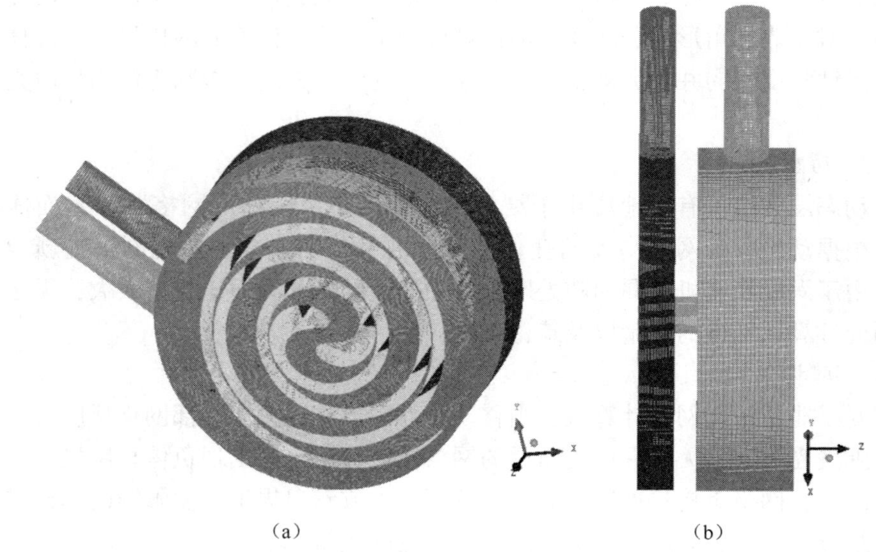
(a) (b)

图 2.11 涡旋膨胀机的流体计算域网格

表 2.3 动网格控制策略相关参数设置

参数名称	数值
弹簧常数因子	0.050
拉普拉斯边界节点松弛因子	0.750
收敛精度	0.001
迭代次数	20.000
最小网格尺寸/mm	0.700
最大网格尺寸/mm	2.000
最大表面畸变度（2.5D）	0.600
网格重构时间步间隔	1.000

计算域的网格数量对数值模拟精度有很大影响，只有当网格数量达到一定值之后，网格数量对计算结果的影响才可以忽略不计，这时才可以认为网格数量已达要求。因此需进行网格无关性分析，使网格尺度和数量满足要求，在确保数值模拟精度的同时提高计算效率。为选择合适的计算域网格，在划分工作腔网格时选取了 5 个不同尺度，并将这 5 套不同尺度的网格进行计算，分析计算结果与网格数量的关系。不同尺度网络的参数见表 2.5。

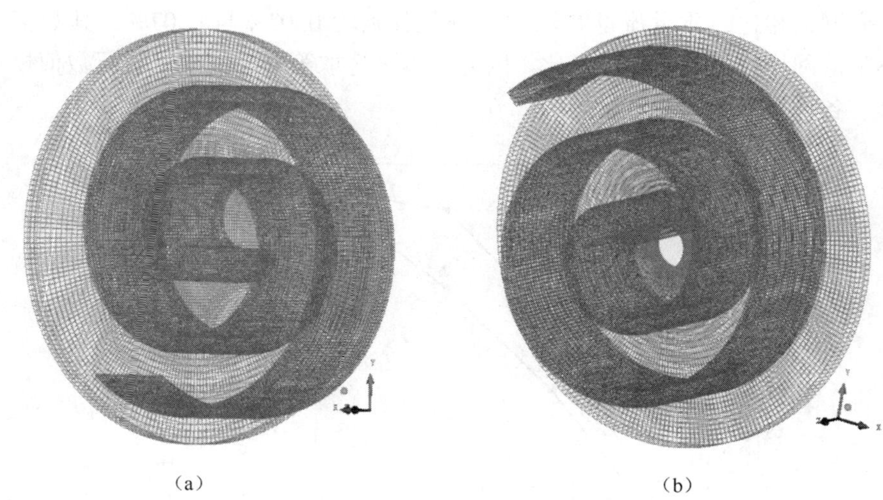

(a)　　(b)

图 2.12　涡旋膨胀机的固体计算域网格

表 2.4　子计算域体网格质量

计算域		网格质量评价指标及范围		
		正交性	长宽比	畸变度
流体域	进气管	0.736～0.999	1.436～6.189	0～0.587
	吸气集气室	0.716～1.000	1.414～6.533	0～0.496
	吸气孔口	0.724～1.000	1.414～4.553	0～0.493
	排气管	0.713～0.999	1.419～4.485	0.008～0.566
	工作腔	0.328～1.000	2.129～10.379	0.001～0.706
固体域	静涡旋盘端板	0.733～1.000	1.424～5.828	0～0.424
	动涡旋盘端板	0.734～1.000	1.414～4.472	0～0.489
	静涡旋齿	0.722～1.000	1.501～7.562	0～0.496
	动涡旋齿	0.714～1.000	1.523～7.602	0～0.550

表 2.5　不同尺度网格的参数

网格参数	1	2	3	4	5
总节点数/个	325 665	456 129	785 654	2 004 037	4 534 644
总单元数/个	702 369	954 162	1 532 900	3 089 107	5 640 633

在特定工况下，5 套不同数量的网格计算所得不同的平均质量流量和平均轴功率大小如图 2.13 所示。从图中可以看出，第 4 套网格与网格数量最多的

第5套网格相比，质量流量和轴功率偏差分别为0.03%与0.07%，其数值基本不随着网格数量的变化而变化。因此，本书选取第4套网格来进行数值模拟计算。各计算域的网格数量见表2.6。

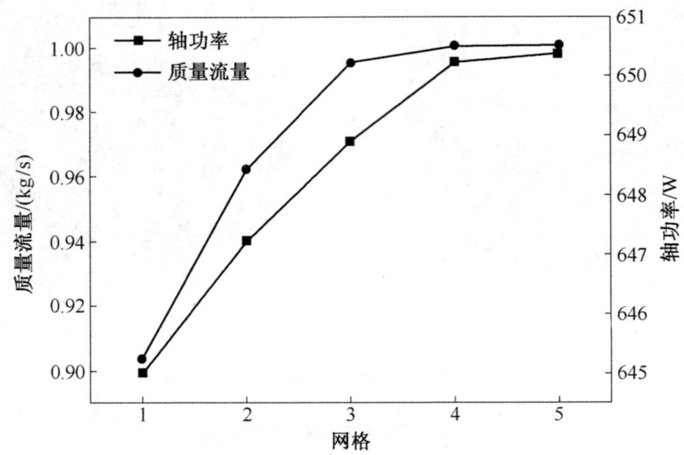

图2.13 质量流量和轴功率与网格数量的关系

表2.6 膨胀机各计算域的网格数量

计算域名称	网格节点数/个	体网格单元数/个
进气管	155 616	175 681
吸气集气室	477 292	649 774
吸气孔口	165 360	179 209
排气管	209 390	228 609
工作腔	875 595	1 636 687
静涡旋盘端板	16 592	25 620
动涡旋盘端板	16 952	25 797
静涡旋体	57 037	14 107
动涡旋体	56 238	136 730

2.7 CFD数值模型校验

为验证涡旋膨胀机CFD数值计算结果的可靠性，课题组在中温ORC余热回收系统实验台架上进行了涡旋膨胀机的性能试验，获取了涡旋膨胀机的流量、转速、有效输出功率、进/出口压力和温度等参数。如图 2. 14 所示，在实验过程中，可通过调节废气的流量和温度、工质的流量和温度、膨胀机主轴转速及负载等，得到不同工况下的膨胀机性能参数。根据工质进口温度的不同，分别选择了 4 个工况点进行数值模拟，如表 2. 7 分别设置模拟计算的边界条件，将性能试验结果与数值模拟结果进行了对比，如图 2. 15 所示，对于本书选型的涡旋膨胀机，数值模拟结果与实验结果相比，最大偏差在 5%左右。因此，对涡旋膨胀机的 CFD 数值模拟模型的计算结果是可信的。

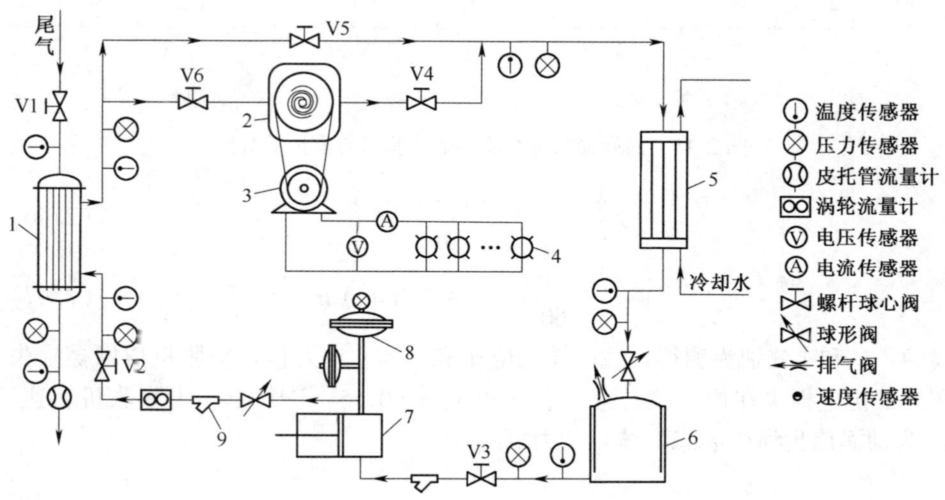

图 2. 14　中温 ORC 废热回收系统实验台架示意图

1—管壳蒸发器；2—涡旋膨胀机；3—发电机；4—电灯负载；5—板式冷凝器；6—储液罐；7—机械隔膜泵；8—压力缓冲器；9—Y 型过滤器

表 2. 7　模型校验所选工况点

工况	转速 n/(r/min)	进口压力 P_i/kPa	进口温度 T_i/K	出口压力 P_o/kPa
E1	1 986	835	383. 50	216
E2	2 000	1 000	408. 28	340
E3	2 005	995	429. 23	315
E4	2 010	861	449. 22	233

涡旋膨胀机实验获得的轴功率和数值计算得到的轴功率分别通过式（2. 46）和式（2. 47）得到。

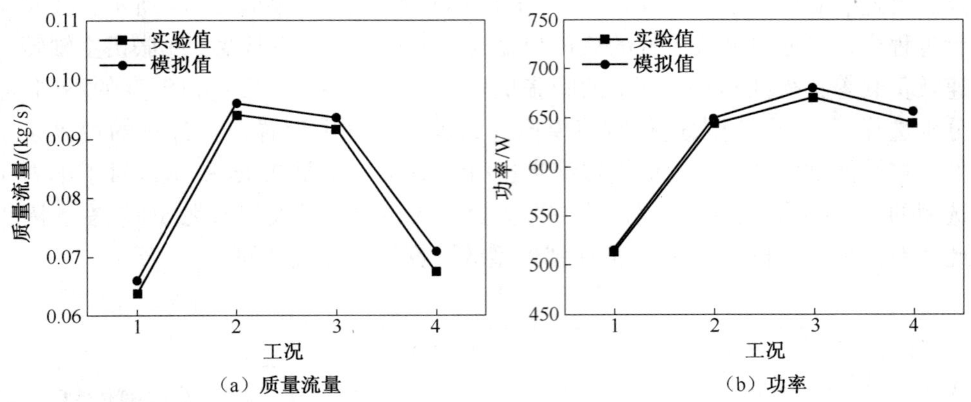

（a）质量流量　　（b）功率

图 2.15　涡旋膨胀机性能参数实验值与模拟值对比

$$W_{\mathrm{exp}} = \frac{U \cdot I}{\eta} \tag{2.46}$$

$$W_{\mathrm{sim}} = \frac{2\pi n}{60T} \cdot \int_{t}^{t+T} M_{\mathrm{d}}(t)\,dt \tag{2.47}$$

式中：U 和 I 分别为测得负载两端的电压和电流；η 为包含膨胀机内摩擦损失和外部机电损失在内的集总效率，这里取 $\eta = 0.55$[125-126]；n 为膨胀机转速；M_{d}为动涡旋齿所受瞬态气体驱动力矩。

2.8　涡旋膨胀机涡旋盘的结构力学分析模型

2.8.1　弹性理论的基本控制方程

当不考虑涡旋齿间的径向和轴向接触作用时，动、静涡旋盘的变形主要由 4 部分组成：固体材料受热后产生的线膨胀；温度分布不均匀产生热应力所致的形变，包含由径向应力所致的与泊松比有关的形变；涡旋盘由于轴向或周向受限，在轴向和径向上无法自由膨胀而导致的挠性变形；气体力作用下产生的拉应力和弯曲应力所致的形变。这 4 种变形分布和大小不仅取决于膨胀机的运行工况，而且与涡旋盘的几何结构、约束条件和材料属性等因素密切相关。

本书假设涡旋盘材料为各向同性的线弹性材料，且由于涡旋膨胀机稳定运行时，最终涡旋盘呈现为稳定的温度场。本书在对涡旋盘进行应力应变分析时，只考虑在温度场和压力场已知条件下各向同性弹性材料体内定常温度场和压力场而引起的应力，因此，涡旋盘的变形可由静态的线性热弹性方程组来描述，主要包括平衡方程、几何方程和物理方程[117]。

1. 平衡方程

$$\left.\begin{aligned}\frac{\partial\sigma_x}{\partial x}+\frac{\partial\tau_{xy}}{\partial y}+\frac{\partial\tau_{xz}}{\partial z}+F_x=0\\\frac{\partial\sigma_y}{\partial y}+\frac{\partial\tau_{xy}}{\partial x}+\frac{\partial\tau_{yz}}{\partial z}+F_y=0\\\frac{\partial\sigma_z}{\partial z}+\frac{\partial\tau_{xz}}{\partial x}+\frac{\partial\tau_{yz}}{\partial y}+F_z=0\end{aligned}\right\}\tag{2.48}$$

2. 几何方程

$$\left.\begin{aligned}\gamma_{yz}=\frac{\partial v}{\partial z}+\frac{\partial w}{\partial y},\ \varepsilon_x=\frac{\partial u}{\partial x}\\\gamma_{xz}=\frac{\partial u}{\partial z}+\frac{\partial w}{\partial x},\ \varepsilon_y=\frac{\partial v}{\partial y}\\\gamma_{xy}=\frac{\partial u}{\partial y}+\frac{\partial v}{\partial x},\ \varepsilon_z=\frac{\partial w}{\partial z}\end{aligned}\right\}\tag{2.49}$$

3. 物理方程

由于动、静涡旋盘受到外力约束的同时，其温度分布和气体力分布都是非均匀的，因此，涡旋盘内局部各区域的收缩和膨胀并不相同，涡旋盘内部产生应力，该应力的存在引起应变的产生，应力应变的关系可由式（2.50）表示。

$$\left.\begin{aligned}&\gamma_{yz}=\frac{\tau_{yz}}{G},\quad\varepsilon_x=\frac{\sigma_x-\gamma(\sigma_y+\sigma_z)}{E}+\alpha_T\Delta T\\&\gamma_{xz}=\frac{\tau_{xz}}{G},\quad\varepsilon_y=\frac{\sigma_y-\gamma(\sigma_x+\sigma_z)}{E}+\alpha_T\Delta T\\&\gamma_{xy}=\frac{\tau_{xy}}{G},\quad\varepsilon_z=\frac{\sigma_z-\gamma(\sigma_x+\sigma_y)}{E}+\alpha_T\Delta T\\&\varepsilon=\varepsilon_x+\varepsilon_y+\varepsilon_z\end{aligned}\right\}\tag{2.50}$$

式中：γ_{yz}、γ_{xz}、γ_{xy}、τ_{yz}、τ_{xz}、τ_{xy} 分别为沿 yz、xz、xy 平面方向的切应力和切应变；σ_x、σ_y、σ_z、F_x、F_y、F_z、u、v、w、ε_x、ε_y、ε_z 分别为 x、y、z 方向上的正应力、涡旋盘所受外力、位移和正应变；γ、ΔT、E、ε 分别为材料泊松比、温度变化值、杨氏模量和体应变；G 为材料的剪切模量，各向同性材料的剪切模量可由式（2.51）表示。

$$G=\frac{E}{2(1+\gamma)}\tag{2.51}$$

2.8.2 结构有限元法基本原理

涡旋膨胀机的动涡旋盘和静涡旋盘离散为有限个实体单元，单元内位移的变化需通过单元节点处的位移得到，可表示为

$$f = \boldsymbol{N}u_{\mathrm{e}} \tag{2.52}$$

式中：$\boldsymbol{N}$ 为形函数矩阵；u_{e} 为单元节点位移。

将单元位移公式与几何方程联立即可求出单元应变，其表达式为

$$\varepsilon = \boldsymbol{B}u_{\mathrm{e}} \tag{2.53}$$

式中，$\boldsymbol{B}$ 为应变矩阵。

将单元应变公式与物理方程联立可求出单元应力，其表达式为

$$\sigma = \boldsymbol{DB}u_{\mathrm{e}} = \boldsymbol{S}u_{e} \tag{2.54}$$

式中：$\boldsymbol{D}$ 为弹性矩阵；$\boldsymbol{S}$ 为单元应力矩阵。

为找到节点力与节点位移间的关系，将式（2.52）~式（2.54）代入虚功方程，得到单元刚度方程

$$F_{\mathrm{e}} = \boldsymbol{K}_{e}\mathrm{u}_{e} \tag{2.55}$$

式中：F_{e} 为单元节点力；$\boldsymbol{K}_{\mathrm{e}}$ 为单元刚度矩阵。若将所有单元作用载荷通过坐标转换后拼接则形成等效节点载荷，引入边界条件后，即可求得节点应力应变。

2.8.3 涡旋盘模型网格划分及材料属性

将上一节中涡旋盘的几何模型导入 ANSYS 静力学分析模块中，建立其有限元模型。在进行网格划分时，选择自动网格划分方法，将网格最小单元尺寸设置为 0.05 mm，由于动涡旋齿尾经过修正壁厚很小，因此将动涡旋齿齿尾加密，如图 2.16 所示。动涡旋盘网格单元数为 381 944，静涡旋盘网格单元数为 336 525。

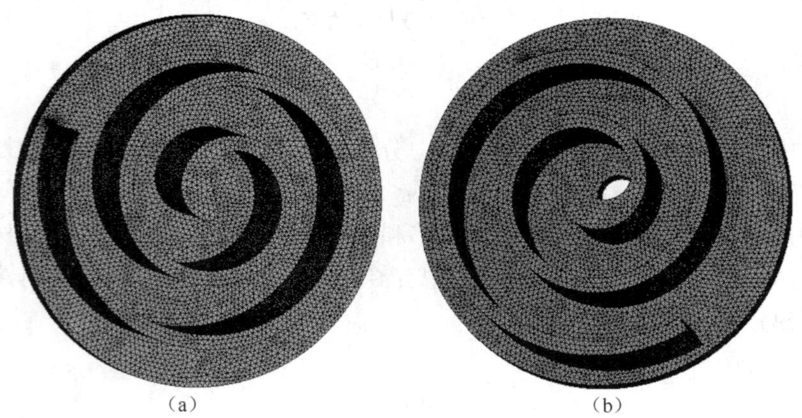

图 2.16 动、静涡旋盘网格划分

动静涡旋盘的材料设置为与实际涡旋盘材质相同的铝合金 4032。材料的具体性能参数见表 2.8[127-128]。

表 2.8　铝合金 4032 材料的具体性能参数

参数名称	参数值
弹性模量/GPa	79.00
泊松比	0.33
密度/(kg/cm^3)	2 680.00
膨胀系数/K^{-1}	1.95×10^{-5}
导热系数/[W/(m·K)]	141.00
比热/[J/(kg·K)]	864.00
拉伸强度/MPa	380.00
屈服强度/MPa	315.00

2.8.4　动、静涡旋盘约束条件

根据涡旋膨胀机工作时的实际情况，其所受约束为：动涡旋盘背面的滚珠轴承限制动涡旋盘 Z 轴方向旋转自由度和平动自由度；曲柄销的轴承座孔侧壁限制沿 X 轴和 Y 轴方向的平动自由度；曲柄销的轴承座孔内壁限制沿 Z 轴方向的平动自由度；静涡旋盘限制其所有的 6 个方向的自由度。

在 ANSYS 中进行有限元分析时，如图 2.17 和图 2.18 所示，将实际约束简化如下：

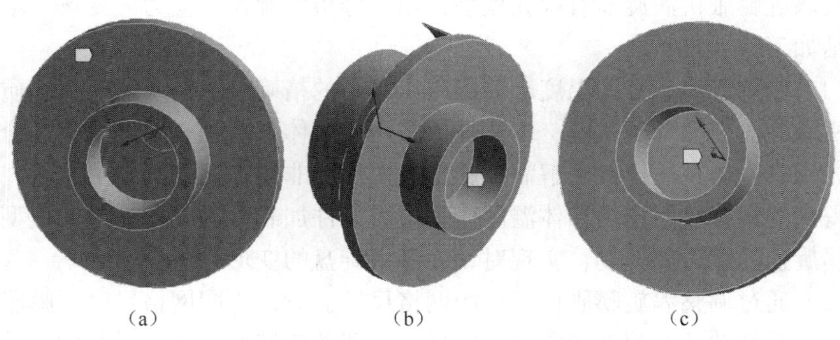

(a)　(b)　(c)

图 2.17　动涡旋盘的约束设置

(1) 限制动涡旋盘背面与滚珠轴承相连位置 Z 轴方向的平动自由度。

(2) 轴承座孔内壁面的所有自由度。

图 2.18 静涡旋盘的约束设置

（3）静涡旋盘端板的周向壁面设为固定约束。

2.9 本章小结

为研究涡旋膨胀机的非稳态流场分布对涡旋盘变形特性的影响规律，本章首先讨论并确定了涡旋膨胀机流-热-固多场耦合求解策略；接着建立了涡旋膨胀机流动控制方程，讨论并确定了适用于涡旋膨胀机 CFD 数值模拟的湍流模型、控制方程离散方法、动边界控制方法、边界条件与初始条件、网格划分与网格质量控制等，将 CFD 数值模拟结果与膨胀机性能试验结果进行了对比分析并验证涡旋膨胀机 CFD 模型的有效性；最后建立了由弹性方程控制的有机工质涡旋膨胀机涡旋盘有限元模型，用于分析涡旋盘的应力应变场。本章内容总结如下：

（1）作用于涡旋盘的温度载荷和内压载荷的精确获取是求解有机工质涡旋膨胀机涡旋盘变形量的关键，本章提出采用有限体积法和有限元法相结合的方式，先用有限体积法离散求解涡旋膨胀机工作腔非稳态流动和传热方程，再将计算得到的涡旋盘面压力和体温度作为边界条件加载入涡旋盘有限元模型，以求解涡旋盘的应力应变场，实现对动、静涡旋盘的变形分析。

（2）通过调整涡旋膨胀机工作腔网格尺度，对比不同网格尺度下膨胀机平均质量流量和轴功率等性能参数的差异，验证数值模型的网格无关性，达到控制网格数量的目的。工作腔动态计算域的网格通过弹簧光顺、2.5D 面重构和局部单元重构方法，达到控制网格质量的目的。

（3）涡旋膨胀机内部工质与涡旋盘的传热边界设置为共轭传热交界面，工质与外界换热边界则采用第 3 类热边界，用虚拟壁面代替膨胀机壳体。由于涡旋盘的初始温度对流-固耦合换热计算结果影响较大，本章将多主轴转角下的定常计算结果的固体温度平均值作为初始温度代入非定常计算，保证了计算的收敛速度和结果的可靠性。

（4）在中温 ORC 废热回收系统实验台上进行了涡旋膨胀机的性能试验，在特定工况下，对比分析涡旋膨胀机的时均质量流量和轴功率等性能参数的实验结果与模拟计算结果，模拟计算结果与实验结果基本吻合，验证了涡旋膨胀机流-固耦合传热模型的可行性，其计算结果能够为涡旋盘结构变形分析提供可靠的依据。

第3章 多场耦合作用下涡旋盘变形的数值计算

3.1 引　　言

目前，关于涡旋盘的变形研究对压力和温度分布都是按照沿轴向的固定均布加载[94,95]，或按涡旋盘半径线性加载[92,93]，或分块加载测量点的温度和压力[96,97]，或在工作区域以换热系数的方式来加载温度边界条件[106]，这些方法在模拟涡旋盘承受载荷情况时都存在一定的偏差，导致模拟计算得到的涡旋盘应力与变形结果不准确。近年来仅有少数研究者采用流-固耦合的方法来获得涡旋结构的流场和温度场分布[105,107]，但研究对象都为涡旋压缩机，且在进行变形分析时都是以压缩开始时刻作为变形最大时刻。

由于涡旋膨胀机与涡旋压缩机的工作过程及工作条件完全不同，导致作用于涡旋盘上的温度载荷和内压载荷也完全不同，两者的变形结果也会有很大差异，不能用针对涡旋压缩机的结果来指导涡旋膨胀机的设计优化。针对上述问题，本章采用单向流-固耦合的方法，将利用 FLUENT 计算得到的工质流场和固体温度场的计算结果，作为涡旋盘变形分析的边界条件，用有限元方法研究分析涡旋盘的变形和应力分布规律，分析讨论了涡旋盘最大变形发生的时刻，揭示了动、静涡旋盘产生应力变形的影响因素，为提高涡旋膨胀机的可靠性和性能提供理论依据。

3.2 有机工质涡旋膨胀机涡旋盘载荷分析

由涡旋盘的结构易知，涡旋齿所受载荷工况类似于悬臂梁。悬臂梁的固定端为涡旋齿齿根端面，自由端为涡旋齿齿顶。涡旋膨胀机在正常工况下，受到气体工质的内压力、温度场的热应力、惯性力以及涡旋齿相互啮合时产生的接触力和摩擦力。本书为找出涡旋盘最大变形可能产生的时刻和部位，对动、静涡旋盘进行单独的变形分析，未考虑涡旋齿之间可能存在的接触力和摩擦力。

1. 内压载荷

涡旋膨胀机内部多个膨胀腔内的工质同时进行气体膨胀，且各膨胀腔内的压力都不相同，这使得作用于动、静涡旋盘上的气体力具有较强的时变性。图3.1给出了作用于动涡旋盘上的各向气体力，如径向气体力、切向气体力和轴向气体力等。

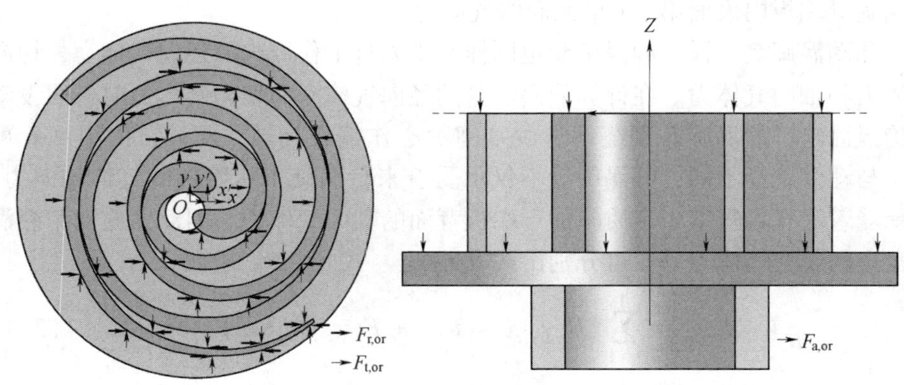

（$F_{r,or}$－径向气体力；$F_{t,or}$－切向气体力；$F_{a,or}$－轴向气体力）

图3.1　作用于动涡旋盘各方向的气体力

作用于动涡旋盘上的气体力对膨胀机的运行特性有着直接影响，合理分析涡旋盘上的作用力是对膨胀机进行可靠性分析、动平衡设计和强度设计的基础。动涡旋盘受径向力的作用是沿涡旋体基圆中心连线方向，从动涡旋体指向静涡旋体，这一作用力有减小动、静涡旋体基圆中心距离的趋势，从而导致主轴偏心量减小、径向间隙增大。利用涡旋膨胀机流-固耦合传热非定常数值计算的结果，可以得到动涡旋盘所受径向气体力，计算表达式为

$$F_{r,\ or} = \sum_{i=1}^{N} [F_{x,\ or,\ i}\cos(\omega t) + F_{y,\ or,\ i}\sin(\omega t)] \tag{3.1}$$

式中：N为受力面网格单元数目；ω为动涡旋盘转动角速度；$F_{x,or,i}$、$F_{y,or,i}$分别为作用于涡旋体壁面第i个单元面的气体力沿x、y轴方向分量。

动涡旋盘所受切向气体力是沿动、静涡旋盘基圆中心连线的法线方向施加于动涡旋盘壁面上的，可由式（3.2）求出。

$$F_{\mathrm{t,or}} = \sum_{i=1}^{N} [F_{y,\mathrm{or},i}\cos(\omega t) - F_{x,\mathrm{or},i}\sin(\omega t)] \tag{3.2}$$

垂直于动涡旋盘端板所在平面的轴向气体力是动涡旋盘所受的重要气体力，它有使得动、静涡旋盘的齿面和端板有相互分离的趋势，可能造成轴向间隙和径向气体泄漏的变化，其计算公式为

$$F_{\mathrm{a,or}} = \sum_{i=1}^{N} (F_{z,\mathrm{or},i}^{\mathrm{tip}} + F_{z,\mathrm{or},i}^{\mathrm{bot}}) \tag{3.3}$$

式中：$F_{z,\mathrm{or},i}^{\mathrm{tip}}$ 为垂直于动涡旋盘齿顶面第 i 个单元面的气体力；$F_{z,\mathrm{or},i}^{\mathrm{bot}}$ 为垂直于动涡旋盘端板内表面第 i 个单元面的气体力。

和动涡旋盘一样，静涡旋盘也同样承受来自工作腔内的径向气体力、切向气体力和轴向气体力。在计算静涡旋盘的径向气体力和切向气体力时，假设动涡旋盘固定，静涡旋盘围绕动涡旋基圆中心作偏心旋转。此外，由图 2.6 可知，与动涡旋盘不同，静涡旋盘不仅承受着来自涡旋工作腔内的气体轴向力，还承受着吸气集气室中工质施加于端板背面的轴向气体力。因此，施加于静涡旋盘上的 3 个气体力分量可分别由式（3.4）~式（3.6）求解。

$$F_{r,\mathrm{fix}} = \sum_{t=1}^{N} [F_{x,\mathrm{fix},t}\cos(\omega t) + F_{y,\mathrm{fix},j}\sin(\omega t)] \tag{3.4}$$

$$F_{t,\mathrm{fix}} = \sum_{t=1}^{N} [F_{y,\mathrm{fix},t}\cos(\omega t) - F_{x,\mathrm{fix},j}\sin(\omega t)] \tag{3.5}$$

$$F_{a,\mathrm{fix}} = \sum_{i=1}^{N} [F_{z,\mathrm{fix},j}^{\mathrm{tip}} + F_{z,\mathrm{fix},j}^{\mathrm{bot}} + F_{z,\mathrm{ple},t}^{\mathrm{top}} \tag{3.6}$$

式中，$F_{z,\mathrm{fix},i}^{\mathrm{bot}}$ 为垂直于静涡旋盘端板背面第 i 个单元面的气体力。

2. 温度载荷

气体的膨胀作用使得膨胀机进气温度和排气温度存在一定差异，这必然会造成涡旋盘温度分布的不均匀，引起热应力。涡旋膨胀机内部存在较强的旋涡流动，气体机械能的消耗可能引起涡旋盘温度载荷的增大。此外，由于吸气集气室的存在，较高的吸气温度可能造成涡旋盘的热膨胀。

3. 惯性载荷

动涡旋盘所受的惯性载荷是由自转引起的，惯性力载荷可由式（3.7）计算得出。

$$F_{\mathrm{oc}} = m_{\mathrm{o}} R_{\mathrm{or}} (2\pi n/60)^2 \tag{3.7}$$

式中：F_{oc}为离心力；m_{o} 为动涡旋盘的质量；R_{or}为偏心距。

本章分别针对这 3 种不同的载荷，建立了涡旋膨胀机流-热-固多场耦合模型，在特定工况下进行涡旋膨胀机 CFD 非稳态数值模拟计算，所选工况参

数见表 3.1。

表 3.1　涡旋膨胀机模拟工况参数

转速 n/(r/min)	进口总压 P_i/kPa	进口温度 T_i/K	出口静压 P_o/kPa
2 000	1 100	405	440

3.3　涡旋膨胀机流场分布对涡旋盘内压和温度载荷的影响

3.3.1　气体力分布

根据式（3.1）~式(3.6) 处理涡旋膨胀机流-固耦合传热非定常数值计算的结果，得到作用于动、静涡旋盘的瞬态气体力，如图 3.2 所示。由于动涡旋盘的运动，吸气孔口在动涡旋齿齿头的遮挡作用下，吸气孔与吸气腔之间流通面积的持续变化，导致动、静涡旋盘所受各方向气体力大小均呈现周期性波动。可以看出，不论是动涡旋盘还是静涡旋盘，其所受轴向气体力最大，切向气体力次之，径向气体力最小。静涡旋盘所受径向气体力和切向气体力方向与动涡旋盘受力方向相反，由于对称工作腔压力分布的非对称性，因此动、静涡旋盘上的径向和切向气体力数值上也不完全相等，但变化趋势完全一致。如图 3.2（a）所示，动涡旋盘所受径向力在 1 点位置即主轴转角为 360°时达到最大值，其切向力在 2 点位置即主轴转角为 312°达到最大值，在同一位置下，静涡旋盘所受径向力和切向力也分别达到最大值。与这两个力不同，由于静涡旋盘的轴向气体力是工作腔和吸气集气室内轴向气体作用力的合力，而动涡旋盘所受轴向气体力仅来自工作腔，因此动、静涡旋盘轴向气体力的变化趋势并不一致，静涡旋盘上的轴向气体力远大于动涡旋盘所受轴向气体力。如图 3.2（b)所示，动、静涡旋盘所受轴向气体力的最大值分别在 4 点位置和 3 点位置，这两点分别对应 360°和 126°主轴转角。

通过以上分析可知，涡旋膨胀机工作过程中动、静涡旋盘所受气体力变化范围较大，尤其是静涡旋盘上的轴向气体力。径向气体力和切向气体力会影响涡旋盘之间的径向间隙，轴向气体力会影响涡旋盘之间的轴向间隙，通过分析各向气体力的最大值发生时对应主轴转角处涡旋盘的应力应变，可以找出涡旋盘变形最大的时刻。

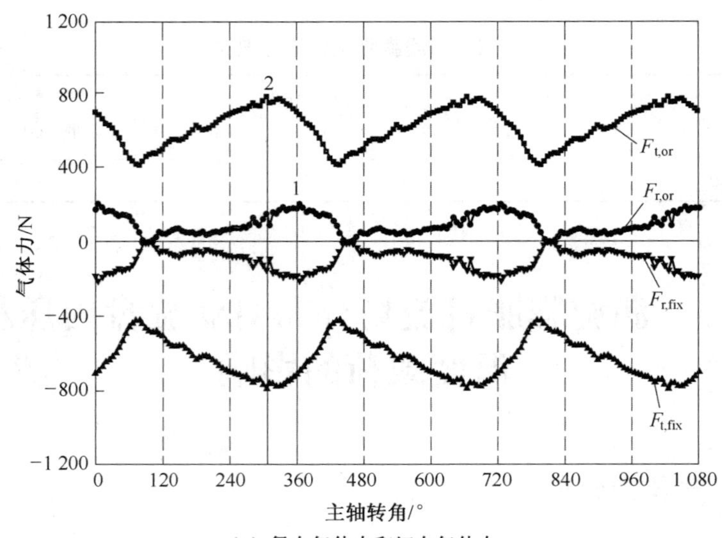

（a）径向气体力和切向气体力

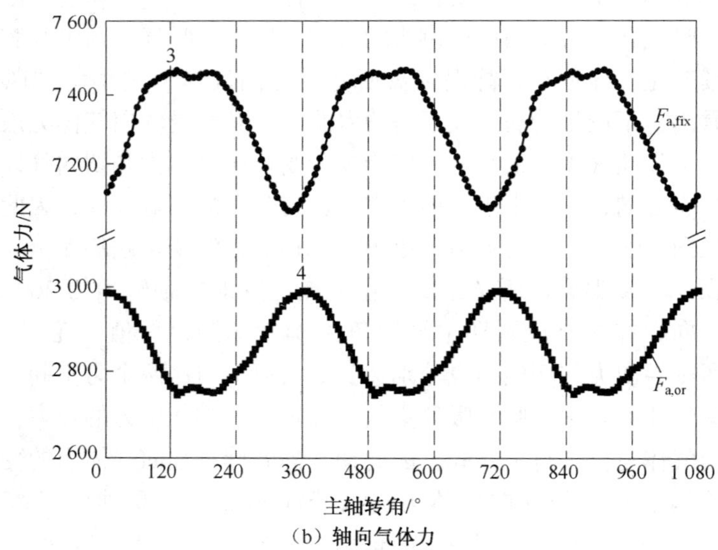

（b）轴向气体力

图 3. 2　作用于动静涡旋盘的非稳态气体力

3. 3. 2　气体压力场分布

由于涡旋齿所受气体力大小直接取决于涡旋盘壁面的气体静压分布情况，因此需分析涡旋盘内部气体压力场分布及变化情况。膨胀机工作过程中，静涡旋盘端板的两侧壁面分别承受来自吸气集气室和工作腔内的气体力。图 3. 3 给出了主轴转角为 60°、126°、180°、240°、312°以及 360°六个位置下吸气集气室中间高度 XY 横截面（$z=-13$ mm）处静压分布云图。随着主轴转角位置的变化，吸气孔口与吸气腔间的流通面积发生变化，吸气腔内的气体压力也随之变化，图 3.4 给出了主轴转角为 60°、126°、180°、240°、312°以及 360°六个位置下工作腔内部不同轴截面（$x=0$ mm，$y=0$ mm 和 $z=16.5$ mm）的静压分布图。

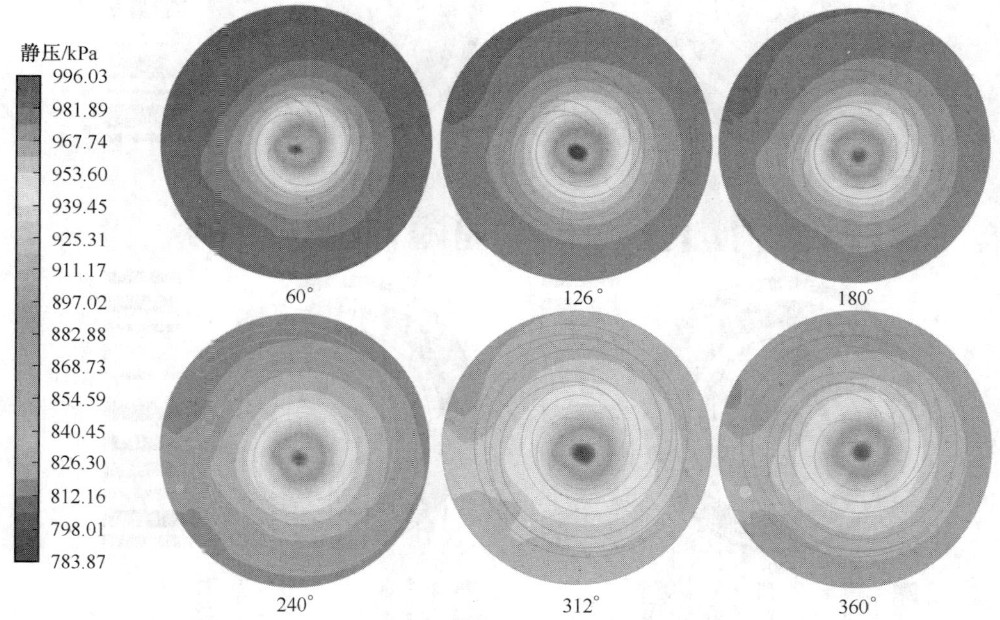

图 3.3　不同主轴转角位置下吸气集气室的静压分布（$z=-13$ mm）

吸气集气室中心近吸气孔处的气体与吸气腔内的气体压力差，在一定程度上会影响作用于静涡旋盘的轴向气体力的大小。如图 3.3（a）所示，在 60°主轴转角位置处，由于动涡旋齿齿头的遮挡，吸气孔与中心吸气腔连通面积较小，此时孔口节流作用明显，吸气集气室压力梯度大。结合图 3.4 可知，相比其他主轴转角位置，该主轴转角位置下中心吸气腔由于受到较大的节流作用，其静压值最低，吸气集气室中心区域与中心吸气腔内的压差也最大。

在 60°~126°转角范围内，吸气孔开度逐渐增大，吸气孔口节流作用减弱，吸气腔内容积增大。如图 3.4（b）所示，主轴转至 126°位置时，由于持续进入的高压气体减弱了气体在吸气腔内提前膨胀所导致的压降，中心吸气腔压力增大，此时吸气集气室近吸气孔口处与中心吸气腔压差略有下降。在 126°~180°转角范围内，吸气孔被进一步打开直至最大开度，吸气孔口节流作用十分微弱。结合图 3.3（c）和图 3.4（c），在 180°主轴转角位置，中心吸气腔中

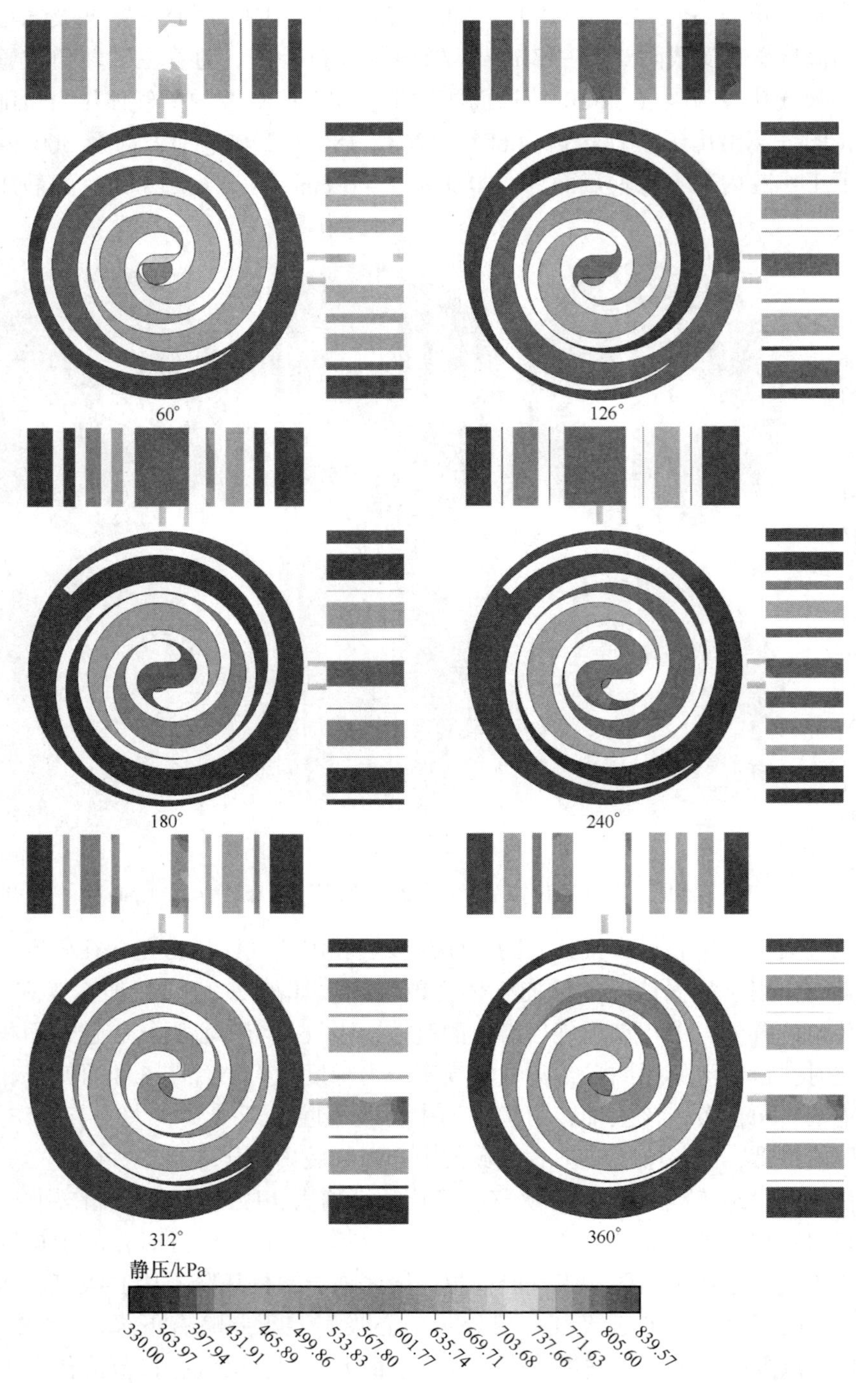

图 3.4 不同主轴转角位置下工作腔的静压分布（$x=0$ mm，$y=0$ mm，$z=16.5$ mm）

气体压力与集气室近吸气孔口处的气体压力十分接近。当主轴转角转过 180°之后，吸气孔被逐渐关闭，吸口孔口节流作用持续增强，而吸气腔容积的增大，使得吸气腔内的气体压力由于膨胀做功而下降，吸气集气室与吸气腔的压差开始增加。在主轴转角接近 360°位置时，吸气孔口开度较小，动涡旋齿齿头的阻流作用使得吸气孔处流速下降，吸气集气室与吸气腔的压差随之减小。

此外，从图 3.3 不难看出，在不同主轴转角位置下，吸气集气室内静压值由吸气集气室边缘处沿半径方向下降且下降速度增加，集气室边缘的气体压力较大。而由于气体的膨胀作用，工作腔内外围的膨胀腔和背压腔压力在任意主轴转角位置下都小于吸气腔内的气体压力，如图 3.4 所示。这正是引起静涡旋盘承受较高的轴向气体力的重要原因。

3.3.3　涡旋齿壁面压差分布

上节分析了吸气集气室与工作腔内的气体压力在不同主轴转角位置下的分布情况，由于作用于涡旋盘壁面的气体力大小与相邻腔间的压差密切相关，需进一步分析作用于涡旋膨胀机内相邻工作腔的压差变化情况。根据涡旋膨胀机的吸气、膨胀和排气的工作过程，可将膨胀机工作腔按图 3.5 进行划分。在初始啮合位置即主轴转角为 0°时，如图 3.5（a）所示，吸气腔包含两个腔Suc_1 和 Suc_2。随着动涡旋齿的运动，中心吸气腔 Suc 开始形成，如图3.5（b）所示。当主轴转至 270°转角位置时，如图 3.5（c）所示，由于动涡旋齿的持续运动，对称吸气腔间工质流动通道横截面面积逐渐变小，使中心吸气腔的压力分布出现明显差异，中心吸气腔按照压力值大小重新划分，对称吸气腔之间的狭窄通道记为 Suc_3，对称吸气腔分别记为 Suc_4 和 Suc_5，直到动涡旋齿回到初始位置。当动涡旋盘转动一周，吸气腔内的高温工质完成吸气过程并进入膨胀腔 Exp_1 和 Exp_2。从膨胀腔流出的工质进入相邻的排气腔 Exh_1 和 Exh_2中，这一对排气腔与其对应的背压腔 Bac_1 和 Bac_2 之间由图中黑色虚线标示的气动排气口分隔开来。

由于膨胀机工作过程中涡旋齿相当于齿根端面为固定端、齿顶端面为自由端的悬臂梁，在径向气体力和切向气体力的作用下，涡旋齿齿顶端面会发生较大位移。为分析涡旋齿壁面压力分布对其受力特性的影响，在动、静涡旋齿齿头的顶部位置分别沿内外侧涡旋型线从齿头方向到齿尾方向选取特征线，为便于统一齿端修正段和涡旋渐开线段的自变量，横坐标设为涡旋齿轮廓线的长度，起点分别记为 P_{or}和 P_{fix}，如图 3.5（c）所示。

图 3.2 中的 3 个气体力最大值发生的时刻 1、2、3 位置分别对应于 312°、360°和 126°主轴转角位置。图 3.6 给出了这 3 个主轴转角位置下涡旋齿齿顶处

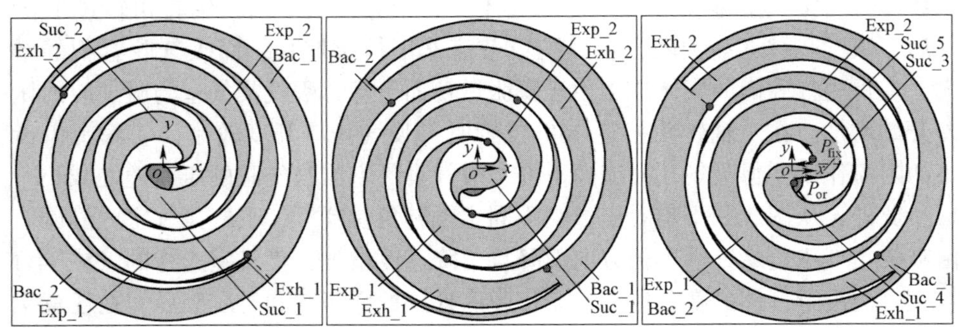

图 3.5 涡旋膨胀机各工作腔划分示意图

内外侧壁面压差随轮廓线展开长度的变化曲线，曲线上压差值突变的位置均对应于动、静涡旋齿的啮合线位置。由于各工作腔压力分布比较均匀，因此除啮合线附近间隙处的压差存在突变外，位于相同两相邻工作腔之间的涡旋齿内外壁面的压差曲线近似水平。由于 312°、360°两转角位置十分接近，这两个时刻下动、静涡旋齿壁面压差分布曲线随涡旋线展开长度的变化趋势基本一致，两者仅有相位上的差异。

静涡旋齿壁面压差的最大值位于 312°主轴转角位置下的 1′~2′处，如图 3.6（a）所示，1′~2′段静涡旋齿位于吸气腔 Suc_4 和膨胀腔 Exp_2 之间。当主轴转至 360°位置时，2′~3′段静涡旋齿上的压差与 1′~2′段静涡旋齿上的压差值接近，2″~3″段静涡旋齿内、外壁面分别承受来自吸气腔 Suc_1 和膨胀腔 Exp_2 的气体压力。不难看出，当主轴转角为 126°时，作用于静涡旋齿内外壁面的压差最低，这也正对应了 126°主轴转角位置下涡旋盘所受切向气体力小于其他两转角位置下的切向气体力。在 126°主轴转角位置下，4~5 段静涡旋齿上的压差小于 0，即该转角位置下排气腔 Exh_1 压力小于背压腔 Bac_2 压力，相比之下 3′~4′段和 4″~5″段静涡旋齿同样承受来自排气腔Exh_1与背压腔 Bac_2 的压力，而两者的压差均为正值。

从图 3.6（b）可以看出，与静涡旋齿一样，动涡旋齿壁面压差的最大值仍发生于 312°主轴转角位置下。对比图 3.6(a)，3 个主轴转角位置下，2~3、2′~3′和 3″~4″段动、静涡旋齿上的压差值大小相等，方向相反，这是由于这 3 段静涡旋齿的内、外壁面所受气体压力分别来自两侧膨胀腔 Exp_2 和 Exp_1，而与这 3 段动涡旋齿内、外壁面相接触的工作腔则分别是 Exp_1 和 Exp_2。此外，与其他两转角位置不同，126°转角位置下 4~5 段动、静涡旋齿壁面压差大小相近，排气腔 Exh_2 压力比背压腔 Bac_1 压力略大，但方向相反。

根据上述分析，由于当主轴转至 126°转角位置处的壁面压差分布与其他

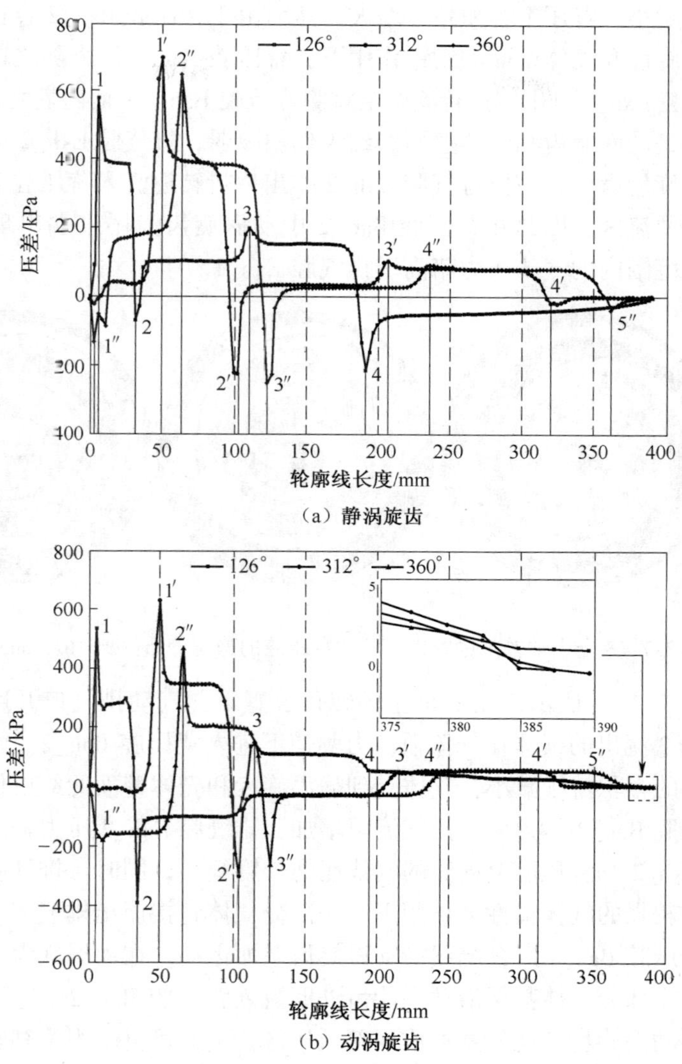

（a）静涡旋齿

（b）动涡旋齿

图 3.6　3 个主轴转角位置涡旋齿壁面压差分布

两转角位置明显不同，该时刻下动、静涡旋齿齿尾末端壁面压差方向相反。为进一步分析造成动涡旋齿尾末端壁面压差分布差异的原因，图 3.7 给出了 126°、312°和 360°主轴转角位置下排气腔与背压腔中间齿高位置（z = 16.5 mm）的压力分布云图和流线图。当主轴转角为 126°时，排气腔 Exh_1 压力比排气腔 Exh_2 压力低，而当主轴转至 312°及 360°时，排气腔 Exh_1 压力高于排气腔 Exh_2 压力。如图 3.7（b）和（c）所示，由于气动排气口处通道狭窄，两侧排气腔中的气体以泄漏流形式分别流入对应背压腔。此时排气腔容积正逐渐减小，背压腔容积持续增大。然而由于背压腔 Bac_2 容积增加速率小，在静涡旋齿和壳体壁面的约束作用下，背压腔 Bac_2 压力随之增加，部分气体由排气腔 Exh_2 排出后折转流返至对侧背压腔 Bac_1。而随着背压腔 Bac_1 容积的增加，动涡旋齿和壳体壁面的约束作用减弱，排气腔 Exh_2 中的大量气体流向动涡旋齿齿尾，与由排气腔 Exh_2 排出后折转返流入背压腔 Bac_1 的气体汇合形成回流区，因此在背压腔 Bac_2 中动涡旋齿齿尾末端出现局部高压区，该区域范围内的气体压力略高于排气腔 Exh_1。

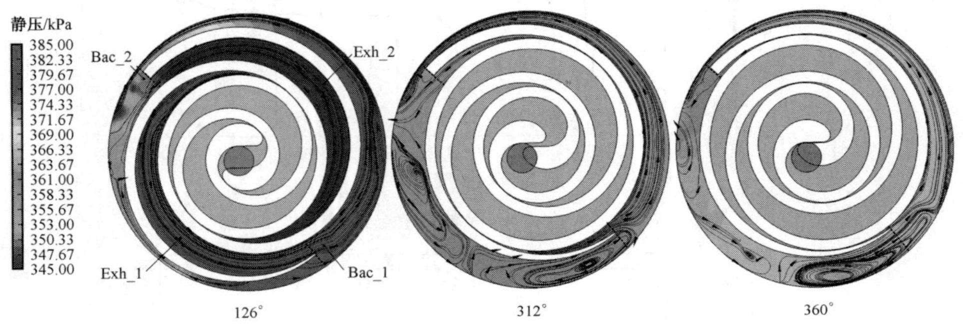

图 3.7　3 个主轴转角位置排气腔和背压腔的静压分布（$z=16.5$ mm）

如图 3.7（a）所示，在 126°主轴转角位置下，气动排气口开度较大，从排气腔 Exh_2 流出的气体在气体惯性力驱使下进入背压腔 Bac_2，由于此时背压腔 Bac_2 的容积持续减小，气体受到静涡旋齿和壳体壁面的约束作用，同时较高的背压腔 Bac_2 压力使得排气流阻增加，排气腔 Exh_2 压力随之增加，因此排气腔 Exh_2 和背压腔 Bac_2 的气体压力梯度很小。同时，排气腔 Exh_1 压力较低，在较强的气体惯性力作用下，一部分气体直接流出排气道，另一部分则在流入背压腔 Bac_1 后，继续沿动涡旋齿壁面运动。在动涡旋齿壁面的挤压作用下，一小部分气体甚至沿动涡旋齿外壁流入背压腔 Bac_2，这一部分气体的流动使得动涡旋齿齿尾外壁形成局部低压区。由此可见，当主轴转动至不同位置时，背压腔和排气腔气体流动形态有很大差别，这也解释了图 3.6（b）中造成动涡旋齿齿尾末端壁面压差分布差异的重要原因。

3.3.4　工质温度场分布

在涡旋膨胀机工作过程中，静涡旋盘端板底面承受来自吸气集气室内的高温载荷。图 3.8 给出了主轴转至 126°位置时吸气集气室内气体温度分布云图和速度流线图。气体进入吸气集气室后沿圆周运动，受动涡旋齿齿头的阻流作用，气体流动至集气室中心区域附近形成大的旋涡，旋涡气流间的碰撞和摩擦导致吸气集气室中心近吸气孔处的气流损失，同时气体膨胀做功导致集气室中心区域附近的压力和温度随着动涡旋齿的运动都有不同程度的下降，集气室外围的气体温度比中心区域的温度略高。

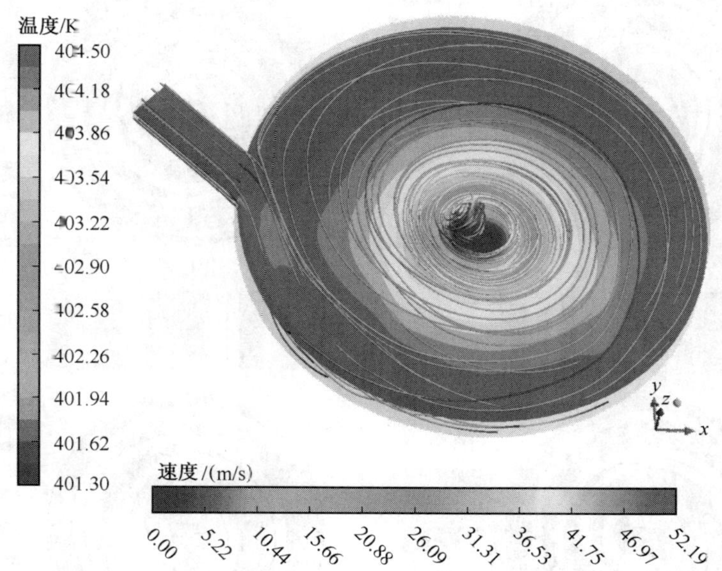

图 3.8　126°主轴转角位置吸气集气室的温度分布云图和速度流线图（$z=-13$ mm）

图 3.9 给出了主轴转角在 60°、126°、180°、240°、312°以及 360°六个位置下涡旋膨胀机工作腔各轴横截面（$x=0$ mm，$y=0$ mm，$z=16.5$ mm）处温度分布云图。可以看出，不同主轴转角位置处，对称工作腔工质温度在三维空间内的分布均呈现出非对称性，与工作腔压力分布相比，其非对称性更为明显。另外，随着动涡旋齿的运动，各工作腔容积和形状的持续变化，使得各主轴转角位置处单个工作腔温度的非均匀性分布也有着明显差异。

在不同主轴转角位置下，中心吸气腔内的气体温度均高于其他工作腔，膨胀腔中的上游气体受到动涡旋齿的挤压作用温度上升，膨胀腔中的下游气体则由于膨胀做功温度下降。然而工作腔的温度由上游中心吸气腔至下游两侧排气腔并不是逐渐减小的，值得注意的是，在各主轴转角处两侧背压侧的温度均高于上游膨胀腔内的温度。造成这种现象的原因一方面是由于吸气集气室内高温工质对工作腔的加热作用；另一方面是由于背压腔内较高的排气损失导致工质内能的增加，详细原因将在第 4 章中给予说明。

图 3.9 不同主轴转角位置工作腔的温度分布云图（$x=0$ mm，$y=0$ mm，$z=16.5$ mm）

当主轴转角为 60°时，由于吸气孔与中心吸气腔连通面积很小，受到孔口节流作用的影响，中心吸气腔温度较其他转角位置处略低。在该转角位置下，中心吸气腔温度沿轴向分布的非均匀性也较高，这是由于吸气孔口处较大的流动阻力使工质以高速旋流吸气方式进入中心吸气腔，并沿齿高方向流动，当气流撞击到动涡旋盘端板壁面时，流速的突降使中心吸气腔动涡旋盘端板附近形成局部高温区。由于主轴在转到 60°转角位置之前，吸气孔口与膨胀腔 Exp_1 相连，因此膨胀腔 Exp_1 中的工质温度比膨胀腔 Exp_2 的工质温度高，其温度分布也比膨胀腔 Exp_2 的温度分布更均匀。处于膨胀腔 Exp_2 中心区域的工质温度低于腔内近壁面区域的工质温度，这是由涡旋齿壁面温度高于工质温度所致。

在主轴转角由 60°转动至 126°过程中，吸气孔口流通面积的增大使孔口节流作用减弱，中心吸气腔工质温度上升。膨胀腔 Exp_2 内温度梯度变大，腔内下游气体温度下降很快，对称膨胀腔 Exp_1 和 Exp_2 温度分布的非对称程度更为明显。

主轴转至 180°转角位置时，由于吸气孔口基本不受动涡旋齿齿头的遮挡，此时吸气孔开度最大，吸气腔受吸气孔口的节流作用影响较弱，此时吸气腔内气体温度分布比较均匀，两侧膨胀腔温度分布的非对称程度也略有下降。

随着主轴的持续转动，中心吸气腔容积增大，温度分布更加均匀，对称膨胀腔的温度分布的非对称程度进一步下降。直到主轴转至动静涡旋齿啮合位置，中心吸气腔被动涡旋齿齿头一分为二，连通吸气孔口的吸气腔 Suc_1 的温度高于吸气腔 Suc_2 的温度。

3.3.5　涡旋盘温度场分布

图 3.10 给出了 4 个典型主轴转角位置处动、静涡旋齿温度分布云图。不难看出，由于金属的热惯性以及较高的导热率，在不同主轴转角位置下，涡旋齿的温度分布基本不变。由于中心吸气腔温度高于其他各工作腔且局部高温区形成在中心吸气腔动涡旋盘端板附近，动、静涡旋齿的最高温度都出现在涡旋齿齿头靠近动涡旋盘端板处。动、静涡旋齿的温度分布并不是沿涡旋型线展开方向逐渐降低，而是由齿头位置起先下降再增大到图 3.10 中虚线框位置最后再下降。涡旋齿温度首先下降是由于气体膨胀做功，气体的温度下降引起壁面温度的下降，由于膨胀腔 Exp_2 中的温度低于膨胀腔 Exp_1，因此在静涡旋齿外壁有一处靠近膨胀腔 Exp_2 的位置温度较低。受背压腔较高温度的影响，动、静涡旋齿外圈出现局部高温。最后由于气动排气口附近气体流速增大，温度降低，工质与壁面间换热增强，导致涡旋齿齿尾处温度也随之下降。

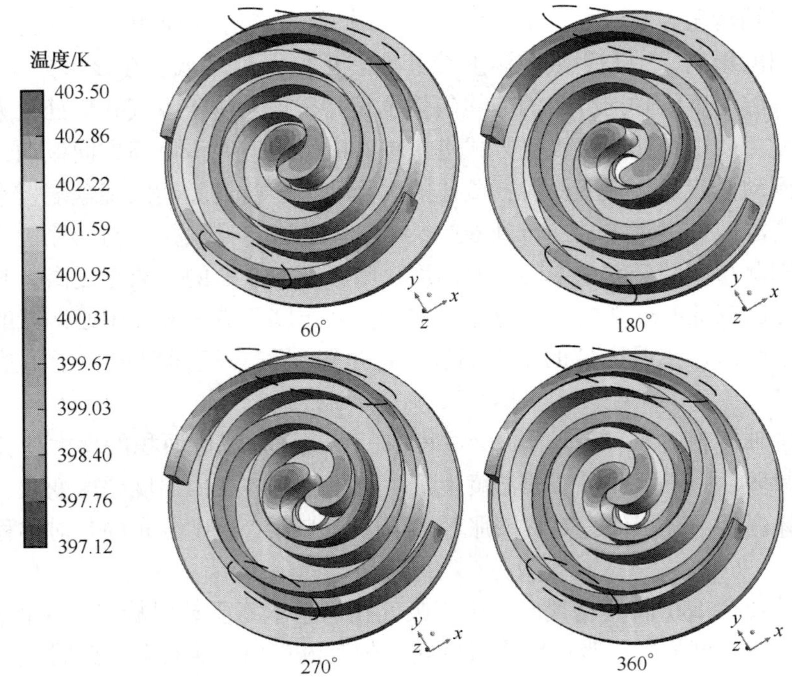

图 3.10 不同主轴转角位置动、静涡旋齿壁面温度分布云图

图 3.11 给出了不同主轴转角位置处静涡旋盘端板的温度分布云图。静涡

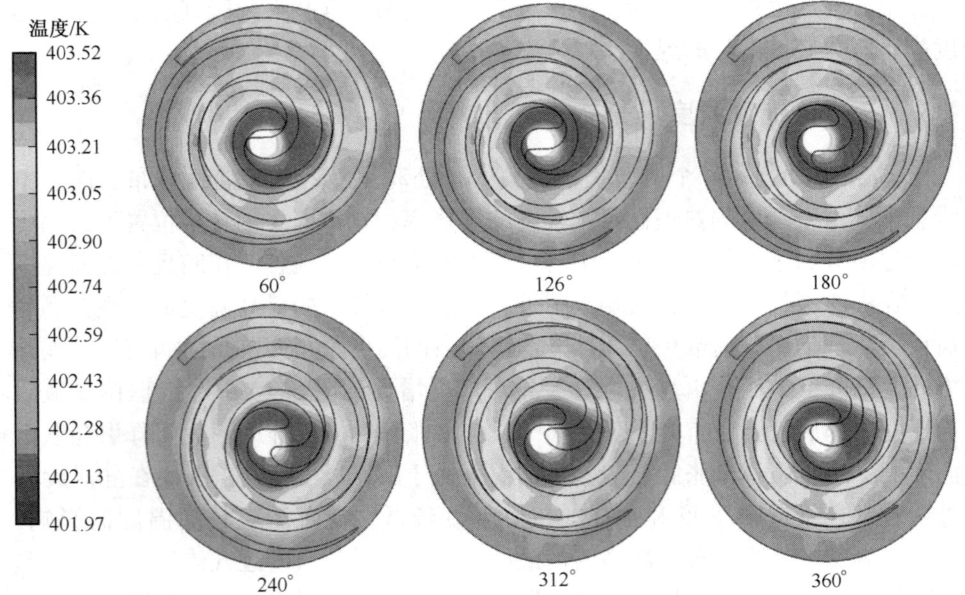

图 3.11 不同主轴转角位置静涡旋盘端板的温度分布云图

旋盘端板温度梯度较小，最高温度值出现在吸气孔口附近，最低温度值则出现在端板边缘，温差不足 2 K，但温度变化并非由端板中心沿半径方向下降，而是在靠近端板外缘区域出现局部高温，这种温度分布应是由吸气集气室和工作腔内的气体共同作用下所产生的。也正是由于吸气集气室对静涡旋盘和工作腔的这种“加热作用”，在动涡旋齿和静涡旋齿外圈位置（图 3. 10 中虚线框处）均出现了局部高温区域。

动、静涡旋齿的温度分布产生差异的重要原因在于动、静涡旋盘端板温度分布的差异。与静涡旋盘端板温度分布类似，动涡旋盘端板在不同主轴转角位置下温度分布变化很小。图 3. 12 给出了 360°转角位置下动涡旋盘端板的温度分布云图。由于没有吸气集气室高温工质的加热作用，动涡旋盘端板的温度低于静涡旋盘端板，端板中心位置温度最高，由中心位置向外沿径向方向上的温度逐渐下降，但在端板最外围，温度略有升高，其温度分布规律类似于工作腔内气体温度分布规律，而在近静涡旋齿齿尾和动涡旋齿齿尾的动涡旋盘端板处出现了明显的低温区域，如图 3. 12 中的椭圆框线标记处。在动、静涡旋齿齿尾气动排气口处排气温度低于壁面温度，同时排气过程中气流的扰动使工质的对流换热强度增加，导致壁面温度下降明显。

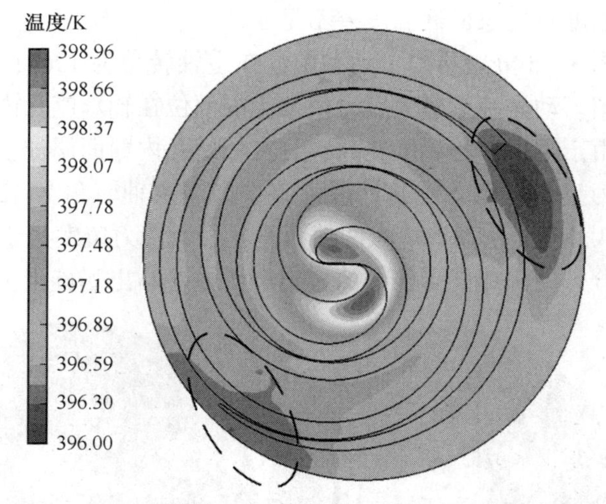

图 3. 12　360°主轴转角位置动涡旋盘端板的温度分布云图

3. 4　动涡旋盘的应力变形分析

前文分析了作用于动、静涡旋盘上的气体作用力可以分解为径向、切向和轴向 3 个方向的分力。对应于 3 个方向的气体力分力，分别找出了 3 个气体力在主轴旋转一周过程中最大值发生时的转角位置，其中，当主轴转至 126°位置时，$F_{a,fix}$最大；当主轴转至 312°转角位置时，$F_{r,or}$和 $F_{r,fix}$同时达最大值；当主轴转至 360°时，$F_{a,or}$、$F_{t,or}$和 $F_{t,fix}$同时达最大值。此外，由于本书只考虑涡旋膨胀机处于稳定工况时的变形，而稳定工况下涡旋盘的温度分布变化很小，因此在分析研究动、静涡旋盘的应力和变形分布规律时，取上述 3 个主轴转角位置下涡旋盘的温度载荷和内压载荷作为有限元模拟计算的边界条件，分析各向气体力最大值发生时对应主轴转角位置的变形情况，找出变形最大时刻。

3.4.1　温度载荷作用下动涡旋盘应力变形分析

结合图 3.10 和图 3.12 可知，动涡旋齿最高温度发生于动涡旋齿齿头处。其值约为 402 K，最低温度约为 397 K，发生于在齿尾附近。由动涡旋盘中心到涡旋齿外圈，动涡旋齿的温度先降低再升高，到涡旋齿外围处向齿尾方向温度再降低。端板上表面温度分布同样中心位置温度最高，温度沿径向先下降再略升高，在靠近两气动排气口附面的端板表面温度最低，端板整体温度梯度很小，中心最高温度与边缘最低温度差不足 3 K。

图 3.13~图 3.15 分别给出了动涡旋盘在主轴转角为 126°、312°和 360°时的热应力分布图。动涡旋盘最大应力值发生的部位在轴承座孔内壁与端板相连的位置，这是由于端板中心温度较高，且在轴座孔内壁面添加了约束，另外在此处模型简化为直角过渡，使此处应力集中，当主轴转角为 126°时，最大等效应力为 181.3 MPa。从动涡旋盘的正面看，最大应力值发生于动涡旋齿齿头与端板相连部分，动涡旋齿齿根处的应力值明显要高出涡旋齿上其他位置。

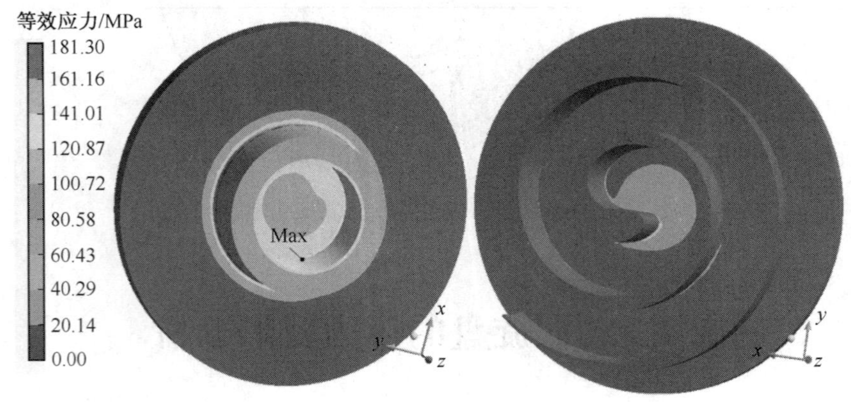

图 3.13　126°主轴转角位置动涡旋盘端板的热应力分布

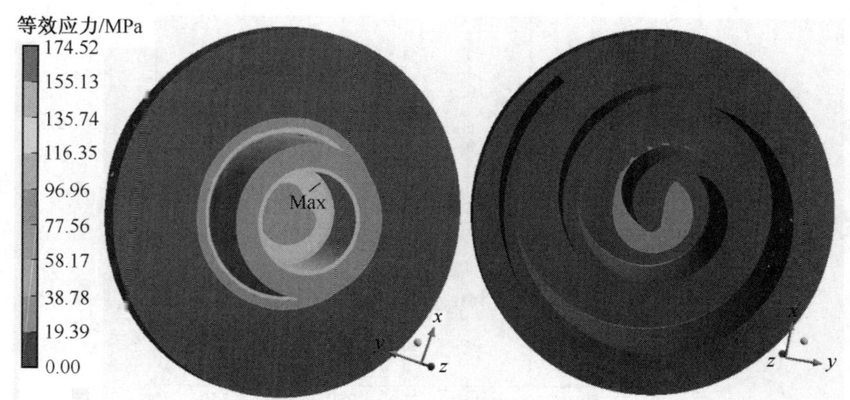

图 3.14　312°主轴转角位置动涡旋盘端板的热应力分布

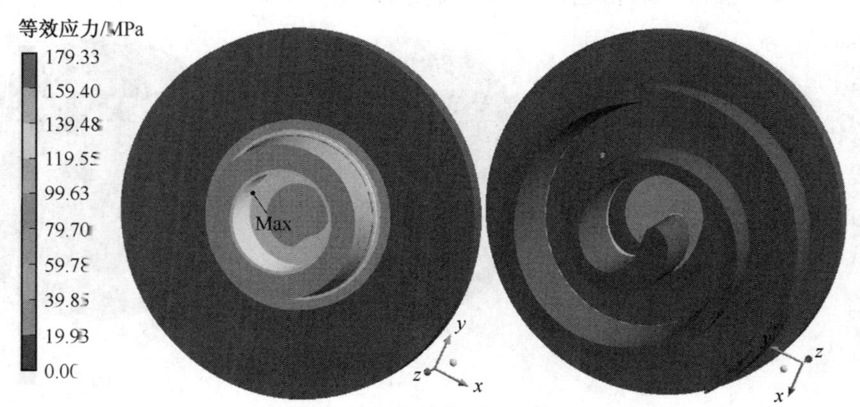

图 3.15　360°主轴转角位置动涡旋盘端板的热应力分布

在齿根线内壁以图 3.5 中 P_{or}点为起点沿渐开线内侧取路径，齿根处应力值随涡旋线展开长度变化如图 3.16 所示。从图中可以看出，由于温度随主轴转角位置变化很小，3 个转角位置下的齿根处应力值很接近，齿头处最大应力约为 36 MPa，在齿头附近应力发生突降，随着涡旋型线进一步展开，应力值的变化趋于平稳，而到了动涡旋齿齿尾附近，齿尾壁厚下降导致了应力集中，因此齿尾处应力突增。

动涡旋盘的热变形结果如图 3.17 所示。由于热膨胀，动涡旋盘呈现外凸的趋势，相似的热应力分布结果使得不同转角位置下的动涡旋盘变形分布结果趋于一致，最大变形量发生的部位在动涡旋齿外圈近齿尾处的高温区域处。

图 3.18 给出了 126°主轴转角位置下齿顶位移随轮廓线展开长度变化情况，可以看出最大径向变形和总变形都发生于涡旋齿尾部位，径向变形和总变

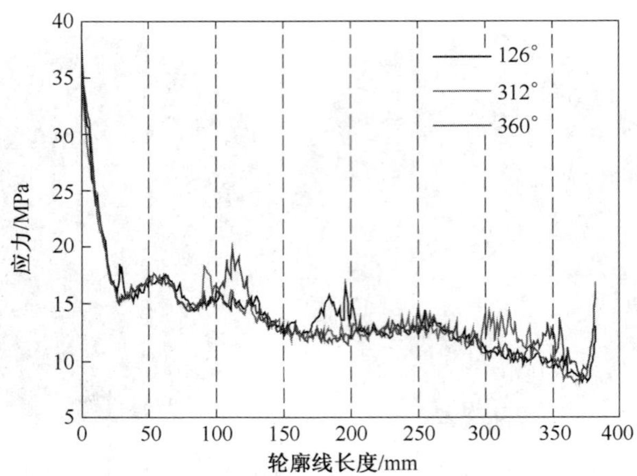

图 3.16 动涡旋齿齿根处随涡旋轮廓线展开长度的热应力变化

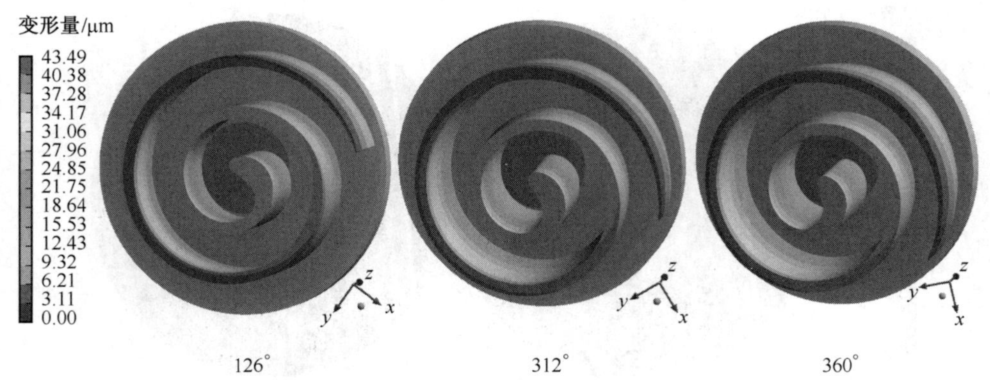

图 3.17 3 个不同主轴转角位置动涡旋盘的热变形分布

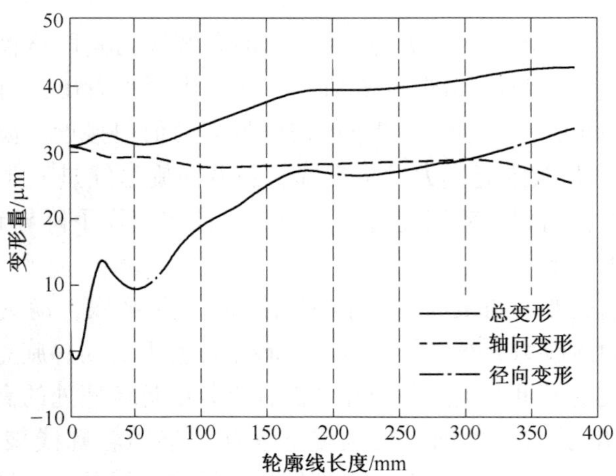

图 3.18 温度载荷单独作用时 126°主轴转角位置下动涡旋齿齿顶线位移

形的变化趋势大致相同，最大总变形量约为 43.5 μm。由于齿头处的壁厚相对整个涡旋齿来说较厚，且轴承座孔内壁 X、Y 轴方向的转动自由度被限制，因此齿头处径向变形很小，随着涡旋型线进一步展开，涡旋齿壁面温度略有上升，加上齿尾处壁厚的减小使得变形量持续增大。齿头处的高温使齿头的轴向位移较大，而虽然涡旋齿外围的局部高温也有使轴向变形增大的趋势，但由于滚珠轴承对动涡旋盘沿 Z 轴方向移动的限制，使动涡旋齿的轴向变形由齿头向齿尾处逐渐下降。

3.4.2　内压载荷作用下动涡旋盘应力变形分析

图 3.19 所示为仅受内压载荷作用下主轴转角为 126°、312°和 360°时齿根线应力值随型线展开长度变化图。图中各转角位置下的应力分布主要集中于涡旋线长度 120 mm 以内靠近涡旋齿齿头处，齿头附近最大应力值约为 4.3 MPa，这是由于在动涡旋齿齿头附近相邻工作腔压差较大。另外，虽然齿尾处内处壁面压差较小，但由于涡旋齿齿尾处壁厚相对较小，因此在齿尾齿根与端板边接处也出现了较大应力，齿尾处最大应力出现在 126°转角位置下，其值约为 6 MPa。

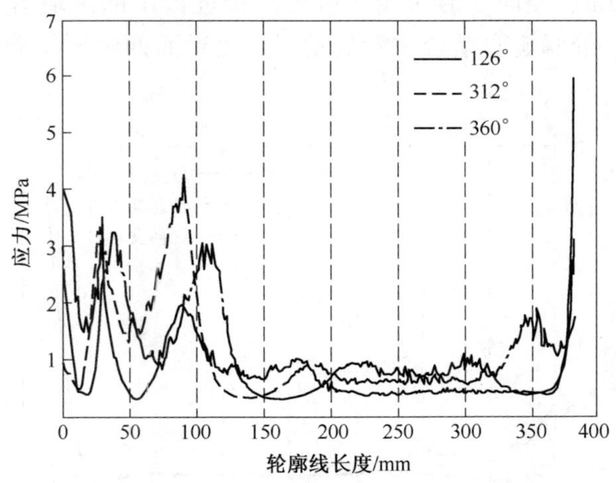

图 3.19　内压载荷单独作用时 3 个转角位置下动涡旋齿齿根线应力分布

图 3.20 所示为仅有内压载荷作用时的变形结果，3 个转角位置下的最大变形值都出现在齿尾顶部。当主轴转角为 126°时的最大变形值为 22.93 μm，其数值超过其他两转角位置下最大变形值的两倍，而方向相反。如图 3.20（a）所示，在 126°转角位置处动涡旋齿齿尾的变形方向远离涡旋盘中心，而当主轴转角为 312°和 360°时，齿尾末端的变形指向涡旋盘中心［图 3.20（b）和（c）］。

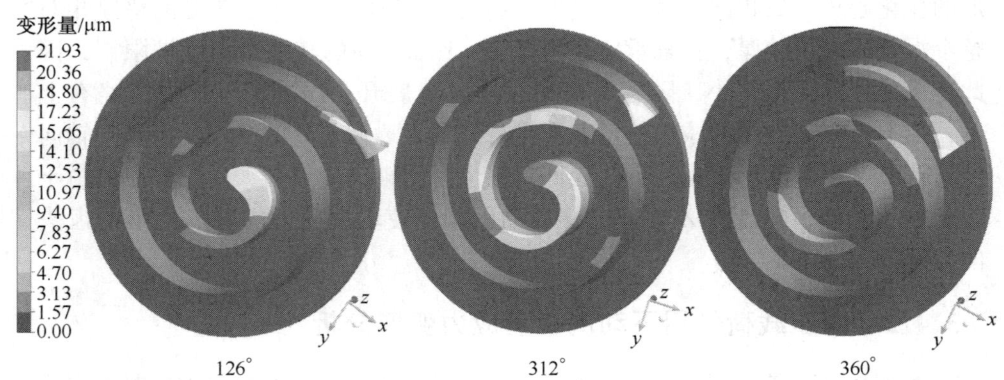

图 3.20 内压载荷单独作用时 3 个不同主轴转角位置动涡旋盘的变形分布

内压载荷单独作用时 126°主轴转角位置下齿顶位移随轮廓线展开长度变化情况如图 3.21 所示。动涡旋齿总变形量变化受径向变形的变化影响较大，由于动涡旋盘端板在 Z 轴方向平动自由度的约束，齿顶轴向变形量很小。最大总变形发生在壁厚最薄的齿尾末端，第二大总变形量发生在齿头部位，变形量约为 5.5 μm。径向变形曲线从齿头到接近齿尾的区域有 3 个明显的波动，这是由动、静涡旋盘啮合位置处动涡旋齿壁而两侧压差造成的变形量的波动。

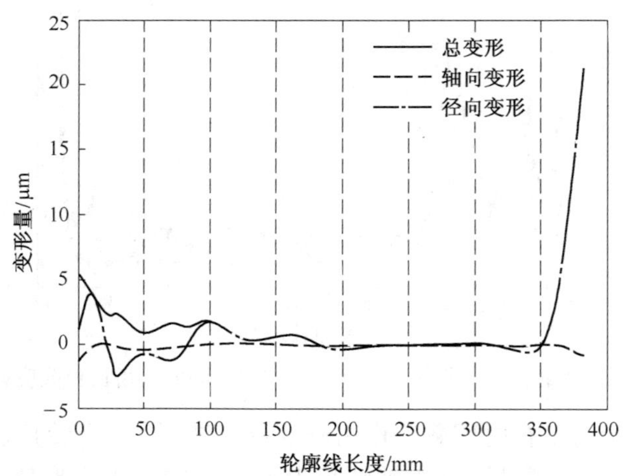

图 3.21 内压载荷单独作用时 126°转角位置下动涡旋齿齿顶线位移

3.4.3 惯性载荷作用下动涡旋盘变形分析

如图 3.22 所示，在惯性载荷单独作用下，不同主轴转角位置下的动涡旋盘变形量基本相同，最大变形约为 9. 8 μm，发生在涡旋齿齿尾顶部，而在齿尾以外区域，惯性载荷引起的形变很小。惯性载荷对径向变形的贡献较大，最大径向变形约为 9. 5 μm，而惯性载荷对轴向变形的贡献非常小，可忽略不计。

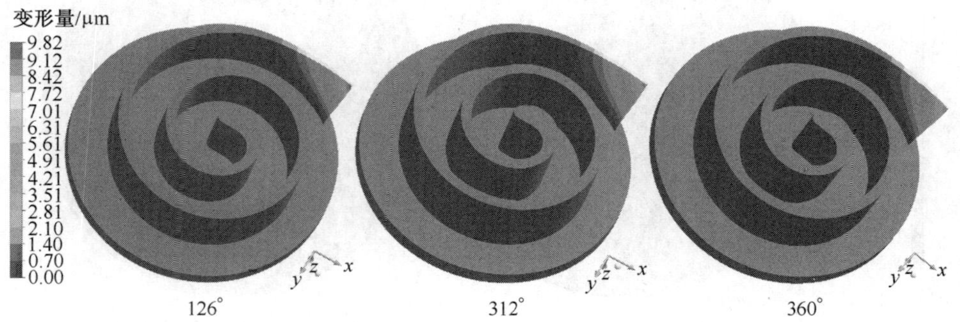

图 3. 22　惯性载荷单独作用时 3 个不同主轴转角位置动涡旋盘的变形分布

3. 4. 4　多场耦合作用下动涡旋盘应力和变形分析

图 3. 23 给出了温度场、压力场和惯性载荷耦合作用下 3 个主轴转角位置下动涡旋盘的变形分布情况。最大变形发生在 126°主轴转角位置下齿尾顶部，约为 70 μm. 相比其他两转角位置下的最大变形量要高出约 25 μm，这是由于该转角位置下的压力变形与热变形方向相同，两者相互叠加。而在 312°和 360°转角位置下的压力变形与热变形方向相反，两者相互抵消。由此可见，对比各气体力最大值发生的主轴位置处的变形发现，当主轴转至静涡旋盘所受轴向力最大位置时，动涡旋盘的变形量最大。图 3. 24 给出了各载荷耦合作用下 126°转角位置下动涡旋盘的等效应力分布，最大等效应力发生于轴承座孔内壁与端板相连的位置，最大值为 188. 88 MPa，应力值并未达到材料的屈服强度 315 MPa，因此涡旋盘是安全的。

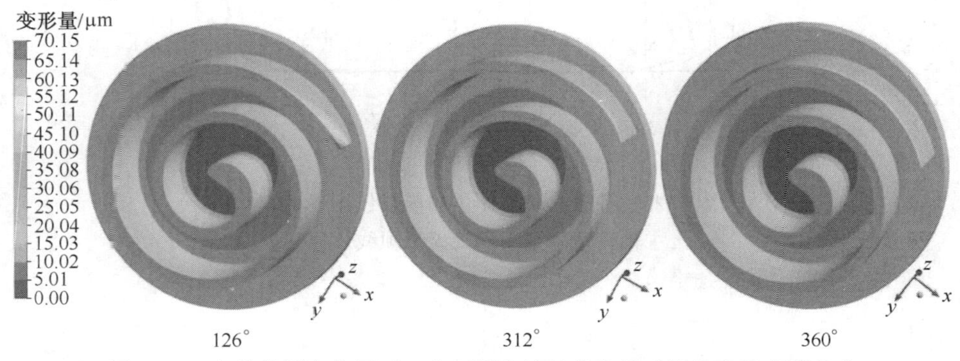

图 3. 23　各载荷耦合作用时 3 个不同主轴转角位置动涡旋盘的变形分布

图 3.24 各载荷耦合作用下 126°主轴转角位置动涡旋盘的等效应力分布

为了进一步分析各载荷对动涡旋齿变形分布的影响程度，图 3.25 给出了 126°主轴转角位置下动涡旋齿齿顶线在多场耦合及各载荷单独作用后的变形分布图。从图中可得，除涡旋齿齿尾附近区域，多场耦合后的变形值与温度载荷单独作用时的变形值最为接近。在齿尾处，由于气体压力和惯性载荷的作用使齿尾处变形量突增，导致多场耦合下的总变形值发生突变。

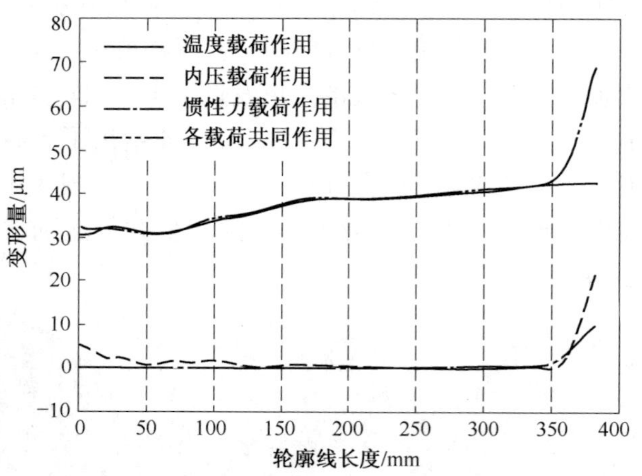

图 3.25 各载荷单独作用和耦合作用下 126°
主轴转角位置动涡旋齿齿顶线位移

3.5　静涡旋盘的应力变形分析

3.5.1　温度载荷作用下静涡旋盘应力变形分析

由于静涡旋盘端板受到吸气集气室工质的加热作用，在周向约束作用下静涡旋盘端板上的热应力值相比动涡旋盘端板的热应力要高出许多，最大热应力值发生在端板侧面与壳体相连处，其值约为260 MPa，如图3.26所示。各主轴转角位置下静涡旋盘热应力分布变化很小，因此在温度载荷单独作用下静涡旋盘的变形值同样基本不随主轴转角的变化而变化，如图3.27所示。

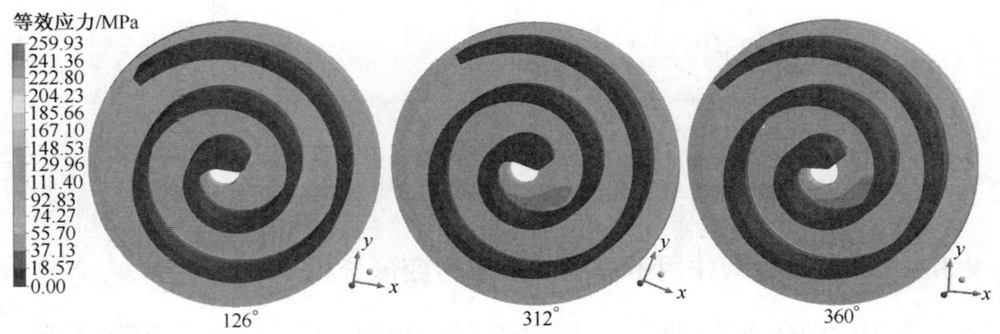

图3.26　3个不同主轴转角位置静涡旋盘的热应力分布

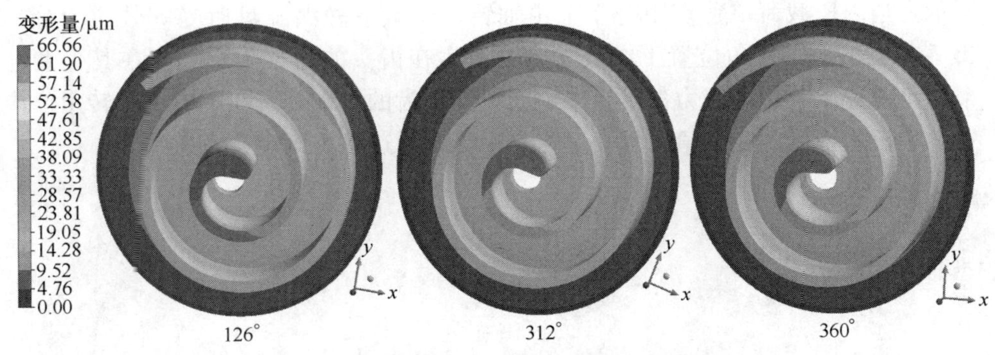

图3.27　3个不同主轴转角位置静涡旋盘的热变形分布

与动涡旋盘端板不同，静涡旋盘端板由于没有轴向约束，在温度载荷和周向约束的作用下，静涡旋盘呈外凸状。静涡旋盘端板中心由于吸气孔口的开设，加上吸气孔附近的局部高温载荷，使得静涡旋齿齿头处发生很大的轴向位移，如图 3. 28 所示，轴向位移的最大值与总变形最大值相等，约为 65. 5 μm。随着涡旋线展开长度的增加，涡旋齿齿顶的轴向位移逐渐下降，涡旋齿总变形随之下降。而到了涡旋线中间段，由于径向位移的逐渐增加，总变形也逐渐增加，在接近涡旋齿尾处，轴向和径向位移的下降引起总变形的突降。

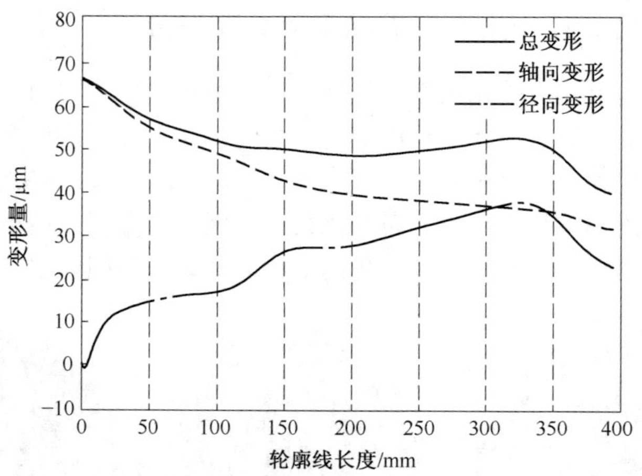

图 3. 28　温度载荷单独作用时 126°主轴转角位置下静涡旋齿齿顶线位移

3. 5. 2　内压载荷作用下静涡旋盘应力变形分析

当内压载荷单独作用时，由于吸气集气室内的高压气体对作用于静涡旋盘的轴向气体力的影响，动、静涡旋盘的应力和变形结果有很大区别。图 3. 29 所示为当内压载荷单独作用时 3 个主轴转角位置下静涡旋盘所受等效应力分布。在 126°主轴转角位置下，最大应力发生在齿头的齿根附近，而在其他两个转角位置下，最大应力都发生在中间段涡旋齿的齿根处。在不同主轴转角位置下端板边缘处的应力值均较高，这是由于端板边缘为固定约束所致。

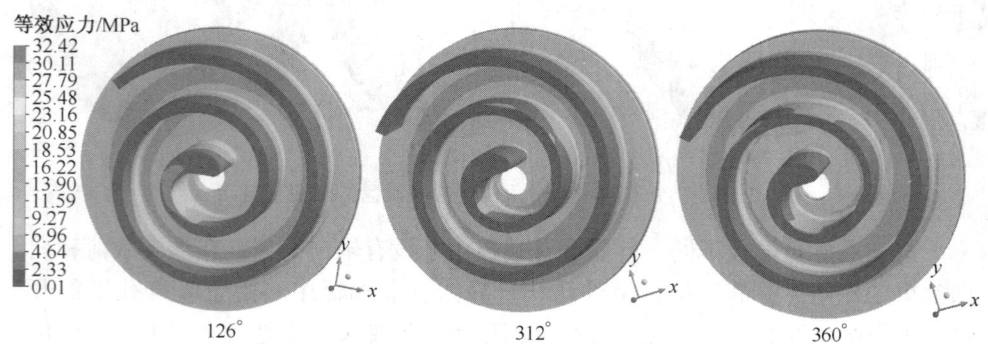

图 3. 29　内压载荷单独作用时 3 个转角位置下静涡旋齿变形分布

图 3. 30 给出了各转角位置下静涡旋齿齿根线应力随涡旋线展开长度变化分布图，结合图 3. 6（a）不难看出，涡旋齿两侧壁面压差是影响静涡旋齿的应力波动的主要因素。当内压载荷单独作用时，静涡旋盘的变形值小于温度载荷单独作用时的变形值，在集气室压力作用下，静涡旋盘的变形主要沿轴向方向，且静涡旋盘有靠近动涡旋盘的趋势。如图 3. 31 所示，3 个主轴转角位置下变形分布趋势相同，最大变形均发生于齿头顶部，其中当主轴转角为 126°时，由于在该时刻下静涡旋盘所受轴向气体力最大，因此静涡旋盘的最大变形值最大，约为 29 μm。

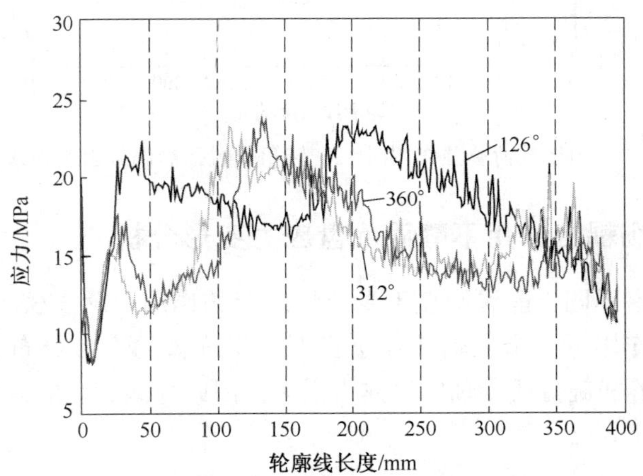

图 3. 30　内压载荷单独作用时 3 个转角位置下静涡旋齿齿根线应力分布

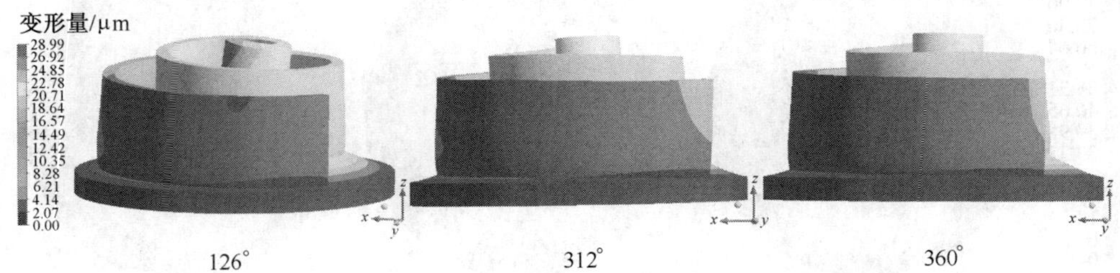

图 3. 31　内压载荷单独作用时 3 个不同主轴转角位置静涡旋盘的变形分布

内压载荷单独作用时 126°主轴转角位置下齿顶位移随型线展开长度变化情况如图 3. 32 所示。由图可见，从齿头到齿尾附近，涡旋齿的总变形量与轴向变形量都逐渐减小，且数值十分接近。在齿尾附近，总变形量增大，而轴向变形基本不变。与动涡旋齿相似，径向变形有 3 个明显的波动是由动、静涡旋盘啮合位置处动涡旋壁两侧压差造成的，齿尾径向变形的增加使得总变形量增加。

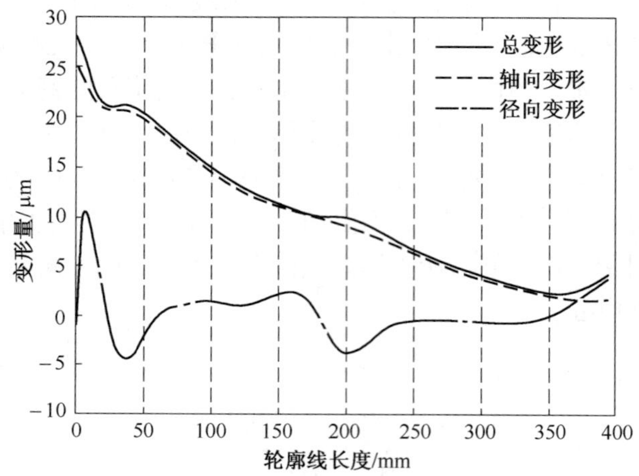

图 3.32　内压载荷单独作用时 126°转角位置下静涡旋齿齿顶线位移

3.5.3　多场耦合作用下静涡旋盘应力变形分析

与动涡旋盘不同，静涡旋盘不受惯性载荷的作用，图 3.33 给出了温度场和压力场耦合作用下 3 个主轴转角位置下静涡旋盘的变形分布情况。由于在 126°转角位置静涡旋盘所受轴向气体力最大，因此静涡旋盘的最大变形也发生于该转角位置下。

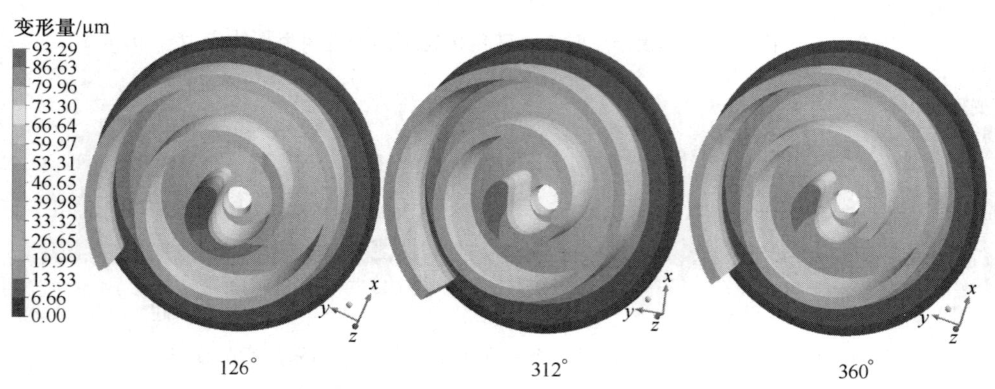

图 3.33　各载荷耦合作用时 3 个不同主轴转角位置静涡旋盘的变形分布

图 3.34 给出了 126°转角位置温度场、压力场单独作用和耦合作用下静涡旋齿齿顶线变形曲线。由图可见，在涡旋齿前半部分，温度场和压力场对静涡旋盘的变形都起了十分重要的作用，而随着涡旋线的进一步展开，到了涡旋齿后半部分，内压载荷引起的静涡旋盘的变形变小，温度载荷引起的变形值与耦

合作用下的变形值十分接近，因此温度场的作用对后半段涡旋齿的变形起到了主要作用。

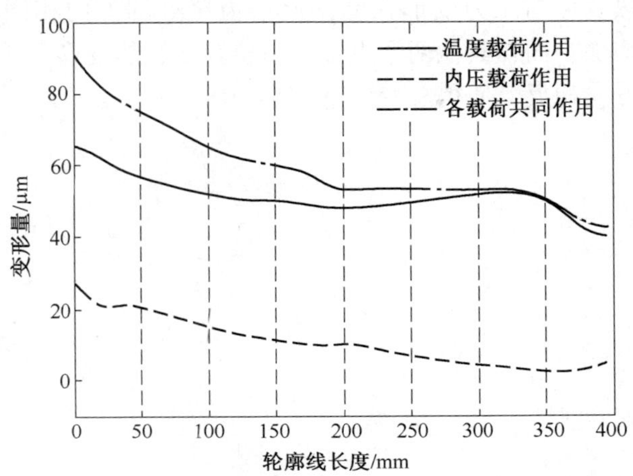

图 3.34　各载荷单独作用和耦合作用下 126°主轴转角位置静涡旋齿齿顶线位移

3.6　本 章 小 结

本章首先通过计算特定工况下有机工质涡旋膨胀机工作腔非稳态流场和温度场的分布规律，分析了膨胀机吸气集气室和各工作腔的流场对作用于涡旋盘上的内压载荷及温度载荷的大小和分布的影响；接着采用单向流-固耦合的方法对涡旋盘在不同载荷作用下的应力变形进行了数值计算，分析了不同载荷对涡旋盘变形特性的影响程度；最后计算得到动、静涡旋盘在装配后的干涉区域和变形分布。该计算结果能够为涡旋膨胀机涡旋盘的结构优化提供一定的理论依据。本章主要结论如下：

（1）动、静涡旋盘的温度分布取决于工质与壁面的热交换和自身的热传导，涡旋齿温度分布沿涡旋型线由齿头向齿尾方向先减小再增大最后减小。集气室内的高温气体对工作腔的加热作用是动、静涡旋齿外圈出现局部高温的重要原因。与动涡旋盘相比，由于静涡旋盘端板背面受到吸气集气室的加热，其温度梯度更小。

（2）当对动、静涡旋盘单独进行分析时，温度载荷对动、静涡旋盘的最大变形分布影响最大；压力载荷引起的变形仅仅改变了变形量，而对变形分布趋势的影响较小；惯性载荷的加载仅增加了动涡旋齿齿尾的变形量。

(3) 对比各气体力最大值发生时对应主轴转角位置处的变形发现，当主轴转至静涡旋盘所受轴向力最大位置时，动、静涡旋盘的变形量最大。在该主轴转角位置下，热变形与压力变形在动涡旋齿齿尾处的方向相同，两者相互叠加，总变形量增加；而在其他两个主轴转角位置下，热变形与压力变形在动涡旋齿齿尾处的方向相反，使得总变形量减小。

第4章 不同系统工况下涡旋膨胀机多场耦合数值模拟研究

4.1 引　　言

温度载荷和内压载荷对涡旋盘的变形有极其重要的影响，有机工质涡旋膨胀机工作过程中往往吸气温度和吸气压力较高，且循环系统工况多变。而目前有关涡旋机械的应力变形分析都只针对特定工况，而未对系统工况变化对动、静涡旋盘应力变形特性的影响问题展开研究。本章通过分析不同系统工况下膨胀机效率、功率等性能参数的差异，描述工作腔瞬态压力场、温度场的分布特征，并在此基础上，研究了系统工况变化对作用于动、静涡旋盘上的温度载荷和内压载荷的影响规律，阐明了不同载荷作用下涡旋盘的变形受工况参数影响的敏感程度。

根据前文对不同载荷作用时动、静涡旋盘应力变形分布的研究和分析得知，惯性载荷对动涡旋盘的变形影响数值较小，且主要分布在齿尾末端，而当涡旋膨胀机各几何参数和运行转速不变时，其变形值也基本不变。因此，在本章中分析讨论动涡旋盘的变形时，只考虑温度载荷和内压载荷的影响，忽略惯性力所引起的变形。

4.2 不同吸气温度下涡旋膨胀机流-热-固多场耦合研究

4.2.1 吸气温度对膨胀机时均性能的影响

为了研究不同吸气温度工作腔内非稳态压力和温度分布及变化规律，阐明吸气温度变化对膨胀机性能和多场耦合下涡旋盘变形的影响，分别选取 3 个模拟工况进行多场耦合数值计算，模拟工况参数见表 4.1。对比 3 个工况，C1 工况的吸气温度最低为 405 K，C3 吸气温度最高为 505 K。通过 3 个工况的 CFD 非稳态数值计算，得到涡旋膨胀机时均性能的评价指标，包括轴功率、等熵效率和质量流量等。

表 4.1　模拟工况参数

工况	转速 $n/(\mathrm{r\cdot min})$	进口总压 P_i/kPa	进口温度 T_i/K	出口静压 P_o/kPa
C1	2 000	1 100	405	440
C2	2 000	1 100	465	440
C3	2 000	1 100	505	440

膨胀机轴功率计算公式在第 3 章中已经给出。涡旋膨胀机的等熵效率可由式（4.1）得到。

$$\eta_\mathrm{s} = \frac{W_\mathrm{sim}}{q_{\mathrm{m,ave}}(h_\mathrm{in} - h_\mathrm{out,s})} \tag{4.1}$$

式中：$q_{\mathrm{m,ave}}$为质量流量时均值；h_in和$h_\mathrm{out,s}$分别为等熵过程的进、出口焓值。

图 4.1 给出了 3 个工况下涡旋膨胀机的轴功率、等熵效率以及质量流量等时均性能参数。在膨胀机进、出口压力保持不变的情况下，吸气温度的上升对膨胀机的轴功率和等熵效率影响并不明显。当吸气温度由 405 K 增加至 505 K 时，轴功率由 0.671 kW 增大到 0.726 kW，等熵效率由 0.309 增大到 0.319。由于吸气压力不变，随着吸气温度的上升，工质密度下降，质量流量明显下降。

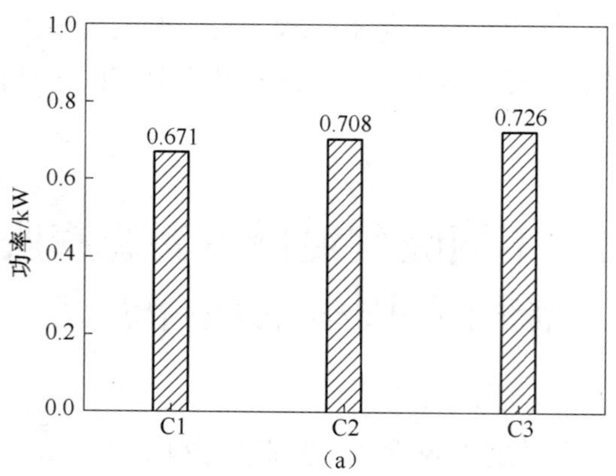

(a)

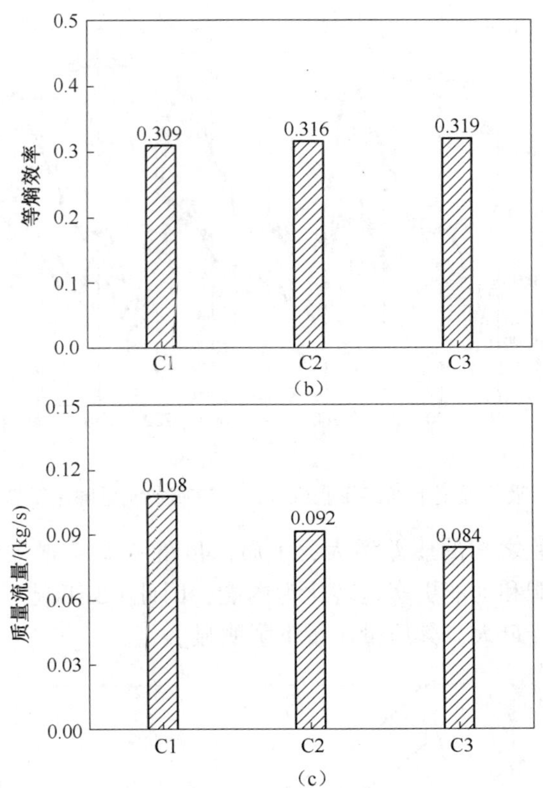

图 4.1　不同吸气温度下涡旋膨胀机的时均性能参数

4.2.2　吸气温度对膨胀机非稳态性能的影响

影响吸气孔口的质量流量波动的因素包括吸气孔口的流通面积、吸气集气室与吸气腔的压差以及吸气腔与下游膨胀腔间的间隙泄漏。图 4.2 所示为 3 个不同吸气温度工况下，膨胀机吸气孔处质量流量随时间的变化情况。

由图 4.2 可知，C1 工况下的吸气孔口质量流量最大，随着吸气温度的增加，由于工质密度的减小（图 4.3），质量流量曲线整体下移。将主轴转角 360°~720°一个周期内涡旋膨胀机吸气孔口质量流量的变化分为 5 个阶段（$A \sim B$、$B \sim C$、$C \sim D$、$D \sim E$ 及 $E \sim A'$）。图中 $A \sim B$ 阶段（360°~408°），在该转角范围内，吸气孔口被动涡旋齿齿头分为两部分：一部分与中心吸气腔相连，一部分与下游膨胀腔相连。随着动涡旋齿齿头由初始啮合位置开始运动，中心吸气腔容积增大，吸气孔口与工作腔连通的总面积减小，因此各工况下质量流量均呈下降趋势。另外，由于齿头对吸气孔遮挡面积较大，齿头的阻流作用使

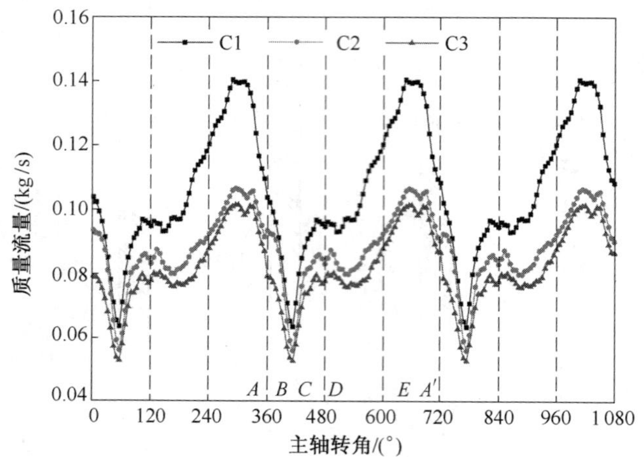

图 4.2 不同吸气温度下涡旋膨胀机吸气孔口质量流量随主轴转角变化曲线

吸气孔口与工作腔之间的压差增大，工质温度的提高会增加流动时的黏滞损失，工质的压力能和动能更多地转化为内能，因此 C3 工况下工质由集气室到中心吸气腔的压降最大，其质量流量下降明显。

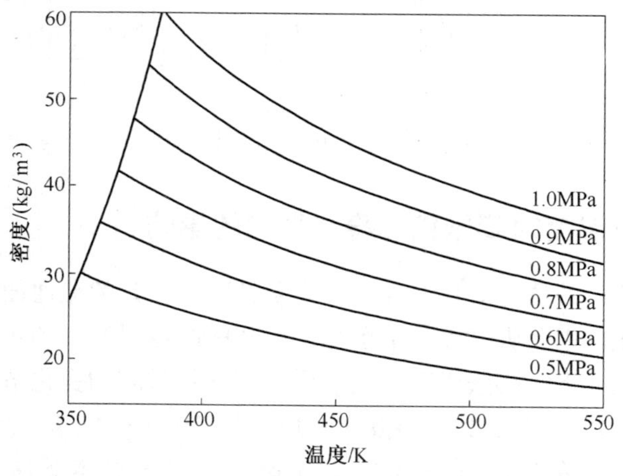

图 4.3 有机工质 R123 密度-温度关系图

B~*C* 阶段（408°~462°），随着吸气流通面积的增加，3 个工况下吸气质量流量迅速上升。相比其他两个工况，C1 工况的吸气温度最低，当吸气孔口处工质温度下降时该工况下吸气质量流量增长最快，但 3 个工况下流量曲线的斜率在该阶段的后期都有所下降。这是由于吸气腔容积的增加使气体提前膨胀，而气体膨胀所带来的压降被吸气集气室中连续流入的高压气流所抵消，此

过程中吸气集气室和中心吸气腔间的压差下降。由于此阶段吸气孔口的节流作用依然较强，同样地，较高的进气温度使得集气室中心区域存在更大的吸气气流局部损失，C3 工况下吸气集气室与中心吸气腔压差最小，因此该工况下质量流量的增加速率下降最为明显。

C~*D* 阶段（462°~528°），此阶段是 5 个阶段中波动最为明显的阶段。这时吸气孔口的节流作用较弱，吸气孔出口处静压较高，因此吸气集气室中心旋涡强度的下降使该区域的气流损失减小。该阶段中吸气集气室与中心吸气腔的压差大幅下降，一定程度上抵消了由于吸气流通面积增加所带来的吸气质量流量的增加。

D~*E* 阶段（528°~654°），尽管该阶段吸气孔口连通面积减小，但吸气腔容积依然增加，吸气质量流量增加。但由于此阶段中动涡旋齿齿头对吸气孔口的遮挡面积增加，齿头阻流作用的增强使吸气集气室中心旋涡强度增加，吸气损失增加，吸气集气室与中心吸气腔的压差增大。随着吸气腔 Suc_4 和 Suc_5［图 3.5（c）］之间的通道截面进一步变窄，气体通过能力随之下降，吸气腔 Suc_4 工质压力的增加使 Suc_4 与下游膨胀腔 Exp_1 的压差增加，因此内泄漏增加，吸气质量流量也增大，到了 654°主轴转角位置，吸气质量流量达到最大值。

E~*A′* 阶段（654°~720°），该阶段早期有一小段质量流量的下降是由吸气腔的气动分离造成的[78]。随着动涡旋齿齿头将吸气孔口进一步关闭，吸气流通面积的减小使阻流作用增强，因此吸气集气室中心区域吸气损失增加，压力下降，吸气孔附近与吸气集气室间的压差减小。吸气损失的增加同时带来中心吸气腔压力的下降，且工质温度越高，黏滞损失越大，压力下降越多，导致吸气腔与下游膨胀腔间的压差越小，间隙泄漏越小。因此吸气温度越高，质量流量下降也越慢。

由对动、静涡旋盘所受气体力的分析可知，作用于动、静涡旋盘上的径、切向气体力数值接近且方向相反，因此在分析径、切向气体力时只讨论作用于动涡旋盘的气体力，不再赘述静涡旋盘所受径、切向气体力。如图 4.4 所示，相比径、切向气体力，轴向气体力在不同工况下变化较大。如图 4.4（a）和（b）所示，作用于动涡旋盘上的径、切向气体力在 3 个工况下差值较小，与 C1 工况相比，C2 工况动涡旋齿所受径、切向气体力分别增加 5.02%、5.25%，C3 工况动涡旋齿所受径、切向气体力分别增加 8.12%、9.93%。如图 4.4（c）所示，C1 工况下作用于动涡旋盘的轴向气体力最大，C3 工况下动涡旋盘所受轴向气体力最小，这是由 C1 工况下内泄漏质量流量最大而导致的。由于较高的吸气温度引起吸气集气室内压力升高，因此作用于静涡旋盘的轴向气体力呈现与动涡旋盘截然相反的趋势，吸气温度最高的 C3 工况下的轴向力最大，C2 次之，C1 最小。如图 4.4（d）所示，图中标注了静涡旋盘所受轴向气体力的最大值发生时对应的主轴转角位置，C1 工况下 $F_{a,fixed}$ 最大值发生于 126°主轴转角，C2 和 C3 工况下由于两者吸气温度更接近，其 $F_{a,fixed}$ 最大值发生的位置对应于同一主轴转角（162°）位置。

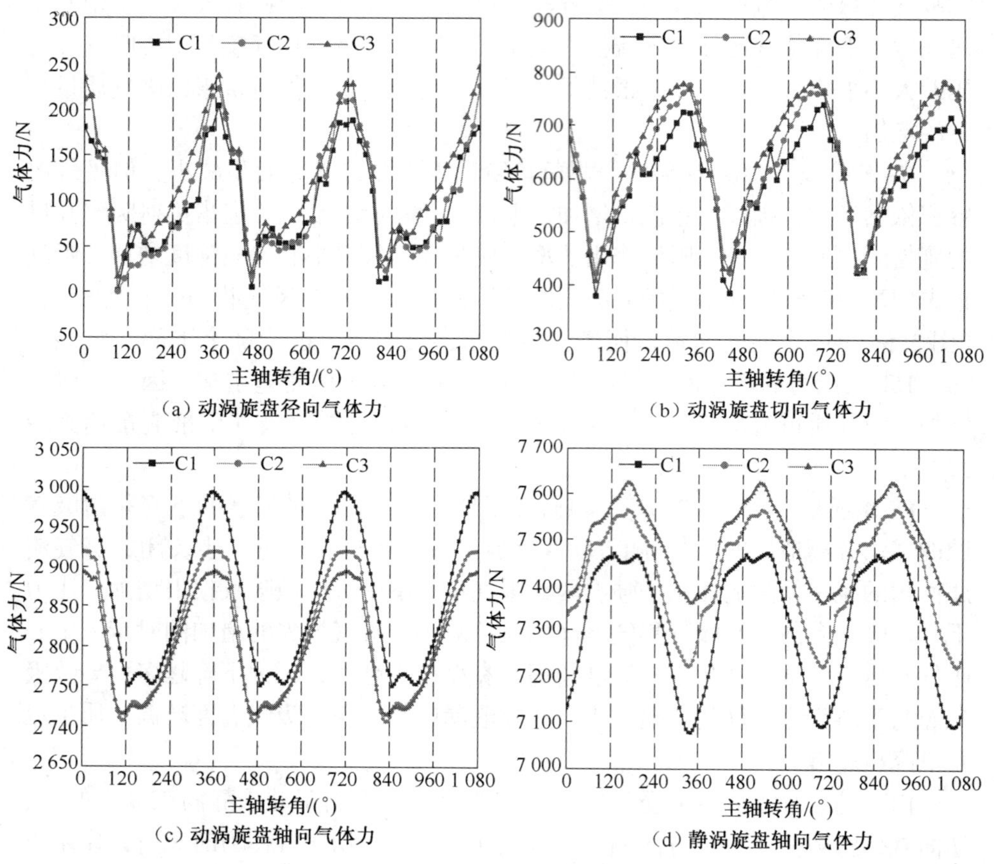

图 4.4 不同吸气温度下作用于动静涡旋盘的非稳态气体力

4.2.3 吸气温度对工作腔流动特性的影响

当吸气温度改变时，工作腔内压力分布趋势一致，只是数值略有不同，且根据前述章节 C1 工况下不同时刻涡旋齿内外壁面压差曲线可以看出同一工作腔内工质压力分布较为均匀，因此这里不再将 C2 和 C3 工况在不同转角位置的压力分布云图一一列出。另外根据前文对 C1 工况的变形分析发现，排气腔与背压腔的压差变化对动涡旋齿齿尾的变形有很大影响，因此需要对排气腔和背压腔的压力分布进行单独分析，图4.5～图4.7分别给出上述主轴转角位置下50%齿高处*XY*横截面排气腔和背压腔内静压分布云图。由式（4.2）计算得到各工况下吸气腔和各膨胀腔在不同主轴转角位置的体平均压力，表4.2～表4.4分别给出了0°、120°和240°主轴转角位置下的吸气腔与各膨胀腔的体平均压力。

$$\bar{p_j} = \frac{1}{V}\int p\mathrm{d}V = \frac{1}{V_j}\sum_{i=1}^{m} p_{i,j}\,|V_{i,j}| \tag{4.2}$$

式中：$\bar{p_j}$ 为离散时间点工作腔内体平均压力；V_j为各工作腔体积；m 为各工作腔体单元数量；$p_{i,j}$为工作腔体单元的压力；$V_{i,j}$为工作腔体单元的体积。

当主轴转角为0°时，C1～C3工况下吸气腔Suc_1和Suc_2、膨胀腔Exp_1和Exp_2的体平均压力见表4.2。此时吸气孔只与吸气腔Suc_1连通，且较大的流通面积，使吸气腔Suc_1与吸气集气室内近吸气孔处的压差很小。受吸气温度影响，C3工况下的两侧吸气腔和膨胀腔内的压力均高于其他两工况。另外，该转角位置下C1工况吸气质量流量下降最快，吸气腔与下游膨胀腔的间隙泄漏流量下降，使膨胀腔内气体膨胀更充分，导致了吸气腔与下游膨胀腔间压差的增加。对比3个工况下在该转角位置处的背压腔静压分布，尽管C1工况下两侧吸气腔和膨胀腔压力均低于其他两工况，但由于C1工况的内泄漏质量流量最大，背压腔内气量和压力最高，且该工况背压腔压力远大于排气背压，因此在近排气道处静压畸变程度最高，如图4.5所示。

表4.2　0°主轴转角位置吸气腔和各膨胀腔平均静压

工况	吸气腔		膨胀腔	
	$P_{\mathrm{Suc\_1,ave}}$/kPa	$P_{\mathrm{Suc\_2,ave}}$/kPa	$P_{\mathrm{Exp\_1,ave}}$/kPa	$P_{\mathrm{Exp\_2,ave}}$/kPa
C1	771.15	618.30	431.28	404.06
C2	783.01	622.29	443.26	417.85
C3	865.76	709.13	651.38	569.81

120°主轴转角位置下，吸气孔口只与中心吸气腔相连，较大的吸气流通面积使吸气压力损失减小，吸气腔压力与集气室压差很小，此时吸气温度最高的C3工况吸气腔压力最高，见表4.3。同时由于C3工况下工质由吸气腔Suc流入膨胀腔的过程中工质的黏滞应力更大且间隙泄漏流量最小，导致该工况下工质压力下降更多，同样地，C3工况下排气腔和背压腔的气体压力也最低，如图4.6所示。此外由于排气口的单侧开设，与0°转角位置相比，该时刻下各工况两侧排气腔的压力均出现了“颠倒式”非对称性分布。对比3个工况，

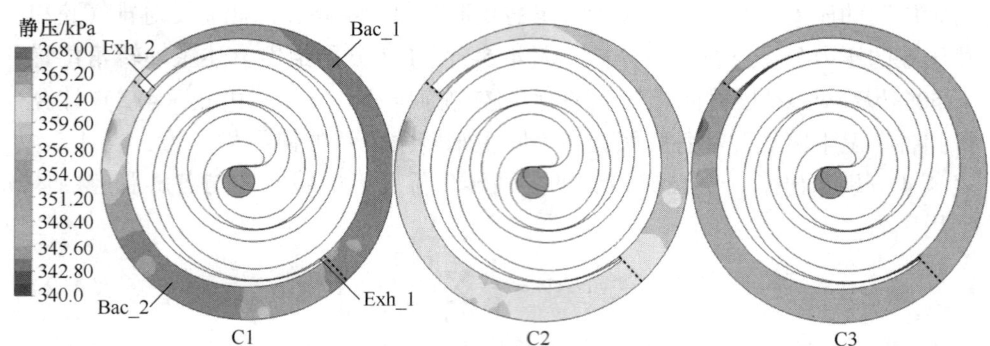

图 4.5 3 个工况下 0°主轴转角位置排气腔和背压腔静压分布

由于各工况的排气背压相等，而 C1 工况中的排气腔 Exh_2 和对应的背压腔 Bac_2 中的压力均最高，在静涡旋齿外壁和壳体壁面的约束下，C1 工况下排气腔 Exh_2 和背压腔 Bac_2 也呈现出更高的压力梯度，较高的排气腔压力使得动涡旋齿齿尾处内外壁面压差增加，必然引起动涡旋齿末端变形量的增加。

表 4.3 120°主轴转角位置吸气腔和各膨胀腔平均静压 单位：kPa

工况	吸气腔	膨胀腔	
	$P_{\mathrm{Suc,ave}}$	$P_{\mathrm{Exp\_1,ave}}$	$P_{\mathrm{Exp\_2,ave}}$
C1	811.80	550.01	443.33
C2	821.37	544.35	444.23
C3	827.09	537.84	444.27

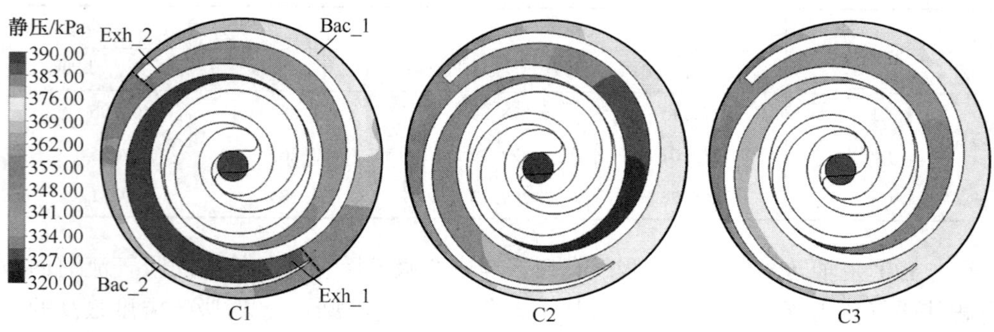

图 4.6 3 个工况下 120°主轴转角位置排气腔和背压腔静压分布

当主轴转至 240°位置时，吸气孔口受到动涡旋齿齿头一定程度的遮挡，工质温度越高，吸气损失越大，此时 C3 工况下的中心吸气腔压力最低，见表 4.4。此时各工况下对称腔的压力分布较对称。值得注意的是，C3 工况下排气腔与背压腔中的压力与其他两工况的压力呈颠倒分布，如图 4.7 所示，C3 工况排气腔 Exh_1 和背压腔 Bac_1 的压力分别低于排气腔 Exh_2 与背压腔 Bac_2 的压力。在较小的泄漏流量和较大的黏滞应力影响下，C3 工况下背压腔压力低于其他工况，较低的背压腔压力降低了阻流效应，排气过程中排气腔 Exh_2 和对应背压腔 Bac_2 的容积下降，在壳体和静涡旋齿壁面的约束作用下，排气腔 Exh_2 和背压腔 Bac_2 的压力上升，上升至超过背压腔 Bac_1 的压力，因此在正压差驱动下背压腔 Bac_2 中的工质沿壁面流出至排气道。相比 C3 工况，其他两工况由于与排气道相连的背压腔 Bac_1 压力高于背压腔 Bac_2，背压腔 Bac_2 为逆压梯度流，导致气流排气损失增加。

表 4.4　240°主轴转角位置吸气腔和各膨胀腔平均静压　单位：kPa

工况	吸气腔	膨胀腔	
	$P_{Suc,ave}$	$P_{Exp\_1,ave}$	$P_{Exp\_2,ave}$
C1	830.90	457.83	406.47
C2	819.95	454.89	405.04
C3	816.55	453.42	404.80

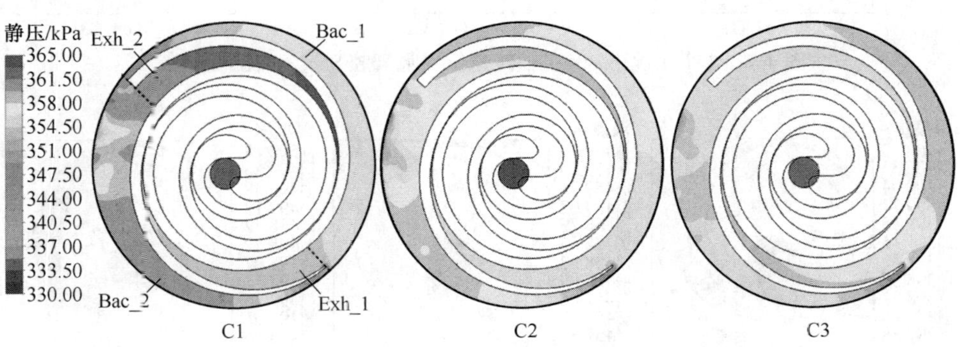

图 4.7　3 个工况下 240°主轴转角位置排气腔和背压腔静压分布

通过以上分析可知，随着吸气温度的升高，工质质量流量下降，流入背压腔的气量减小，背压腔压力更接近排气背压，排气阻力减小，背压腔压力分布更均匀，这必然带来工质能量耗散的减小，进而引起温度场分布的变化。

4.2.4　吸气温度对温度场分布的影响

前面对不同吸气温度工况下工作腔压力分析结果显示，由于膨胀机的质量流量和气流的黏滞阻力受吸气温度的影响较大，工作腔压力在不同吸气温度工况下的分布也呈现出较大差别。当吸气温度为 405 K 时，由于内泄漏质量流量最大，在不同时刻下排气腔和背压腔的压力均高于其他两工况下排气腔和背压腔内的压力。在了解到吸气温度对压力场分布影响的基础上，通过对比各典型主轴转角位置膨胀机各工作腔温度场分布差异，阐明吸气温度变化对膨胀机内各腔体温度分布的影响。

图 4.8~图 4.11 给出了 30°主轴转角位置下 50%齿高处 *XY* 横截面各工作腔的温度分布。如图 4.8 所示，在 C1 工况下吸气腔 Suc 中的温度相比吸气温度下降约 5 K，随着吸气温度的升高，吸气腔 Suc 中的温度下降越多，在 C3 工况下吸气腔内的温度约 497 K，比进气时的温度下降了约 8 K。这是由于较小的吸气孔口开度使工质以泄漏流形式流入吸气腔，此时 C1 工况下吸气损失最小，且泄漏质量流量最高，抵消了更大一部分由于吸气膨胀引起的工质温度下降。

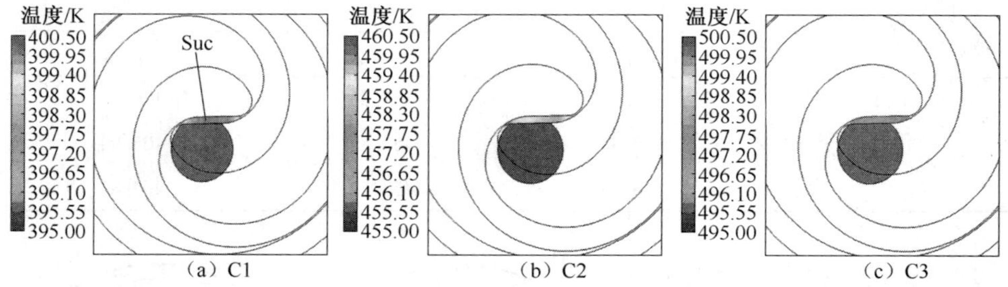

（a）C1　（b）C2　（c）C3

图 4.8　3 个工况下 30°主轴转角位置吸气腔 Suc_3 的温度分布

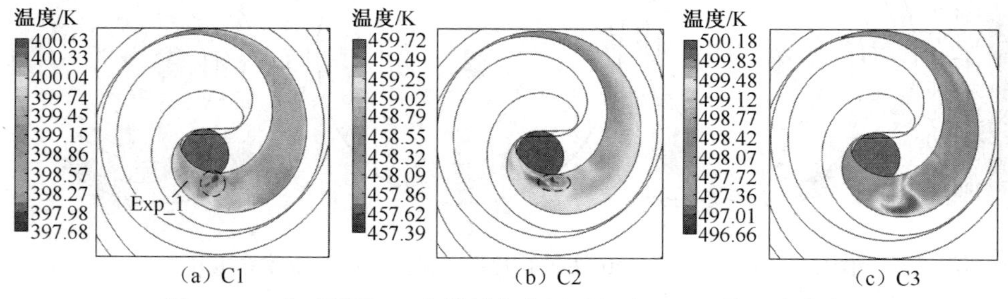

（a）C1　（b）C2　（c）C3

图 4.9　3 个工况下 30°主轴转角位置吸气腔 Exp_1 的温度分布

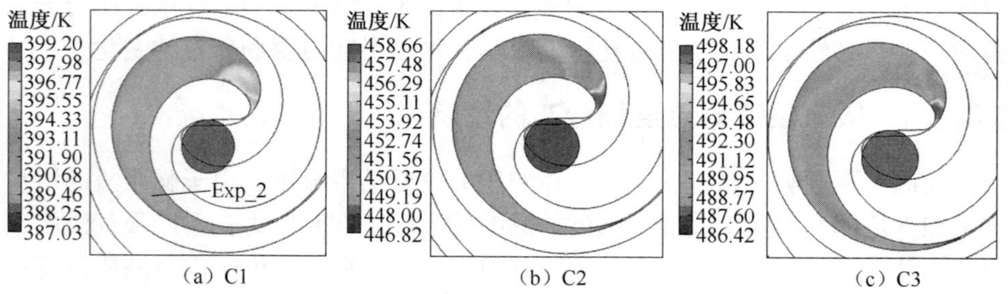

（a）C1　（b）C2　（c）C3

图 4.10　3 个工况下 30°主轴转角位置膨胀腔 Exp_2 的温度分布

如图 4.10 所示，各工况下膨胀腔 Exp_2 中的温度分布很相似，膨胀腔 Exp_2 的最高温度相比吸气温度下降了 6~7 K，此时涡旋齿壁面温度高于工质温度，近壁处工质被加热。与膨胀腔 Exp_2 相比，3 个工况下膨胀腔 Exp_1 的温度分布的差异更明显，如图 4.9 所示。C2 和 C3 工况下，膨胀腔 Exp_1 内的工质温度高于动涡旋齿外壁面，而低于静涡旋齿内壁面，因此动涡旋齿外壁面附近的工质温度较低，近静涡旋齿内壁面的工质温度较高。在 C1 工况下，膨胀腔 Exp_1 内的工质温度则均高于两侧壁面，因此近壁处工质温度比腔内中心区域温度高。此外，在 C1 和 C2 工况下膨胀腔 Exp_1 中近吸气孔口处有一明显的低温区，如图 4.9 中虚线框处，这是由于高温高压工质是以高速旋流的方式从吸气孔口流入膨胀腔 Exp_1，在此过程中形成的旋涡在动涡旋齿的挤压作用下向下游扩散。由于 C3 工况下从吸气孔口流入膨胀腔中的工质质量流量低于其他两工况　这一现象在 C3 工况下并不明显。

如图 4.11 所示，在排气腔和背压腔内，3 个工况下的工质温度都高于壁面温度，同时背压腔部分区域的工质温度甚至超过了排气腔中游区域的工质温度，且这种现象在 C1 工况下表现更为明显。通过上节对各工况压力分布的对比分析可知，造成这种现象的原因主要是由于背压腔较高的压力阻碍了排气过程，使得工质能量耗散增加，温度升高。如果尽可能地减小工质的机械能向内能的转换程度，将有助于降低排气温度，有效减小涡旋盘的热膨胀。

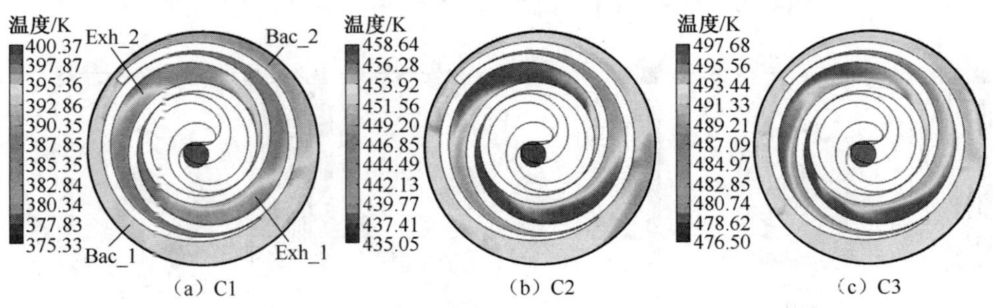

图 4.11　3 个工况下 30°主轴转角位置排气腔和背压腔的温度分布

在 120°主轴转角位置时，由于吸气流通面积的增加，集气室内的吸气损失下降，此时 C1 工况下的吸气腔内的工质温度下降最快，如图 4.12 所示。对比 3 个工况下膨胀腔 Exp_2 的温度分布，C1 工况下 Exp_2 与吸气腔 Suc 中工质温度值最接近。需要注意的是，在该转角位置下，膨胀腔 Exp_1 和 Exp_2 的温度分布出现了与该时刻下排气腔中压力分布类似的“颠倒式”非对称分布的情况，如图 4.13 和图 4.14 所示，这是由于排气腔压力的颠倒分布改变了相邻腔的压差，压差的改变引起内泄漏量的改变，从而影响了温度分布。此外，由于C1工况下最高的工质流量以及最高的背压腔压力，C1工况下的对称背压腔和排气腔的非对称程度明显高于其他两工况，且单个腔体温度分布更不均匀，如图4.15所示。

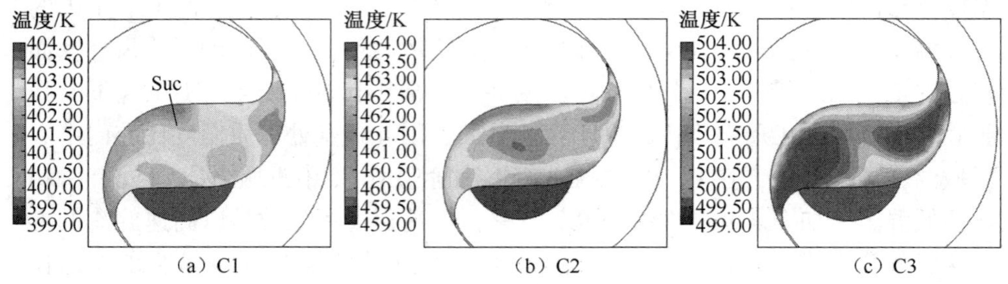

图4.12 3个工况下120°主轴转角位置吸气腔的温度分布

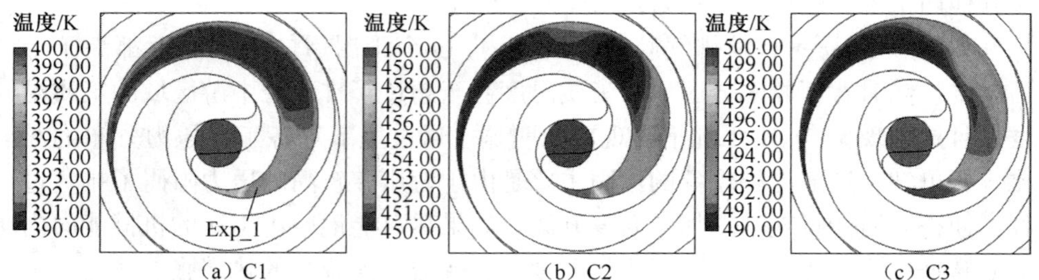

图4.13 3个工况下120°主轴转角位置膨胀腔Exp_1的温度分布

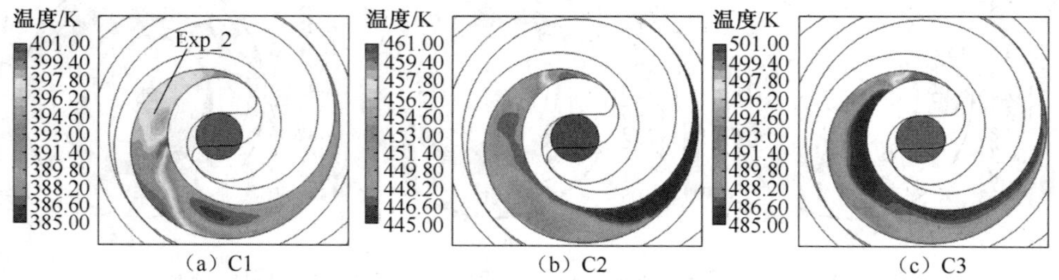

图4.14 3个工况下120°主轴转角位置膨胀腔Exp_2的温度分布

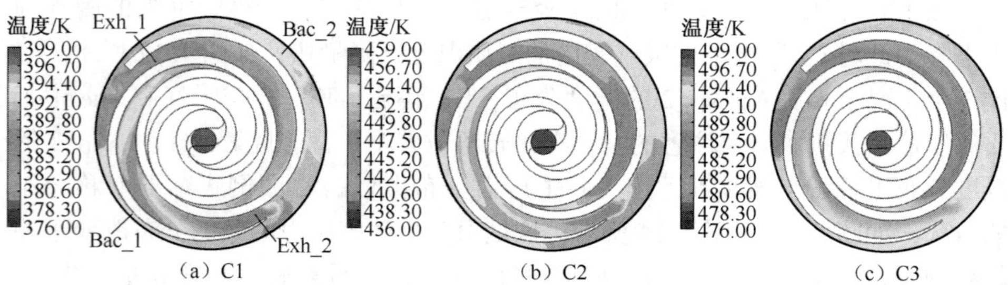

图4.15 3个工况下120°主轴转角位置排气腔和背压腔的温度分布

当吸气温度不同时，工作腔内的气体温度分布趋势比较接近，因此，涡旋盘的温度分布趋势也十分相似，涡旋盘的温度分布受主轴转角位置的影响很小，因此这里只给出 240°主轴转角位置动静涡旋齿的温度分布，如图 4. 16 所示。3 个工况下，动、静涡旋齿的温度分布梯度基本相似，C3 工况的温度梯度略大。动、静涡旋齿的最高温度均发生于齿头附近，涡旋齿温度从中心开始沿渐开线先减小后增大再减小，涡旋最外圈框线处温度较高，除了受吸气集气室的加热作用影响外，还与排气过程中机械能耗散引起的工质温度升高有关。C1 工况下，虚线框处的温升最明显，涡旋齿温度分布不均匀程度高。

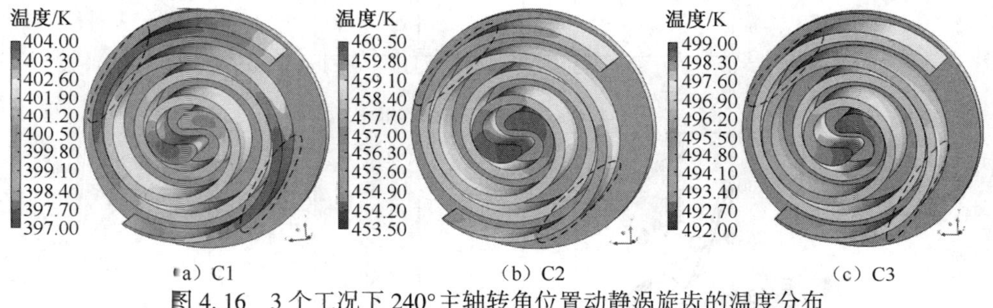

（a）C1　（b）C2　（c）C3

图 4. 16　3 个工况下 240°主轴转角位置动静涡旋齿的温度分布

4. 2. 5　吸气温度对涡旋盘变形特性的影响

由前文分析可知，动、静涡旋盘的最大变形发生于作用于静涡旋盘轴向气体力最大时刻。本节针对图 4. 4（d）所示的 C1、C2 和 C3 工况下静涡旋盘上最大轴向气体力发生的 126°、162°和 162°转角位置，进行动、静涡旋盘的变形分析。

观察图 4. 17 可以看出，各工况下静涡旋齿齿顶位移变化趋势在不同载荷作用下基本相似，其变形量大小受温度载荷的变化影响最大。尽管 C3 工况下涡旋盘温度远高于 C1 工况，但 C1 工况下的涡旋盘温度分布的不均匀程度更高，温度分布的不均匀引起了较大的热应力和热变形。因此相比 C3 工况，C1 工况下热变形的最大值仅减小了 9. 7%，而 3 个工况下的压力变形分布曲线基本重合。当内压载荷单独作用时，静涡旋盘的变形主要沿轴向方向，轴向变形由作用于静涡旋盘上的轴向气体力引起，C3 工况下作用于静涡旋盘的轴向气体力最大。其轴向气体力的最大值比 C1 工况下静涡旋盘上的最大轴向气体力高出约 153 N，而在不同轴向气体力作用下，静涡旋盘的压力变形差异较小。在温度载荷和内压载荷耦合作用下，静涡旋盘的变形量在各工况下的差值与温度载荷单独作用的差值一致，C3 工况下静涡旋盘的最大变形值为 102 μm，比 C1 工况的最大变形高出 8. 25%。

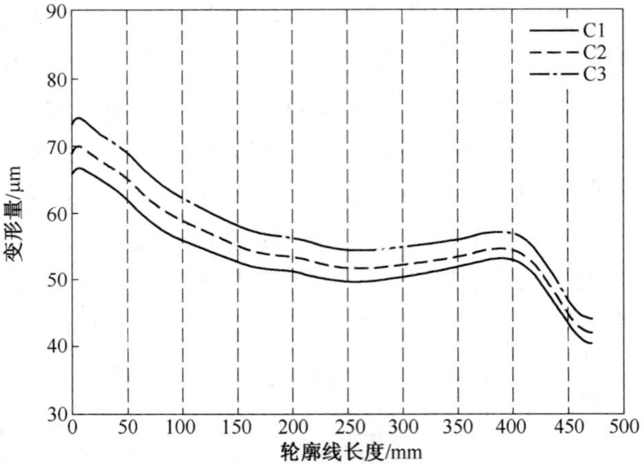

（a）温度载荷单独作用

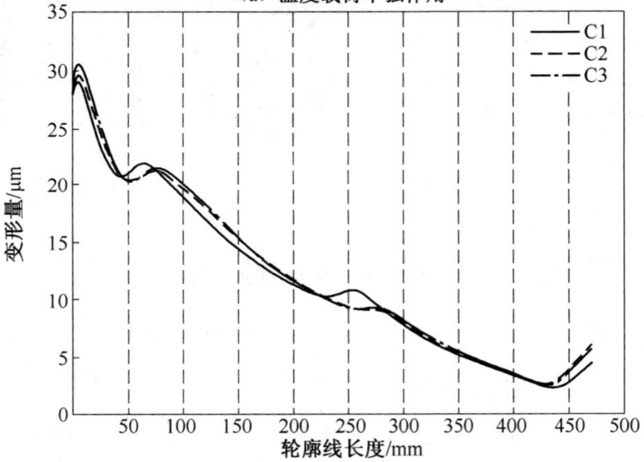

（b）内压载荷单独作用

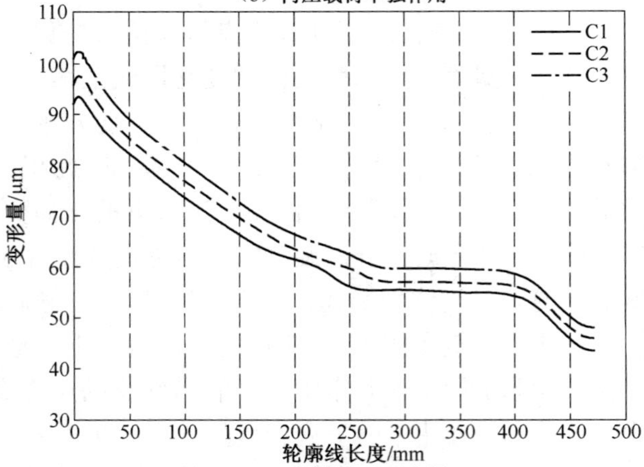

（c）两种载荷共同作用

图 4.17　不同工况下 $F_{a,fix}$ 最大值发生时对应主轴转角位置静涡旋齿齿顶线位移

图 4.18 给出了动涡旋盘在上述转角位置处不同工况下的齿顶线位移变化曲线，与静涡旋盘变形情况相似，当吸气温度不同时，动涡旋盘的变形主要受温度载荷的影响。C3 工况下的吸气温度最高，热膨胀量最大，其最大热变形发生于壁厚最小的齿尾处，变形量约为 48.6 μm。在温度载荷单独作用下，C2 和 C3 工况下的最大变形值发生于齿尾末端；C1 工况下的最大热变形值发生的位置与 C2 和 C3 工况下的最大热变形位置并不相同，这是由于 C1 工况下动涡旋齿外圈近齿尾处的温度与齿头处的温度相当，如图 4.16 所示。这使得该位置附近的热膨胀量较大，而超过了齿尾末端的变形量。当内压载荷单独作用时，动涡旋盘的变形主要受相邻腔压差的影响，但由于相邻腔的压差在各工况下的差值不大且变化趋势相同，除动涡旋齿齿尾外，其他位置处的压力变形在

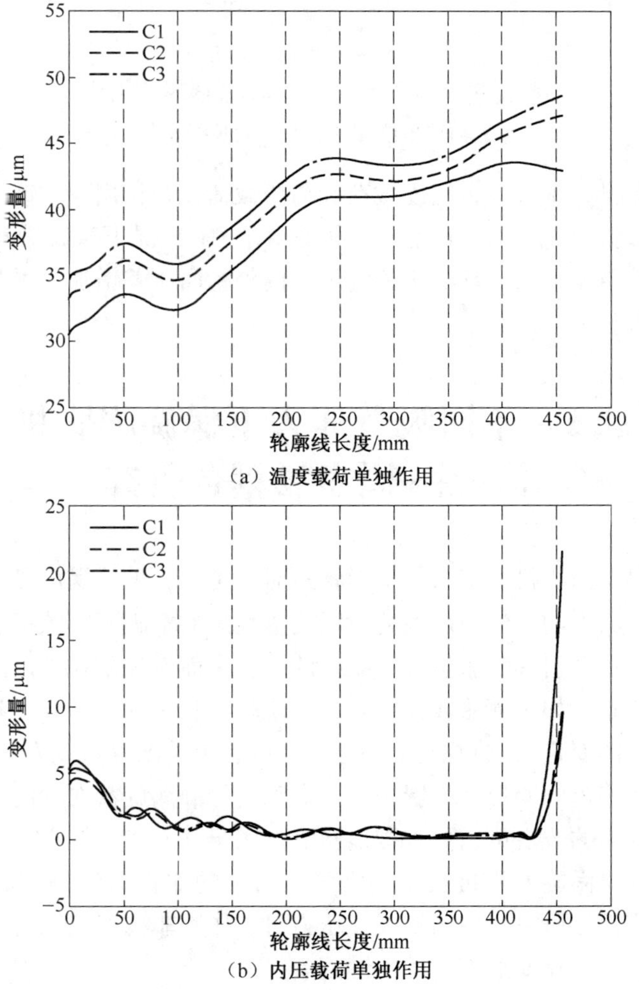

(a) 温度载荷单独作用

(b) 内压载荷单独作用

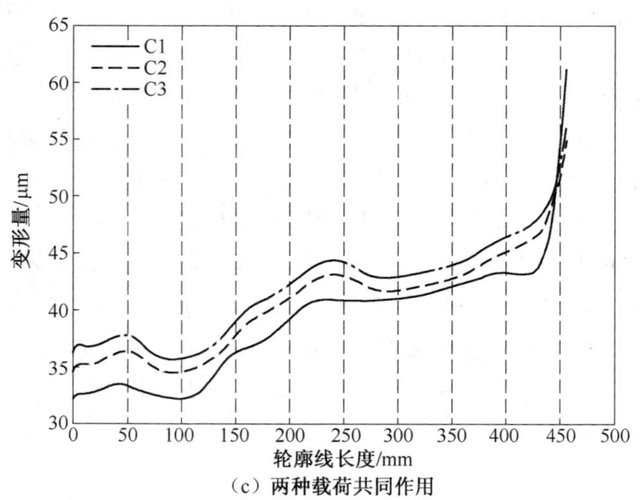

（c）两种载荷共同作用

图 4.18　不同工况下 $F_{a,fix}$ 最大值发生时对应主轴转角位置动涡旋齿齿顶线位移

不同工况下差异并不大。在温度载荷和内压载荷耦合作用下，动涡旋齿齿尾末端的最大变形值发生于 C1 工况下，这是由于 C1 工况下背压腔压力最高，排气腔与背压腔压差最大，动涡旋齿齿尾处内外壁面压差增加，引起动涡旋齿末端变形量增大。

4.3　不同吸气压力下涡旋膨胀机流-热-固多场耦合研究

通过对涡旋膨胀机涡旋盘的变形特性研究可知，虽然涡旋盘的变形趋势主要受温度载荷的影响，但内压载荷对涡旋盘变形的贡献不容忽视。涡旋膨胀机工作压力的改变会引起膨胀机外膨胀比的改变，而使工质在排出工作腔时呈现不同的膨胀状态，如过膨胀或欠膨胀。工质膨胀状态的改变会引起工作腔内工质的流动特性的变化，这也必然会引起涡旋盘所受温度载荷和内压载荷的变化，进而对涡旋盘的变形产生影响。考虑到动、静涡旋盘在轴向方向干涉区间更大，吸气压力的改变可以更直接地影响作用于动、静涡旋盘的轴向气体力的大小。本节针对涡旋膨胀机在不同吸气压力时的非稳态流场和涡旋盘变形特征，展开数值模拟研究，在阐明吸气压力对工作腔非稳态流动变化规律的基础上，分析影响涡旋盘变形特性的关键因素。

4.3.1　吸气压力对膨胀机时均性能的影响

当涡旋膨胀机进口压力改变时，在实际的系统中往往采用保证工质过热度不变的比较方式[47,48,136]，这是由于当采用保持吸气温度不变的比较方式时，若吸气压力过高可能会使工质没有达到过热态，膨胀机中的工质呈气液两相状态，导致膨胀机效率下降。但考虑到若保持进口工质过热度恒定，吸气温度必须随吸气压力的改变而变化，这样就无法准确获得吸气压力对涡旋膨胀机变形特征的影响情况。因此本书在模拟时保持进口温度恒定，在确保模拟计算时工质状态呈气态的前提下改变吸气压力。模拟工况参数见表 4.5。

表 4.5　模拟工况参数

工况	转速 $n/(r/min)$	进口总压 P_i/kPa	进口温度 T_i/K	排气背压 P_b/kPa
C4	2 000	850	405	440
C5	2 000	1 100	405	440
C6	2 000	1 350	405	440
C7	2 000	1 600	405	440

图 4.19 给出了 4 个工况下涡旋膨胀机的轴功率、等熵效率以及质量流量等时均性能参数。随着吸气压力的上升，膨胀机的轴功率、等熵效率以及质量流量都有不同程度的增加。其中轴功率的增加最为明显，在吸气压力最低的工况 C4 和吸气压力最高的 C7 工况下，轴功率分别为 0.334 kW 和 1.441 kW，两者相差 1.107 kW。从 C4 到 C5 工况等熵效率增加 15.7%，从 C5 到 C6 工况等

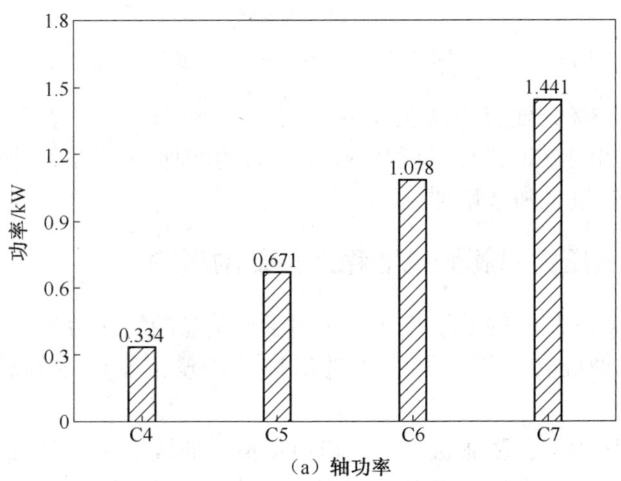

（a）轴功率

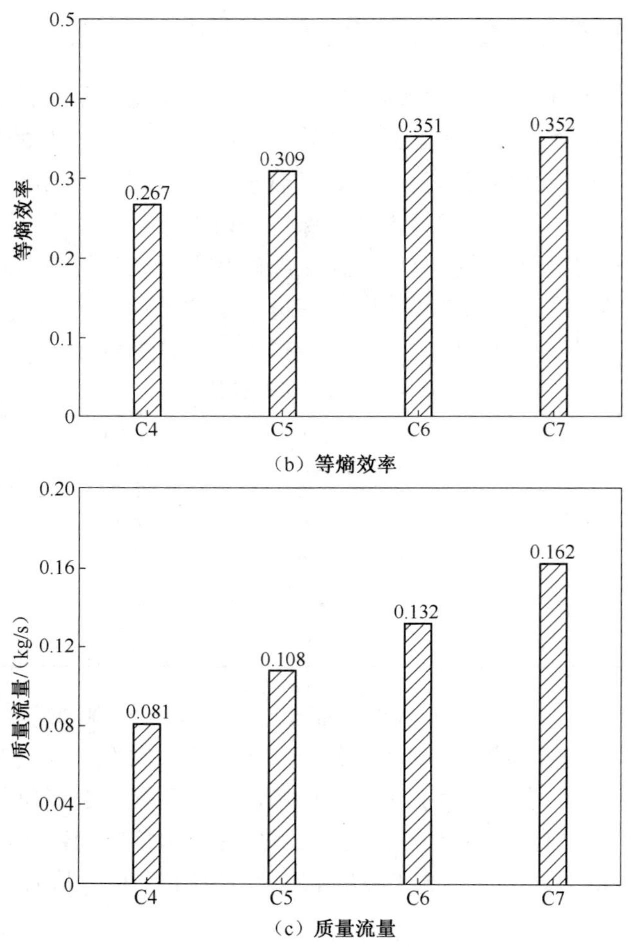

（b）等熵效率

（c）质量流量

图 4.19　不同吸气压力下涡旋膨胀机的时均性能参数

熵效率增加 13.3%，随着外膨胀比的增大，C6 到 C7 工况等熵效率仅增加了 0.3%。另外，由于 C4 到 C7 过程中吸气压力的增加使工质密度增加，因此膨胀机时均质量流量也随之增加。

4.3.2 吸气压力对膨胀机非稳态性能的影响

工质压力对膨胀机的质量流量和作用于涡旋盘的气体力都有很大影响。图 4.20 给出了主轴旋转一周时膨胀机进出口处质量流量随主轴转角位置变化曲线。

不同吸气压力下，膨胀机进、出口质量流量曲线变化趋势均未出现明显的相位差异。在 4 个工况下，相比出口质量流量，进口质量的波动情况更加一

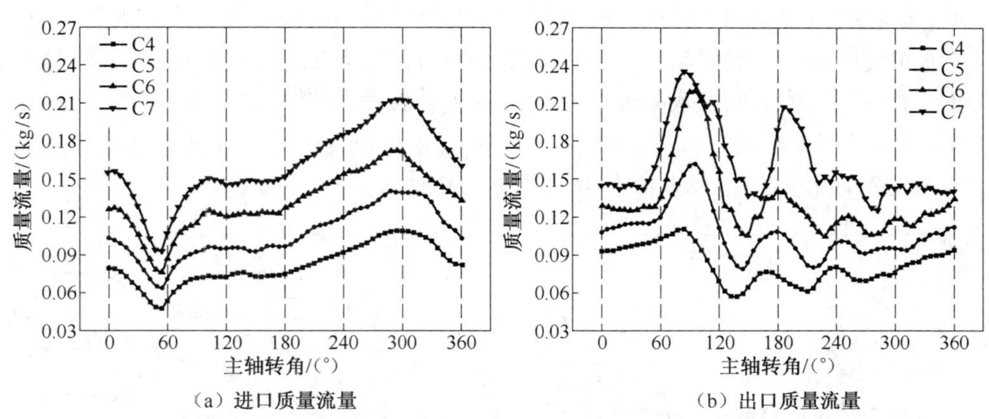

图 4.20 不同吸气压力下涡旋膨胀机进出口质量流量随主轴转角变化曲线

致，这是由于在膨胀机结构参数和其他工况不变时，进口质量流量的波动受进口速度的直接影响，而进口速度的波动是由动涡旋齿齿头对吸气孔口的遮挡作用所引起的。膨胀机出口质量流量的波动则是由膨胀机背压腔与排气道中的压力波动引起的。C4 和 C5 工况下，出口质量流量的波动程度明显小于其他两个工况。随着吸气压力的增加，出口质量流量的变化速率也越大。这一方面是由于在保持排气背压相同的情况下，吸气压力的增加，必然引起上下游腔体间压差的增加；另一方面是由于在排气过程中，若吸气压力足够大，工质由气动排气口排出后的压力高于排气背压，工质在气体惯性力和正压差作用下加速流出排气道，而当工质由气动排气口排出后的压力低于排气背压时，工质在逆压梯度的作用下流出排气道，造成工质流速降低，流量下降。

图 4.21 所示为动涡旋齿所受各向气体力和静涡旋盘所受轴向气体力在单个主轴旋转周期下随主轴转角位置的变化曲线。由图可知，吸气压力对各向气体力的影响很大，不同工况下虽然气体力的数值有很大变化，但变化趋势相似。作用于动涡旋齿上的气体力中径向气体力受吸气压力变化的波动程度最大，吸气压力越高，$F_{r,or}$的波动越大，如图 4.21（a）所示，当主轴转角在 36°~96°，$F_{r,or}$的波动最为明显。当主轴转至 36°~60°位置时，C6 和 C7 工况下的 $F_{r,or}$迅速上升，而 C5 工况下 $F_{r,or}$的增加不明显，吸气压力最低的 C4 工况的 $F_{r,or}$则持续下降。当主轴转至 60°~96°位置时，4 个工况下的 $F_{r,or}$都下降，其中 C7 工况的 $F_{r,or}$下降最快，上下游工作腔压差的不同是造成各工况下气体力变化趋势不同的重要因素。相比 $F_{r,or}$，作用于动涡旋盘的切向、轴向气体力在各工况下的变化趋势基本接近且更有规律。随着吸气压力的增大，$F_{t,or}$和 $F_{a,or}$在任意转角位置下均增加，如图 4.21（b）和（c）所示。因此，C7 工况下 $F_{t,or}$和 $F_{a,or}$曲线在整个周期内都最高。吸气压力的增加，增加了相

邻工作腔的压力差和工作腔内作用于动涡旋盘端板的轴向气体力。静涡旋盘所受轴向气体力是影响涡旋盘变形的重要作用力，图 4. 21（d）中标注了静涡旋盘所受轴向气体力的最大值发生时对应的主轴转角位置，C4 工况下 $F_{a,fix}$ 最大值发生于 78°主轴转角位置，C5 工况下 $F_{a,fix}$ 最大值发生于 126°主轴转角位置，C6 和 C7 工况下 $F_{a,fix}$ 最大值在 204°主轴转角位置。

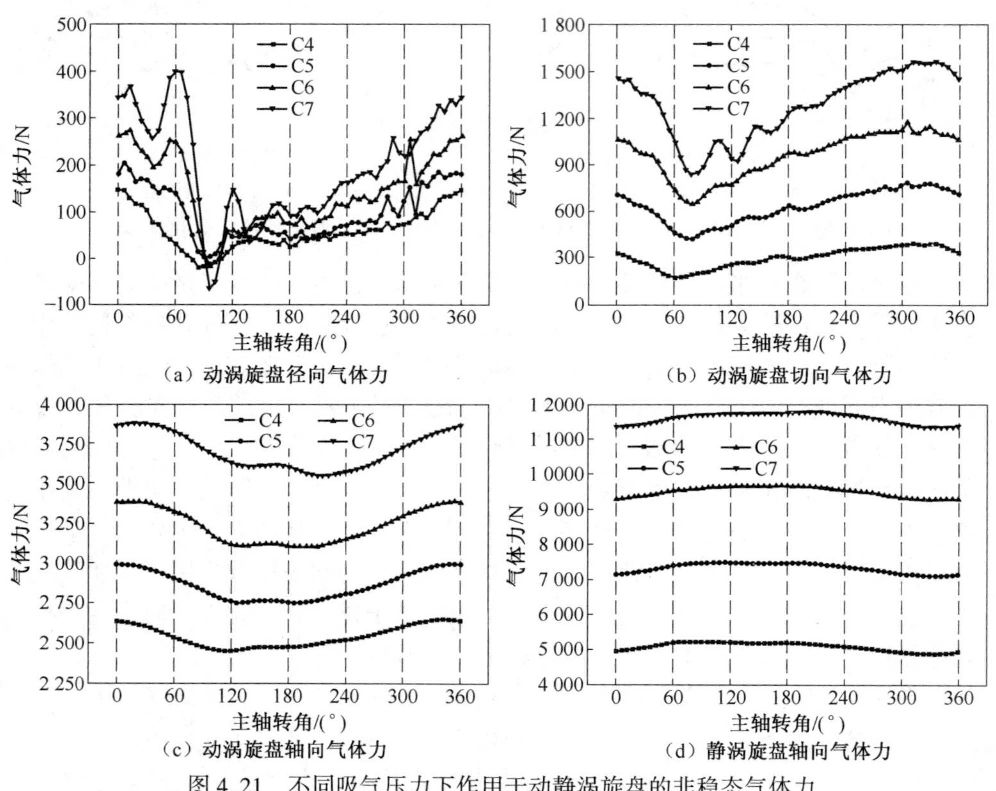

图 4. 21 不同吸气压力下作用于动静涡旋盘的非稳态气体力

4. 3. 3 吸气压力对工作腔流动特性的影响

由上述分析可以看出，吸气压力增加对涡旋盘受力有较大影响，这种影响不仅是数值的增加，它还影响着气体力的作用方向和变化规律，特别是涡旋齿外圈承受着来自背压腔和排气腔压力，需通过进一步分析讨论工质吸气压力的变化引起的各工作腔压力分布的变化情况。为了比较不同吸气压力下工作腔流场的差异，得到吸气压力对涡旋盘所受气体力的变化规律。图 4. 22 ~ 图 4. 25 分别给出主轴转角位置为 60°、78°、126°以及 204°时，4 个工况下工作腔 50% 齿高位置膨胀腔、排气腔和背压腔静压分布情况。

当主轴转至 60°时，C4 工况下排气腔 Exh_2 压力明显低于背压腔，但两者的压差并不大，且此时排气腔 Exh_2 的气动排气口开度较小，背压腔中工质的回流十分微弱，排气腔 Exh_2 下游出现一个并不明显的静压高压区，大部分工质在惯性作用下通过排气腔 Exh_2 的气动排气口流入背压腔 Bac_2。背压腔 Bac_1 中的工质由于受到动涡旋齿外壁的挤压而分流，一股气流在顺压梯度驱动下直接流入排气道，另一股气流则流向背压腔 Bac_2，并在动涡旋齿齿尾处与从排气腔 Exh_2 流出的工质汇合后沿静涡旋齿外壁面流入排气道，如图 4.22 所示。

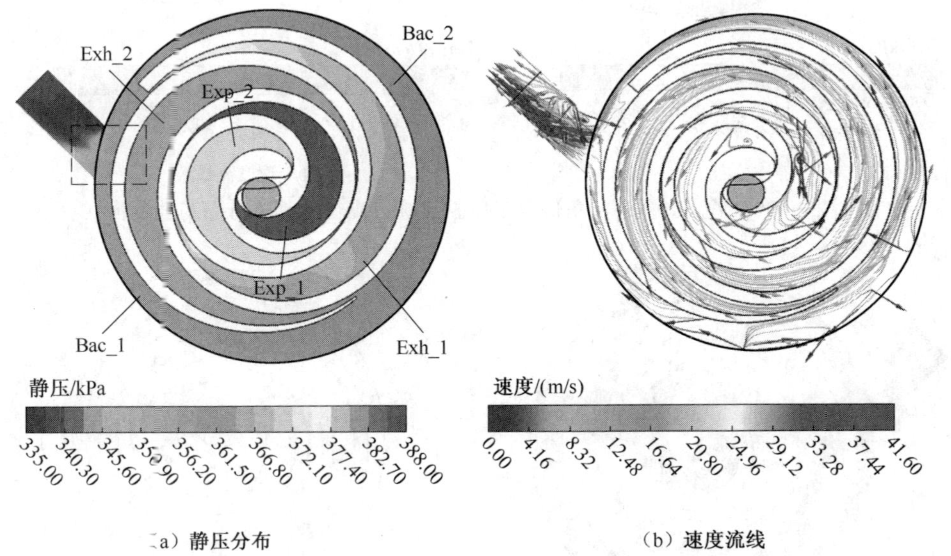

(a) 静压分布　　(b) 速度流线

图 4.22　C4 工况 60°主轴转角位置工作腔 50%齿高位置静压分布与速度流线

在 C5 和 C6 工况下，排气腔 Exh_2 下游的静压比背压腔 Bac_2 中的静压值略大，工质无回流，工质受到开度较小的气动排气口的节流作用，排气腔 Exh_2 气动排气口处的静压下降，流速增加。与 C4 工况类似，从排气腔 Exh_2 流出的工质与来自背压腔 Bac_1 的工质汇合流入排气道，如图 4.23 和图 4.24 所示。图 4.25 所示为 C7 工况下工作腔的静压分布和速度流线图，相比其他 3 个工况，C7 工况下背压腔 Bac_2 中动涡旋齿齿尾附近椭圆线框标记处有一明显的静压低压区。这是由于排气腔 Exh_2 内气体在顺压梯度下加速流入背压腔 Bac_2，部分气流在较强的惯性力作用下冲击壳体，受到壳体壁面阻挡后气流减速转向，形成低速旋涡，旋涡的产生阻碍了更多气流流入背压腔 Bac_2，增加了排气流阻，而引起低静压区的出现。

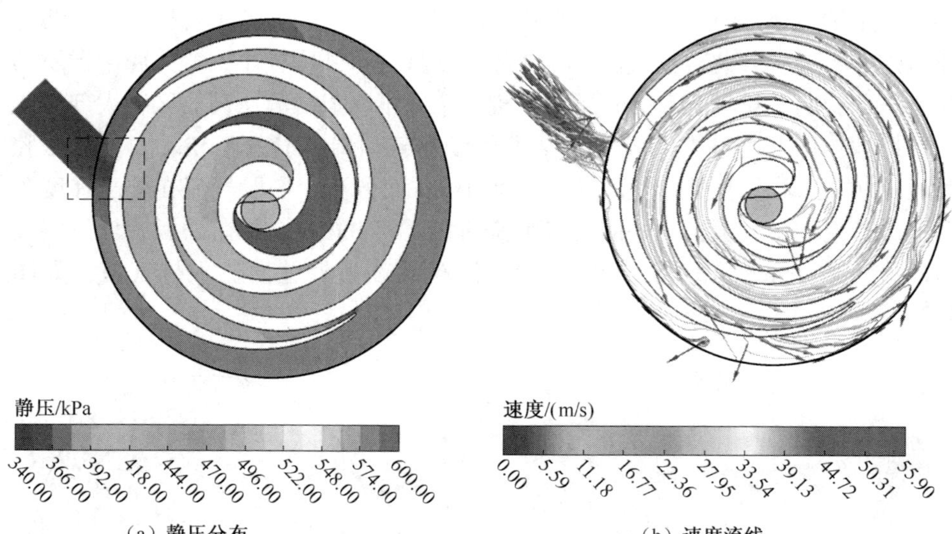

（a）静压分布　　（b）速度流线

图 4.23　C5 工况 60°主轴转角位置工作腔 50%齿高位置静压分布与速度流线

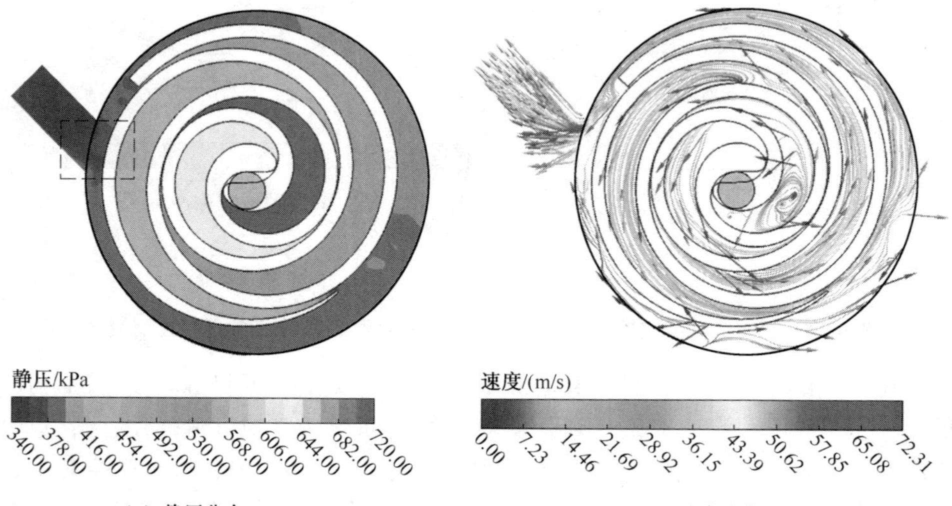

（a）静压分布　　（b）速度流线

图 4.24　C6 工况 60°主轴转角位置工作腔 50%齿高位置静压分布与速度流线

在该转角位置的 4 个工况下，排气道入口处虚线方框内都有较明显的低压区，低压区的产生都是由于动涡旋齿的运动，在 C4 和 C5 工况下，此处低压处流体的缺失由排气道内的部分气体折返入背压腔 Bac_1 中来弥补；对于 C6 和 C7 工况，排气腔 Bac_2 中的气体在较高的惯性力作用下，部分气流直接流入动涡旋齿外壁面以弥补低压区的流体缺失。C4、C5 工况下排气道内气流的

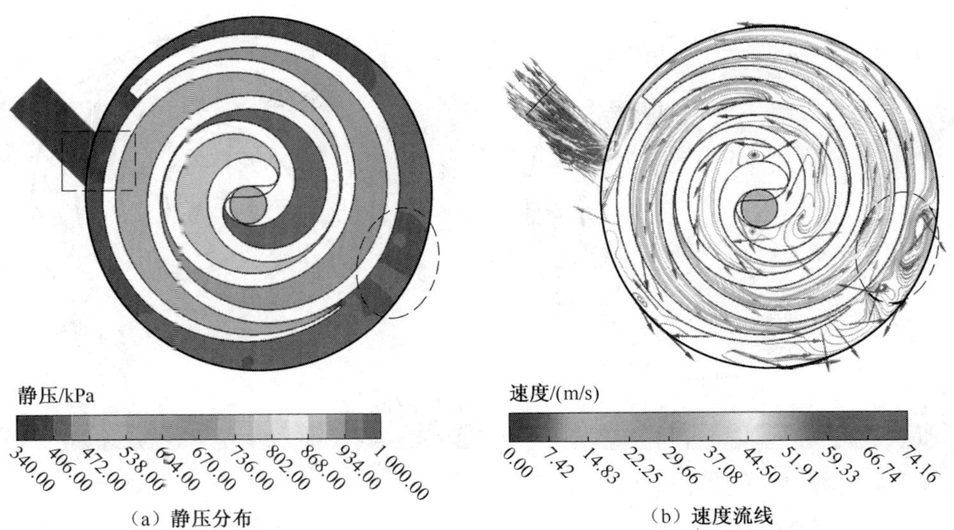

（a）静压分布　（b）速度流线

图 4.25　C7 工况 60°主轴转角位置工作腔 50%齿高位置静压分布与速度流线

折返，增加了排气阻力，这也解释了在该主轴转角位置 C4、C5 工况的出口质量流量增加的速率低于其他两工况的原因。

当主轴转至 78°位置时，气动排气口开度变大，此时在 C4、C5 和 C6 工况下，排气腔 Exh_2 中气体静压都低于背压腔，背压腔 Bac_2 中动涡旋齿尾末端的部分气体流入排气腔 Exh_2，工质的回流使得排气腔 Exh_2 下游的气体流速较 60°主轴转角位置处有所下降，压力上升，如图 4.26~图 4.28 所示。此处压

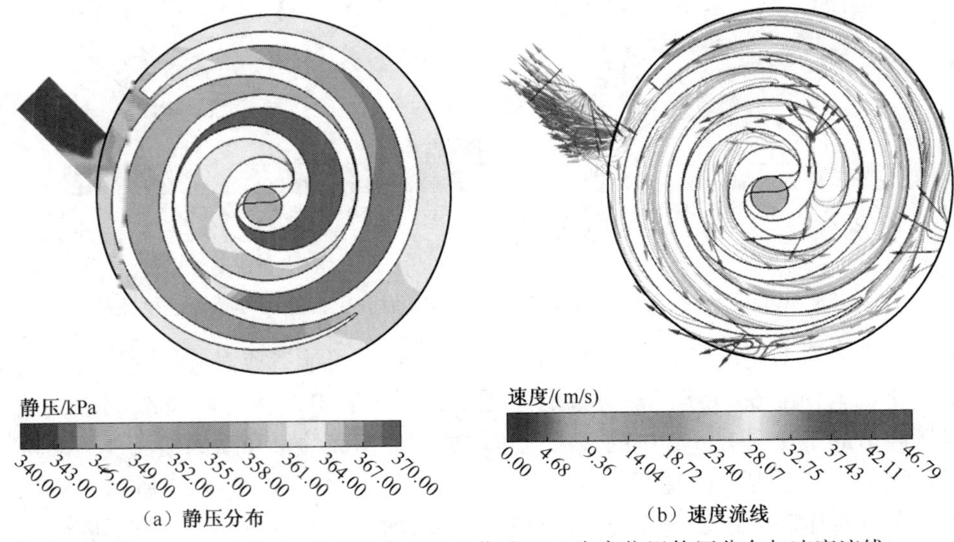

（a）静压分布　（b）速度流线

图 4.26　C4 工况 78°主轴转角位置工作腔 50%齿高位置静压分布与速度流线

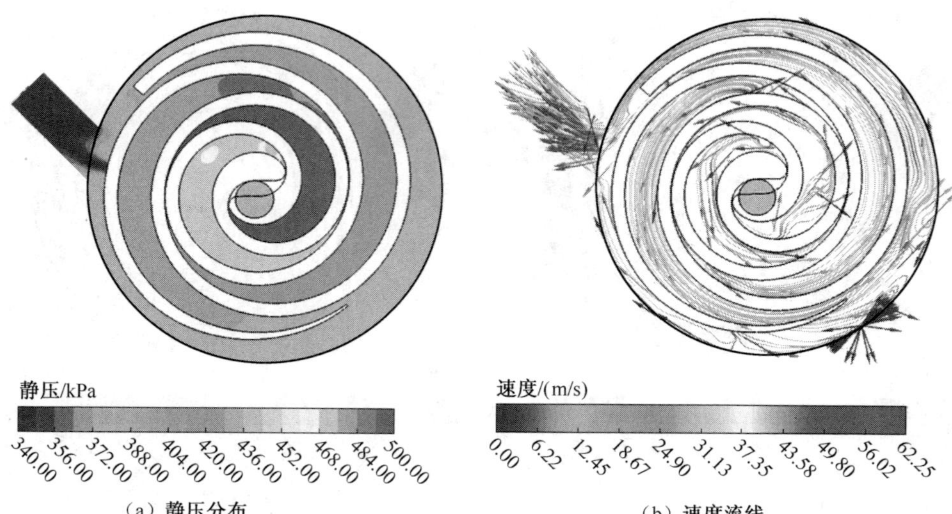

（a）静压分布　（b）速度流线

图 4.27　C5 工况 78°主轴转角位置工作腔 50%齿高位置静压分布与速度流线

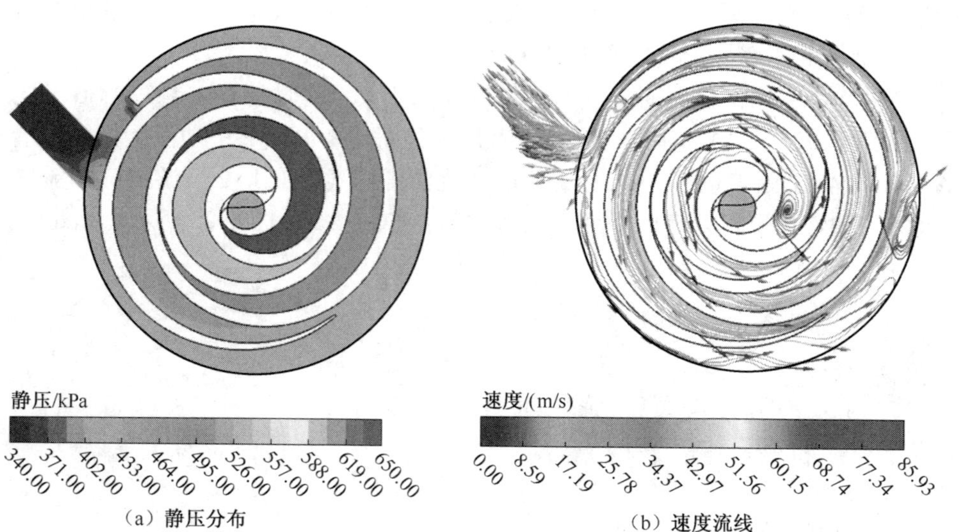

（a）静压分布　（b）速度流线

图 4.28　C6 工况 78°主轴转角位置工作腔 50%齿高位置静压分布与速度流线

力的回升会对动涡旋齿齿尾的受力产生影响，进而可能造成涡旋齿变形情况发生变化。主轴由 60°转至 78°位置的过程中，背压腔 Bac_1 体积持续减小，由背压腔 Bac_1 流向 Bac_2 中的气流流速增加，在壁面约束和动涡旋齿外壁的挤压作用下，各工况都出现了二次流和折返流，如图 4.26～图 4.29 所示。对比各工况下背压腔 Bac_2 速度流线，吸气压力增加，气体流速增大，背压腔内气量增加，大量的气体由排气腔 Exh_2 流入背压腔 Bac_2，在较大的气体惯性力作用下撞击壁面，并在壁面附近形成二次流旋涡，旋涡的强度和尺度都随吸气压力的增加而增大，引起排气阻力增加，气流微团间的摩擦损失增大。

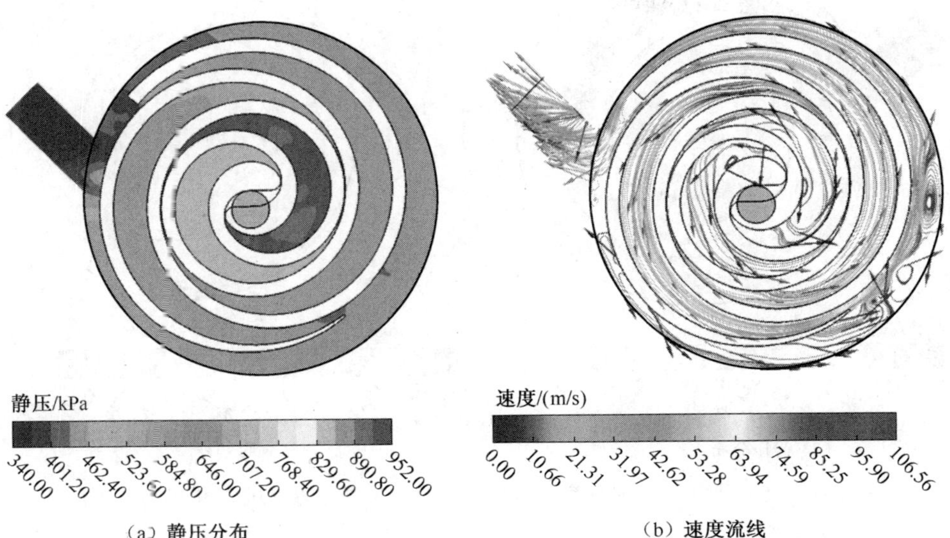

（a）静压分布　　（b）速度流线

图 4.29　C7 工况 78°主轴转角位置工作腔 50%齿高位置静压分布与速度流线

当主轴由 78°位置转至 126°位置时，各工况下排气腔中的压力呈现出相似的“颠倒式”非对称性分布规律，如图 4.30～图 4.33 所示。该转角位置处，

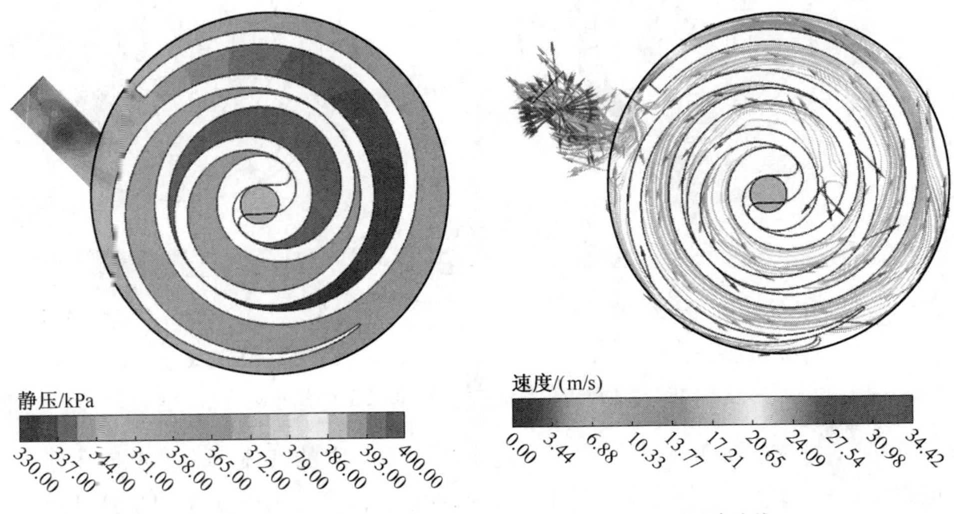

（a）静压分布　　（b）速度流线

图 4.30　C4 工况 126°主轴转角位置工作腔 50%齿高位置静压分布与速度流线

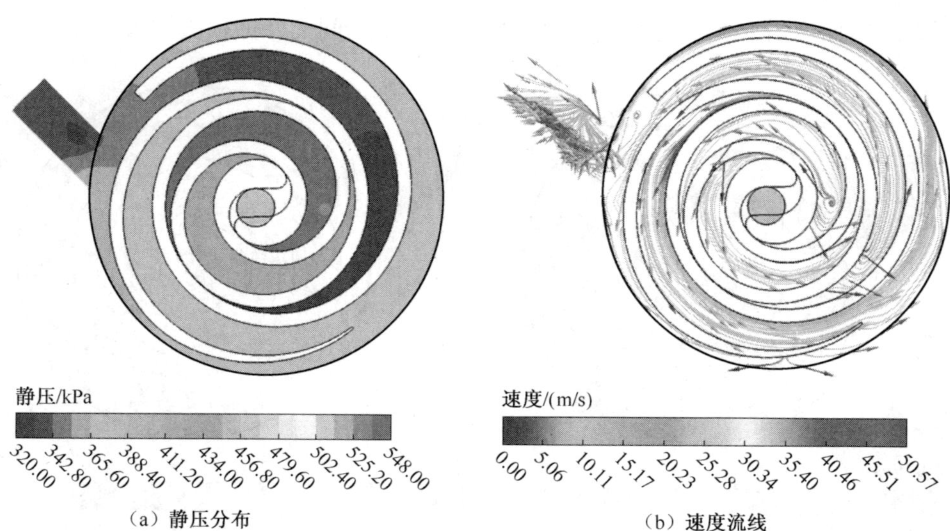

图 4.31　C5 工况 126°主轴转角位置工作腔 50%齿高位置静压分布与速度流线

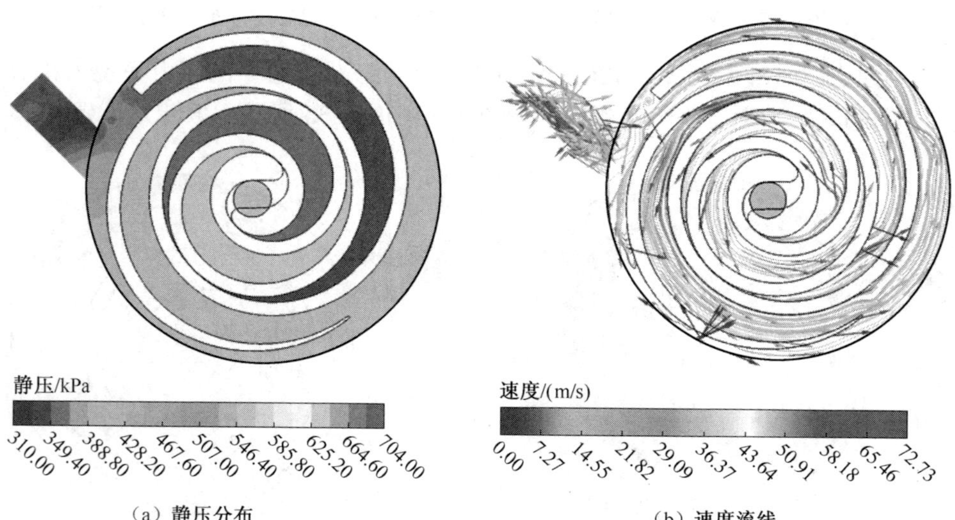

图 4.32　C6 工况 126°主轴转角位置工作腔 50%齿高位置静压分布与速度流线

4 个工况下排气腔 Exh_1 中气体压力均小于背压腔中的气体压力。此时由于气动排气口开度较大，排气腔 Exh_1 中工质回流，排气腔 Exh_1 中出现逆压梯度流，在逆压梯度作用下，排气腔 Exh_1 下游气体流速下降，气量相对较少，动涡旋齿的持续下移，致使排气道进口处压力逐渐下降，而排气腔 Exh_1 和背压腔 Bac_2 没有足够多的气体来弥补排气道进口处的气体缺失，因此在所有工况下，排气道中的气流都出现不同程度的折返，因此出口处的质量流量也呈下降趋势。相比其他 3 个工况，由于 C7 工况下排气腔 Exh_1 中更多的气量和更大的流速，在气体惯性力的作用下更多的气体进入背压腔 Bac_1 流至动涡旋齿末端外壁面附近形成低压区，进而可能造成动涡旋齿尾末端更大的压力变形。

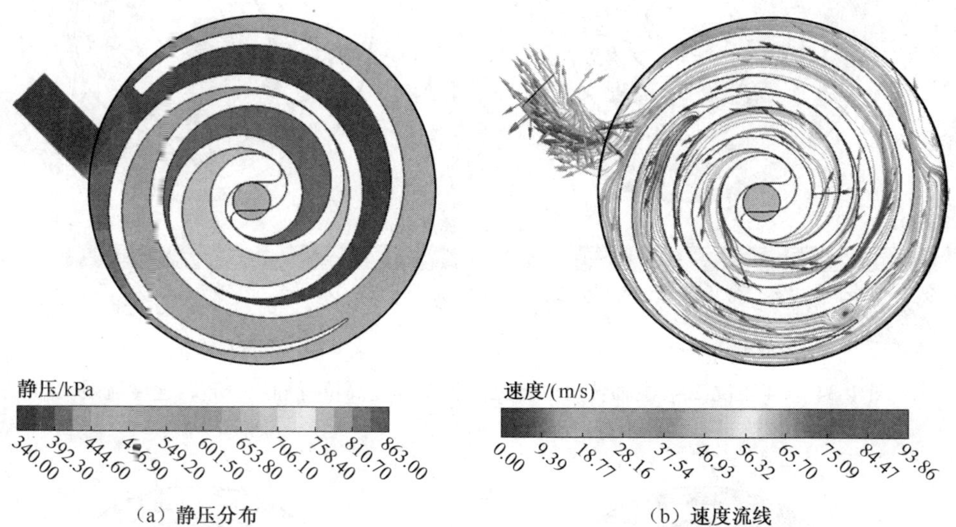

（a）静压分布　　（b）速度流线

图 4.33　C7 工况 126°主轴转角位置工作腔 50%齿高位置静压分布与速度流线

当主轴由 126°转至 204°位置时，气动排气口被进一步打开，极大的排气口开度使各工况下排气腔和对应背压腔的压力梯度较小，如图 4.34～图 4.37 所示。此时动涡旋齿近齿尾处的外壁面与壳体壁面间的通道狭窄，通道间气体压力很低。由速度流线图可知，在压差驱动下，Exh_2 中的一部分工质经气动排气口流出后，流入背压腔 Bac_1。在该转角位置下的压力分布和 126°转角下的压力分布规律类似，且在各工况下近排气道进口处都有一低压区出现，而此低压区的形成则与上述转角位置的低压区形成原因有所不同。在该转角位置，动涡旋齿的持续转动，使两侧排气腔容积减小，排气腔 Exh_1 受到挤压的气体大部分直接流入排气道，但仍有少量气体流入 Bac_1，进入排气道的高速气流由于受到排气道管壁的约束，部分气流碰撞后折返进入 Bac_1，这两股气流与来自动涡旋齿的外壁面与壳体壁面间的通道的气流在近排气道入口处掺混形成旋涡流，从而产生明显的静压畸变，旋涡的强度随吸气压力的增加而增大。此外，由于 C4 工况下排气腔 Exh_2 工质压力低于背压腔，排气腔 Exh_2 中的工质在逆压梯度下从气动排气口排出，流速下降，但由于压力梯度小，排气腔 Exh_2 的工质回流现象不明显。

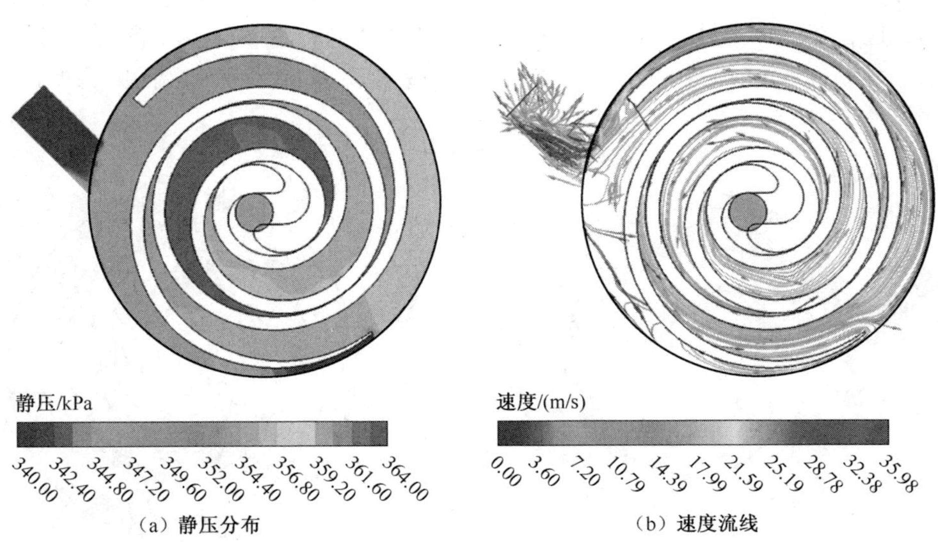

（a）静压分布　　（b）速度流线

图 4.34　C4 工况 204°主轴转角位置工作腔 50%齿高位置静压分布与速度流线

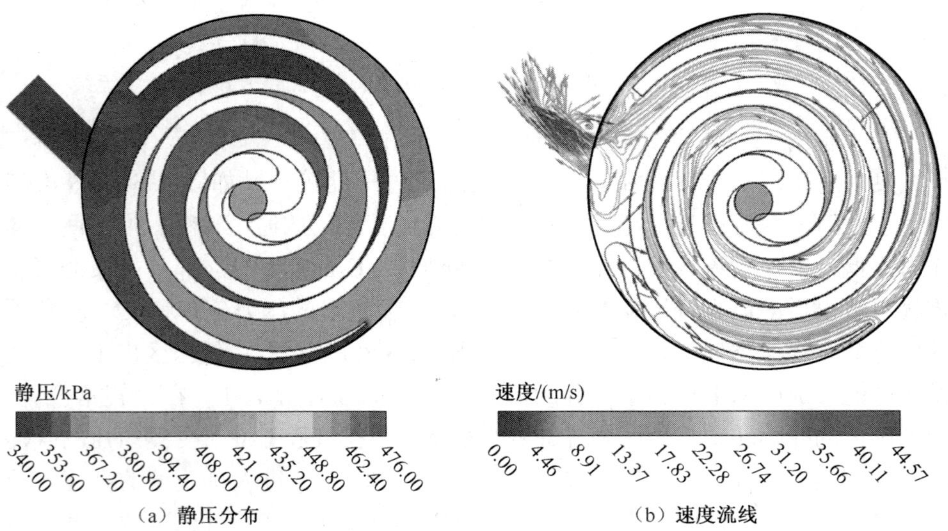

（a）静压分布　　（b）速度流线

图 4.35　C5 工况 204°主轴转角位置工作腔 50%齿高位置静压分布与速度流线

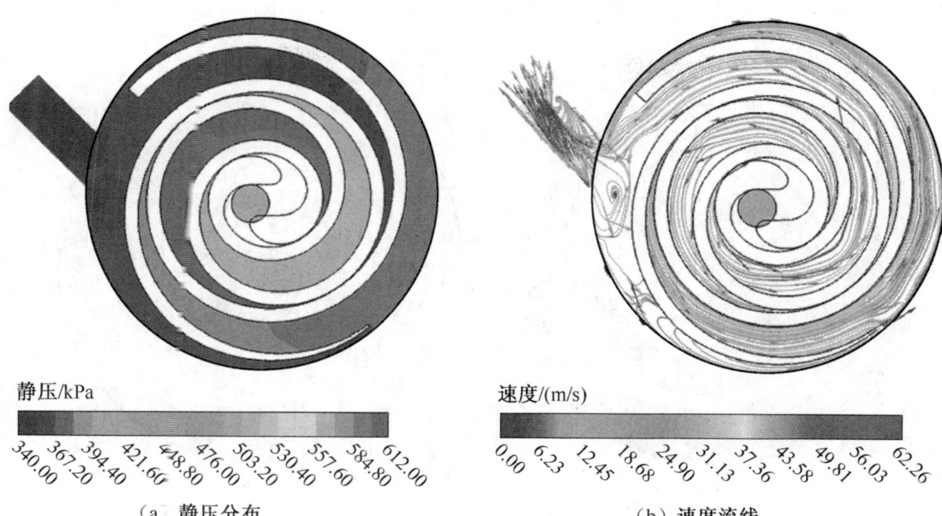

（a）静压分布　　（b）速度流线

图 4.36　C6 工况 204°主轴转角位置工作腔 50%齿高位置静压分布与速度流线

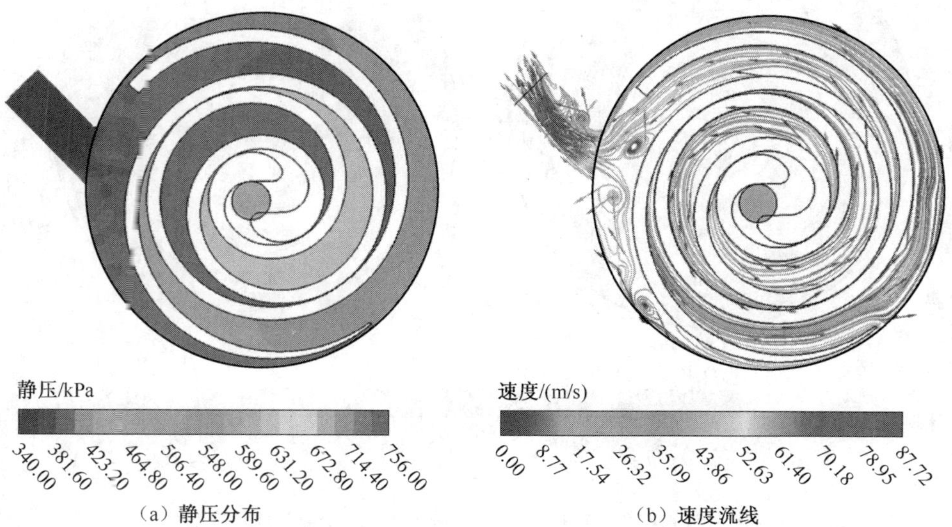

（a）静压分布　　（b）速度流线

图 4.37　C7 工况 204°主轴转角位置工作腔 50%齿高位置静压分布与速度流线

4.3.4　吸气压力对温度场分布的影响

流体与固体间的换热过程与工质的流速密切相关，吸气压力的改变会对膨胀机工作腔内工质的流动特性的变化产生很大影响，进而改变工作腔内的温度分布。图 4.38～图 4.40 分别给出主轴转角位置为 60°、126°以及 204°时，4 个不同吸气压力工况下工作腔50%齿高位置工作腔温度分布情况。

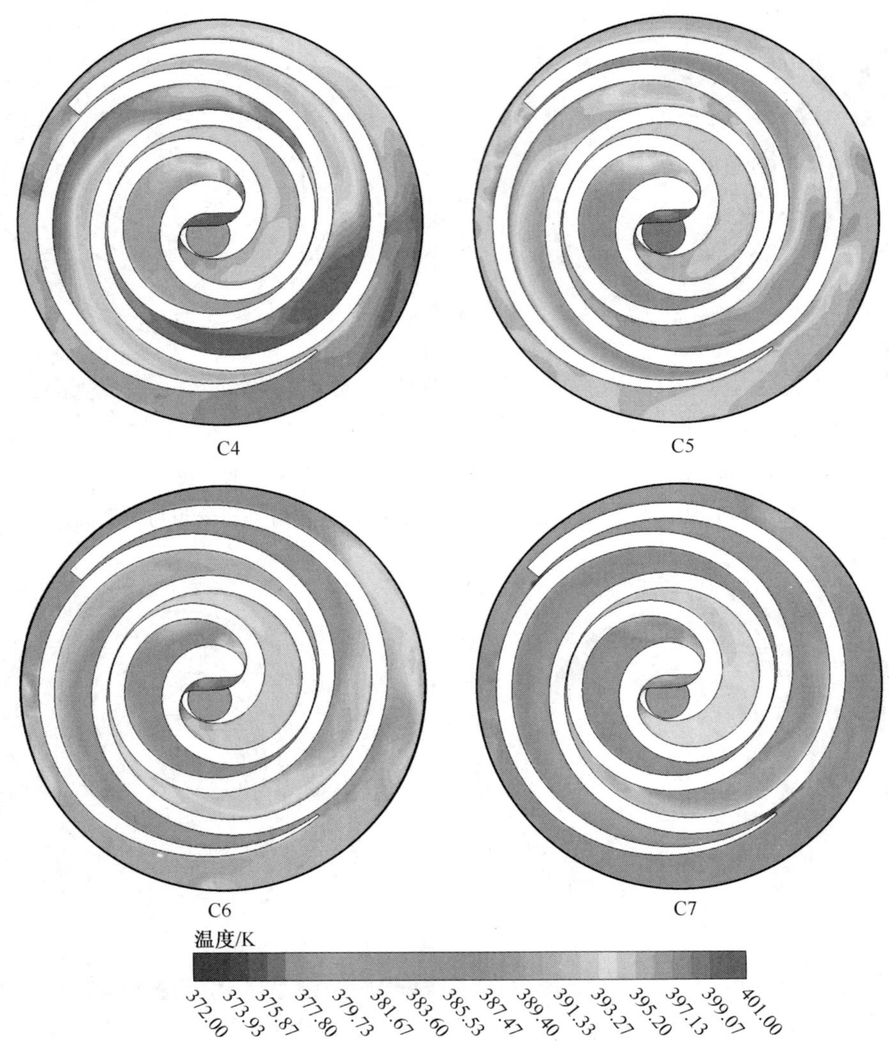

图4.38　60°主轴转角位置工作腔50%齿高位置温度分布

如图4.38所示，当主轴转至60°位置时，各工况下的温度分布趋势并不十分相似。各工况下吸气腔中的温度最高，C6和C7工况下的第二高温区都出现在膨胀腔Exp_1中，由于C6和C7工况下膨胀腔与相邻排气腔的压差较大，排气腔中的工质流速较高，因此在排气腔中没有出现C4和C5工况下排气腔内的明显高温区。C4工况下腔内流速低于C5，因此其排气腔中的高温区面积更大，温度也更高。另外，由于C7工况下的平均流速最高，其工作腔内平均温度最低，工作腔中最高温度与最低温度相差近 26 K，而 C4 工况下工作腔中最高温度与最低温度相差 14 K。但各工况下各个膨胀腔中的温差十分接近，膨胀腔 Exp_1 最高温差约 6 K，膨胀腔 Exp_2 最高温差约 10 K。

当主轴转至 126°位置时，4 个工况下的温度分布基本相似，如图 4. 39 所示。与 60°转角位置时的温度分布相比，在相邻腔压差改变的影响下，各工况下排气腔的温度均出现与压力分布类似的“颠倒式”非对称性分布。与其他 3 个工况不同，C4 工况下膨胀腔 Exp_1 的工质温度低于与之对应的排气腔 Exh_1

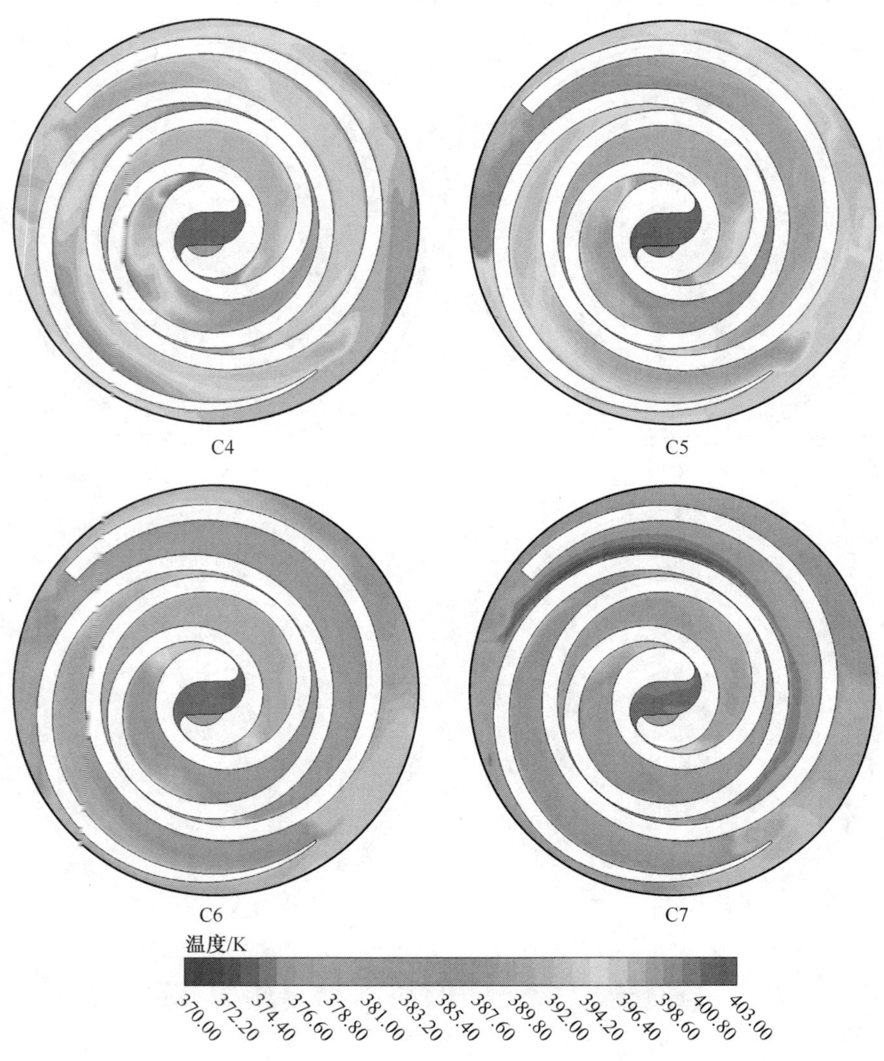

图 4. 39　126°主轴转角位置工作腔 50%齿高位置温度分布

中的工质温度。这是由于 C4 工况下排气道中的气体受动涡旋齿外壁面附近低压区的影响最大，排气道中较多的气体反向流入背压腔，阻碍了排气腔 Exh_1 中的工质从气动排气口流出，排气腔 Exh_1 的工质流速下降，温度升高，低压区位置的温度也由于流速的减小而升高。

当主轴转至 204°位置时，由于 C4 工况下排气腔 Exh_2 压力低于对应背压腔 Bac_2，排气腔 Exh_2 下游工质在气动排气口附近受回流气体影响，流阻增大，流速下降，因此在动涡旋齿齿尾附近椭圆虚线框处出现一高温区，如图 4.40 所示。根据对不同吸气压力下不同转角位置处工作腔温度分布情况得知，

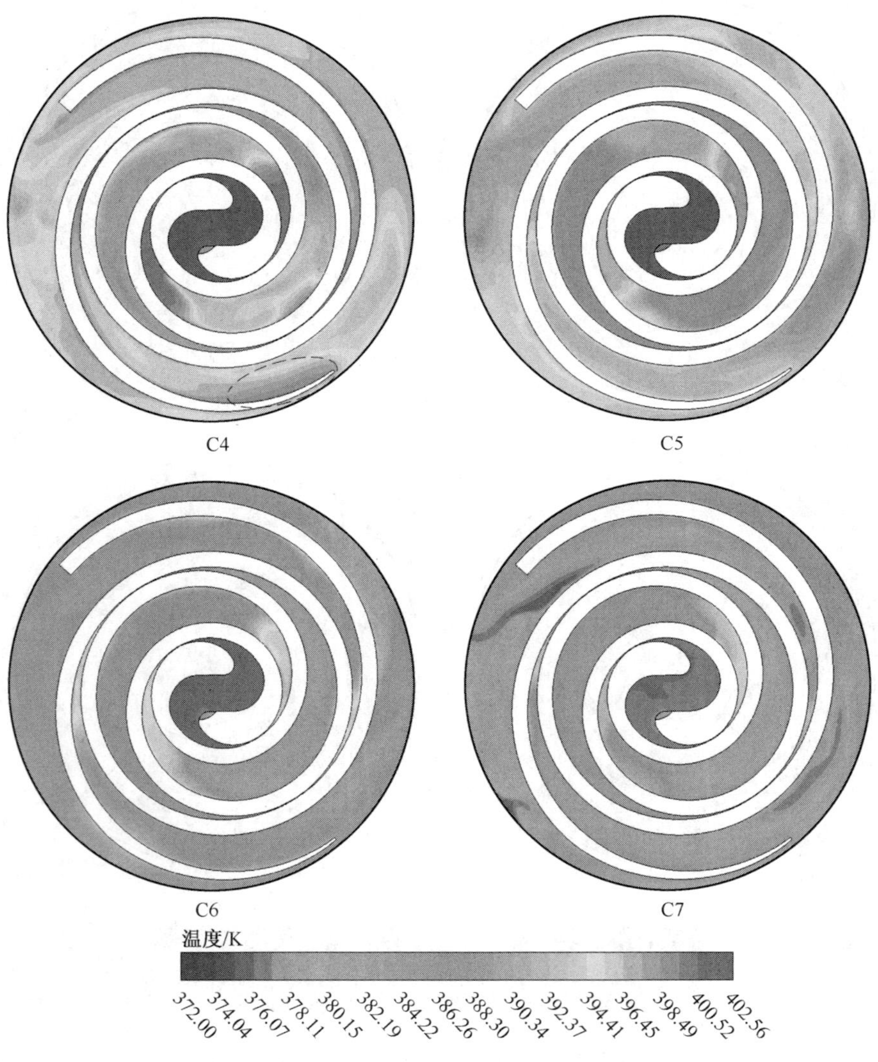

图 4.40 204°转角位置工作腔 50%齿高位置温度分布

工作腔最高温度都发生于中心吸气腔，但最低温度并不都发生于工质的最下游的排气腔和背压腔中，这一方面由于在下游腔体中受吸气集气室的加热作用，另一方面背压腔壳体与涡旋壁面对流体的约束作用使背压腔形成的折返流和涡旋二次流降低了流速，形成高温区。当吸气压力的变化时，各排气腔工质的膨胀状态的不同使流场结构发生变化，导致工质的温度分布也会有所差别。

由于吸气压力对工质在工作腔内的流动特性和温度分布有较大影响，因此吸气压力的变化也会引起涡旋盘温度分布的变化，同样地由于固体的热惯性，固体在不同时刻下的温度分布变化很小，这里仅给出 204°转角位置时不同吸气压力工况下动静涡旋齿的温度分布情况，如图 4.41 所示。由图可见，不同吸气压力下涡旋齿的温度分布趋势基本相同，最高温度发生于涡旋齿齿头，最低温度发生于动涡旋齿齿尾，温度由齿头部位沿涡旋线先下降再上升最后下降。C4 和 C5 工况下的涡旋齿温度分布趋势和数值最为接近，如图 4.41（a）和（b）所示。相比 C4 和 C5 工况，C6 与 C7 工况下涡旋齿的平均温度明显更低，齿头和齿尾处的温度梯度更大。由上文工质温度场的分析可知，吸气压力越大，腔体内平均温度越低，工作腔温度梯度更大，因此在 C7 工况下动、静涡旋齿温度沿涡旋线展开方向的变化最为明显，最高温差约为 14 K，如图 4.41（d）所示。

4.3.5　吸气压力对涡旋盘变形特性的影响

不同的吸气压力引起静涡旋盘所受轴向力的极大变化，同样取 $F_{a,fix}$ 的最大值发生时对应主轴转角处进行动静涡旋盘的变形分析。根据前文的分析，C4、C5、C6 和 C7 工况下，78°、126°、204°和 204°分别为各工况下 $F_{a,fix}$ 的最大值发生时刻对应的主轴转角位置。图 4.42 给出了静涡旋齿齿顶线位移变化情况。当吸气压力增加时，静涡旋盘在温度载荷和内压载荷单独作用时的变形量都有较大的增加，但变化趋势基本一致。热变形的增加相比压力变形更为明显，但热变形的增量沿型线展开方向基本保持不变。C4 工况与 C5 工况的热变形值比较接近，C4 工况下最大热变形为 65.6 μm，C5 工况下最大热变形为 66.7 μm，两者仅相差 1.67%，而 C6 和 C7 工况下最大热变形分别为 76.3 μm 和 79.8 μm，相比 C4 工况时分别增加了 16.31%和 21.65%，这是由于吸气压力的增加使得工作腔内温度分布梯度更大，涡旋盘温度分布的不均匀性增加，热应力和热变形随之增加。吸气压力增加，齿头处的压力变形的增量相比齿尾处的压力变形的增量高出许多，由前文的分析得知，静涡旋齿齿头和齿尾附近的总压力变形受沿径向和轴向压力变形的影响都较大，而涡旋齿上其他部分的

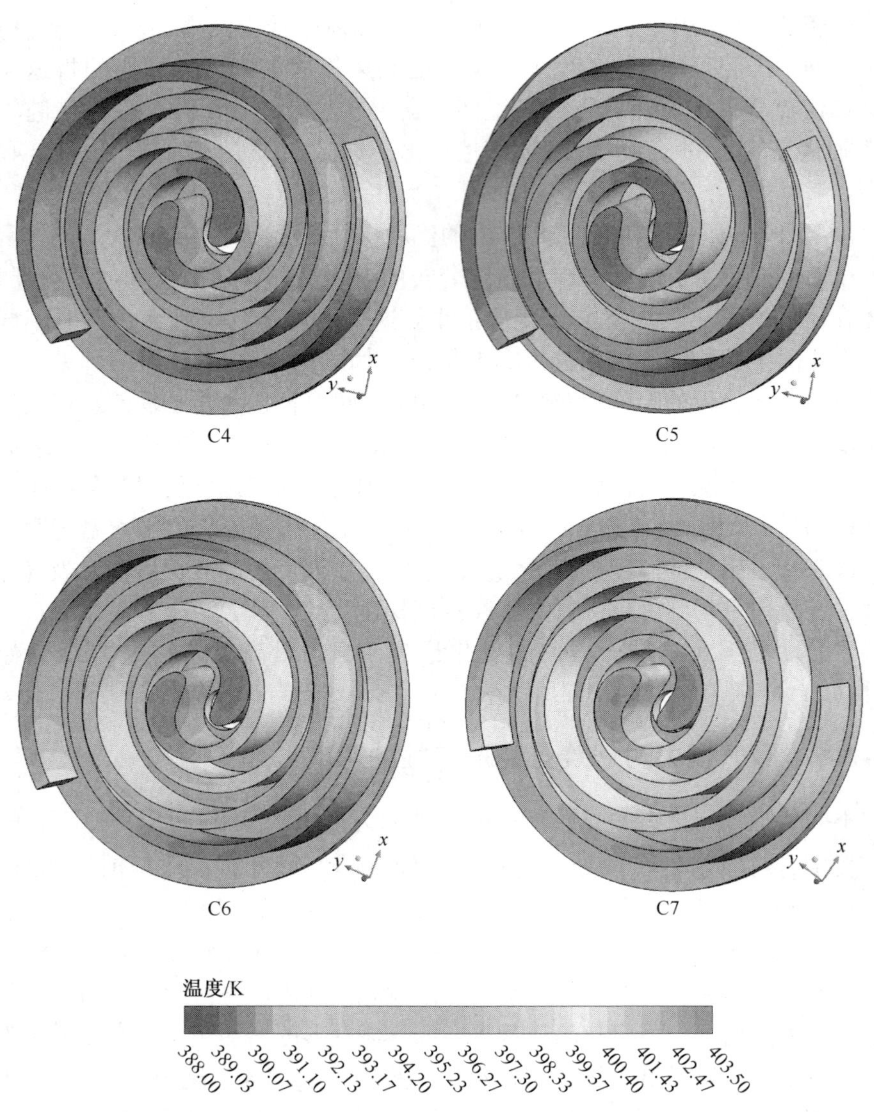

图 4.41 4 个工况下 204°主轴转角位置动静涡旋齿的温度分布

总压力变形基本与沿轴向方向的压力变形一致，因此尽管各工况下的静涡旋盘轴向力增量随吸气压力的增加基本不变，但由于 C7 工况下的相邻腔压差最大，其径向压力变形越大，因此总压力变形的增量也越大。在温度载荷和内压载荷共同作用下，变形分布仍与热变形相似，齿头附近的耦合变形值最大，其中 C7 工况下的变形值最大，其值为 120 μm。

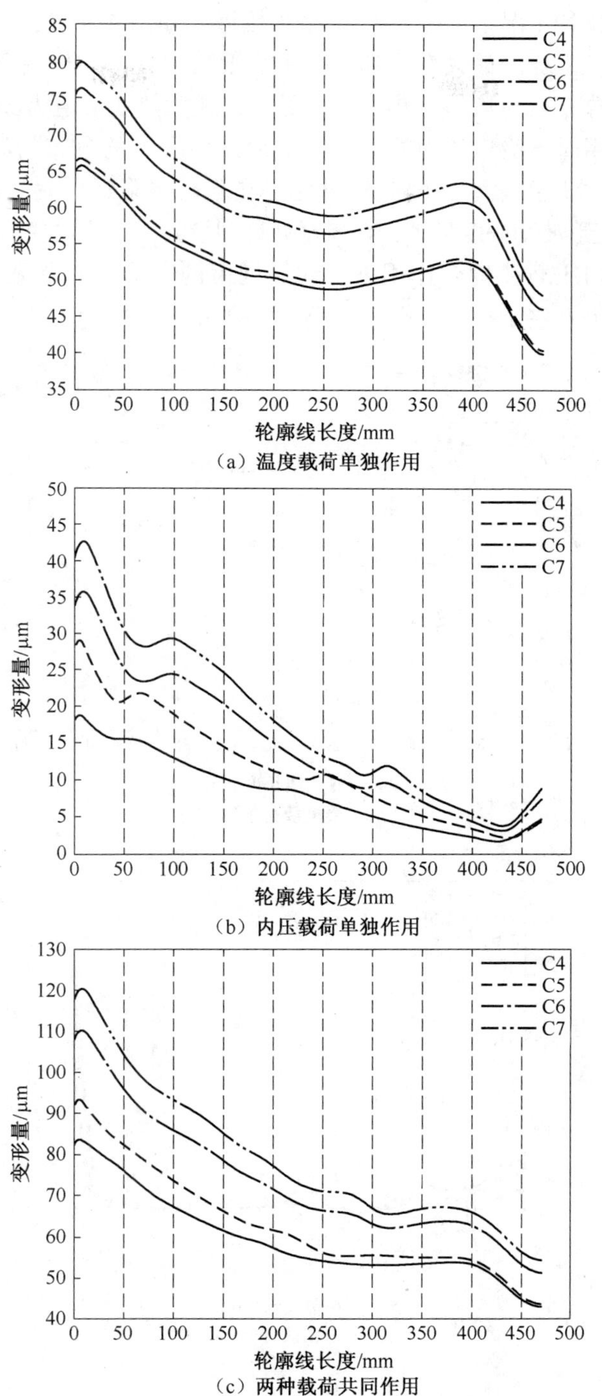

（a）温度载荷单独作用

（b）内压载荷单独作用

（c）两种载荷共同作用

图 4.42　不同工况下 $F_{a,fix}$ 最大值发生时对应主轴转角位置静涡旋齿齿顶线位移

动涡旋盘在各工况下的变形分布比较接近，如图 4. 43 所示。当温度载荷单独作用时，各工况的最大变形都发生于靠近齿尾处，同样由于 C7 工况下的动涡旋齿温度分布最不均匀，热变形也最大，最大热变形值为 61. 6 μm。当内压载荷单独作用时，吸气压力的不同，造成压力变形的分布的波动程度不同，C4 工况下相邻腔压差最小，因此压力变形在除齿尾附近位置处基本不变，C7 工况下的压力变形波动程度最大，在齿尾处达到最大值，最大变形量为 36. 3 μm。在温度载荷和内压载荷耦合作用下，动涡旋齿的变形分布受两种变形共同影响，最大变形仍发生于 C7 工况下，其值为 81. 4 μm。

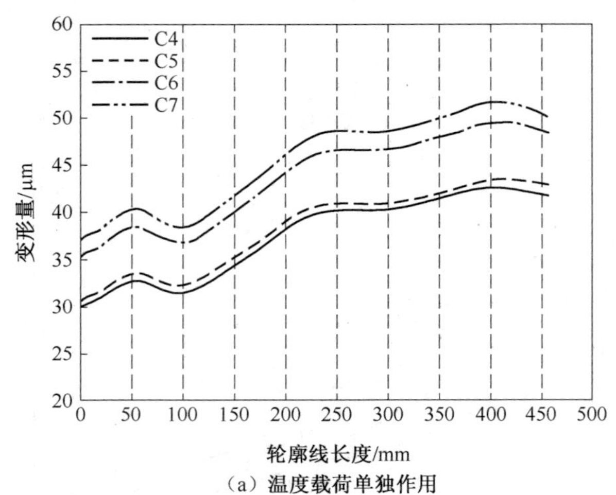

（a）温度载荷单独作用

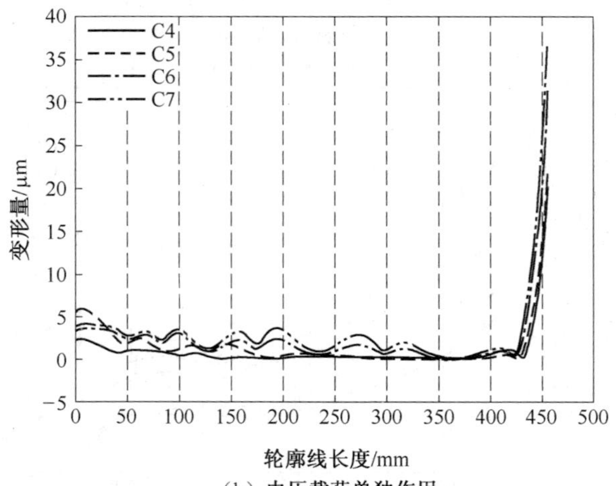

（b）内压载荷单独作用

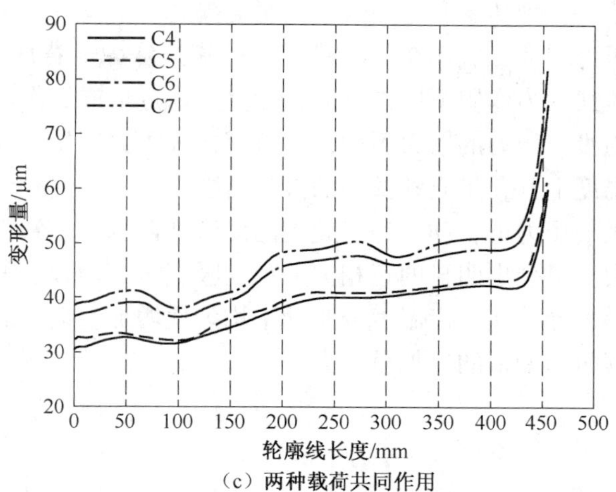

（c）两种载荷共同作用

图 4.43　不同工况下 $F_{a,fix}$ 最大值发生时对应主轴转角位置动涡旋齿齿顶线位移

4.4　本 章 小 结

本章对比了不同吸气温度和吸气压力下涡旋膨胀机的性能差异，分析了吸气温度和吸气压力对膨胀机工作腔压力场、温度场以及涡旋盘温度场分布的影响规律，阐明了工况变化对涡旋盘在温度载荷、内压载荷单独作用以及两者耦合作用下变形规律的影响机理。通过分析吸气温度和吸气压力的变化对动、静涡旋盘变形特性的影响程度，揭示了影响变形量的关键因素。本章主要结论如下：

（1）吸气温度上升，动涡旋盘所受轴向气体力减小，但由于吸气集气室与工作腔间的压差随吸气温度的上升而增加，使作用于静涡旋盘上的轴向气体力减小；吸气温度上升，作用于动涡旋盘上的径向气体力和切向气体力有小幅度增加。此外，膨胀机的轴功率和等熵效率也随吸气温度的上升略有增加。

（2）当在温度载荷单独作用时，吸气温度上升，动、静涡旋盘的变形值增大，而在内压载荷单独作用时，动、静涡旋盘的变形值基本不变。当温度载荷和内压载荷共同作用时，不同吸气温度下涡旋齿的变形规律基本相同，静涡旋盘的最大变形发生在齿头位置，变形值沿轮廓线展开方向逐渐减小；动涡旋盘的最大变形发生于齿尾末端，变形值沿轮廓线展开方向整体呈上升趋势。

（3）吸气压力增大导致作用于动涡旋盘上的各向气体力均增大，提高吸气压力对增加涡旋膨胀机的轴功率和等熵效率等性能参数十分明显，但当吸气压力提高至一定值时，轴功率和等熵效率无明显提高。

(4) 吸气压力增大，气体在气动排气口处流速增大，背压腔内气量增加，并在较大的气体惯性力作用下撞击壁面，在壁面附近形成二次流旋涡，旋涡的强度和尺度都随吸气压力的增大而增大，致使排气阻力增加，气流微团间的摩擦增大，气体温度上升，工质和壁面的换热增强。

(5) 不同吸气压力下，动、静涡旋齿的变形规律基本一致，其变形值受吸气压力影响极大，呈现出明显的正相关关系。吸气压力增大，增加了工质与壁面间的热量传递，导致涡旋齿温度分布的不均匀性增加，动、静涡旋盘热变形的增加量相比其压力变形的增加量更大。

第 5 章

不同涡旋型线涡旋膨胀机结构分析

5.1 涡旋型线啮合理论

5.1.1 平面曲线啮合原理

涡旋膨胀机的动、静涡旋盘的涡旋齿需在工作腔内实现啮合才能保证正常工作。涡旋齿的啮合是指静涡旋盘涡旋体在工作腔的任一点都对应于动涡旋盘涡旋体上的某一点，并且两点瞬时接触。动静涡旋盘涡旋体在涡旋盘底板上的投影为平面闭合曲线，且用平行于底板的任一平面剖切动静涡旋体得到的平面曲线完全相同，因此当不计涡旋齿厚度的影响时，涡旋齿型线间的啮合可看作平面曲线的啮合。为分析涡旋膨胀机的型线，首先介绍涡旋齿平面曲线的啮合原理。

当动、静涡旋齿型线啮合时，相互啮合的两点互为共轭点，相互啮合的两曲线互为共轭曲线。根据涡旋膨胀机的工作特点可知共轭的涡旋型线具有以下特点[65]：

（1）共轭的涡旋型线关系式应为一阶连续或可导的，型线光滑且连续。

（2）两条互为共轭曲线的涡旋型线上的任一点有且仅有一个共轭点在其对应共轭曲线上。

（3）两条互为共轭曲线的涡旋型线在啮合时相对应的共轭点重合，且重合点处两条曲线相处。

（4）动涡齿的持续运动，带动啮合点沿涡旋齿壁面型线连续移动，此过程中不会发生型线嵌入或分离现象，因此，动涡盘的整体运动方向是沿着啮合点的切向方向。

（5）两条互为共轭曲线的涡旋型线在公转中心必组成法向等距曲线。

5.1.2 共轭涡旋型线啮合条件

如图5.1所示，两个相互平行的坐标系 xOy 和 $x_1O_1y_1$，设静涡旋齿中心点为 O 点，动涡旋齿中心点为 O_1，AB、A_1B_1 分别为静涡旋齿内侧型线和动涡旋齿外侧型线，M、M_1 分别为静涡旋齿内侧型线和动涡旋齿外侧型线的啮合点，记 M 点在坐标系 xOy 中的坐标是（x，y），M_1 点在坐标系 $x_1O_1y_1$ 中的坐标是（x_1，y_1），设 θ 为主轴转角。

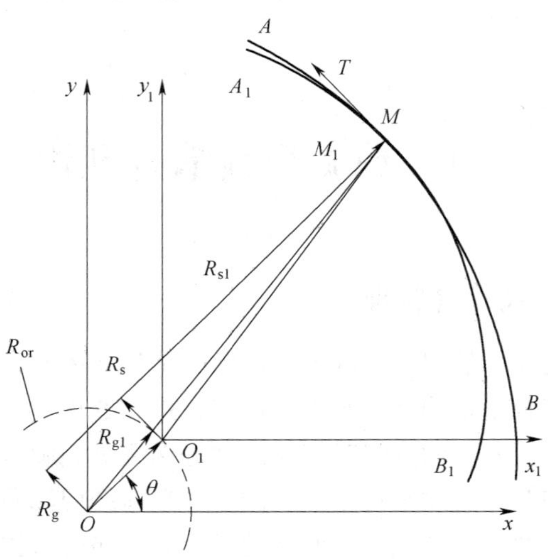

图5.1 共轭曲线的啮合

由于曲线 AB 和 A_1B_1 互为共轭曲线，且由共轭的涡旋型线的特点可知，AB 和 A_1B_1 在接触点 M、M_1 的切线与法线方向一致，OR_s、O_1R_{s1} 分别是经过接触点 M 上 AB、A_1B_1 的法线，OR_g、O_1R_{g1} 分别为 OR_s、O_1R_{s1} 的垂线，则 $\overrightarrow{OM}$ 和 $\overrightarrow{O_1M_1}$ 曲线公式为

$$\overrightarrow{OM} = \overrightarrow{R_g} + \overrightarrow{R_s} \tag{5.1}$$

$$\overrightarrow{O_1M_1} = \overrightarrow{R_{g1}} + \overrightarrow{R_{s1}} \tag{5.2}$$

此外，任意时刻下，主轴的运动方向与该时刻下型线的啮合点的切线方向一致，即 $\overrightarrow{OO_1} \mathbin{/\!/} \overrightarrow{R_s} \mathbin{/\!/} \overrightarrow{R_{s1}}$。

$\overrightarrow{OM}$ 又可由式（5.3）表示为

$$\overrightarrow{OM} = \overrightarrow{R_g} + \overrightarrow{R_s} = [R_g\cos(\theta + \pi/2) + R_s\cos\theta]\vec{i} + [R_g\sin(\theta + \pi/2) + R_s\sin\theta]\vec{j} \tag{5.3}$$

得到 M 点位置的切向量

$$\vec{T}=\frac{\mathrm{d}\,\overrightarrow{OM}}{\mathrm{d}\theta} \tag{5.4}$$

又 $\overrightarrow{OO_1}=R_{\mathrm{or}}\cos\theta\vec{i}+R_{\mathrm{or}}\sin\theta\vec{j}$，$\vec{T}\perp\overrightarrow{OO_1}$，得到

$$R_{\mathrm{g}}=\frac{\mathrm{d}R_{\mathrm{s}}}{\mathrm{d}\theta} \tag{5.5}$$

式（5.5）是渐开线类型线作为涡旋齿啮合型线的基本条件，也是涡旋齿工作表面连续啮合必须满足的微分方程式，根据此方程式可构造出许多新的涡旋型线[137]。

5.2　涡旋型线的类型及特点

涡旋齿啮合型线有多种类型，包括圆渐开线、多边形渐开线、组合型线、渐变壁厚涡旋齿型线和通用型线等。其中圆渐开线以及它的相关修正形式是最常用的涡旋型线，在市场上见到的涡旋机械几乎都采用圆渐开线的结构，一方面是因为它的数学描述相对简单，另一方面是由于它的加工较为方便。此外，涡旋型线还包括以下几种。

1. 多边形渐开线

涡旋型线可以由多边形所生成的渐开线构成，如图 5.2 所示，通常有线段渐开线、正四边形渐开线、正六边形渐开线、边数为偶数的正多边形渐开线、菱形及组合多边形渐开线等。与圆渐开线相同，多边形渐开线也形成等壁厚涡旋齿。且对于正多边形渐开线，当其边数趋于无穷多时，正多边形趋向于圆形，正多边形渐开线趋向于圆渐开线。

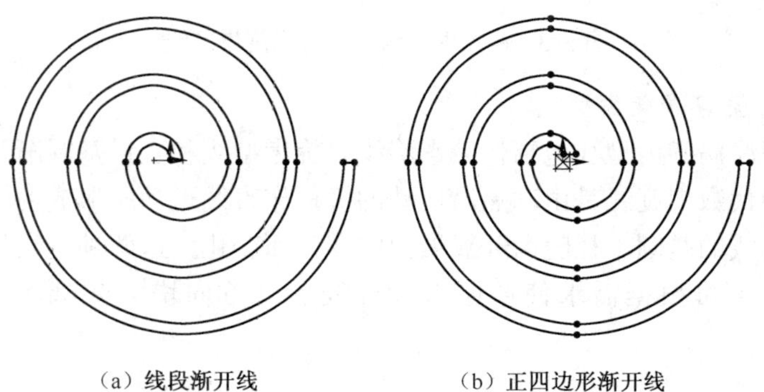

（a）线段渐开线　　（b）正四边形渐开线

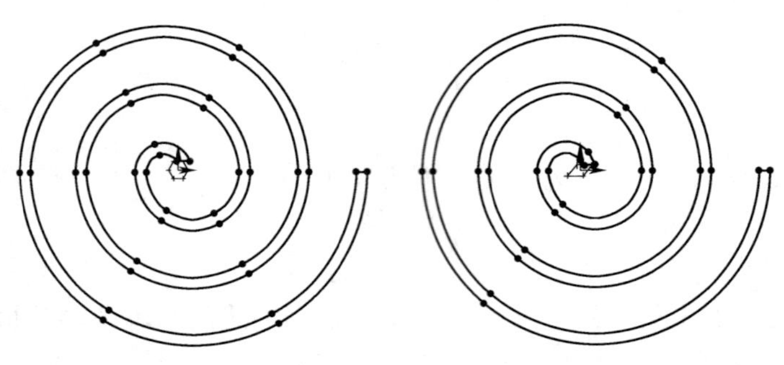

（c）正六边形渐开线　　（d）平行四边形渐开线

图 5.2　多边形渐开线涡旋型线

2. 组合型线

组合型线是在各种常用型线的基础上，将多段不同类型的型线在同一涡旋齿上光滑连接，从而发挥出不同型线的优势。目前所见的组合型线主要有基圆渐开线、一般曲线、基圆渐开线组合型线和基圆渐开线、高次曲线、基圆渐开线组合型线，如图 5.3 所示。

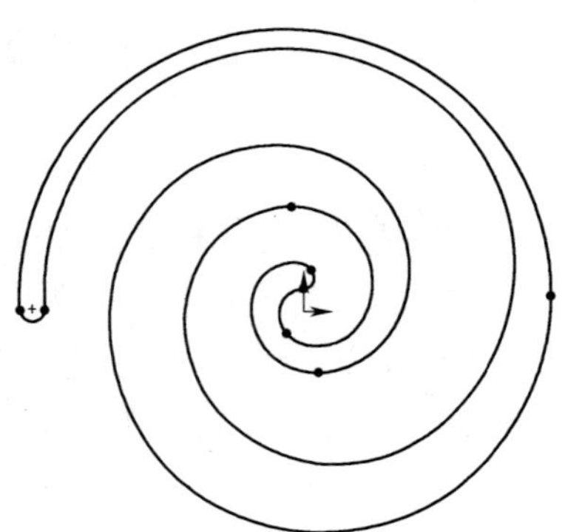

图 5.3　高次曲线组合型线涡旋齿型线

3. 渐变壁厚涡旋齿型线

渐变壁厚涡旋齿型线包括代数螺旋线涡旋齿型线和变径基圆渐开线涡旋齿型线，其中代数螺旋线是由动点沿运动的极径作直线运动所形成的轨迹，而变径基圆渐开线的基圆半径随渐开线展角的变化而变化。这两种型线均由单一曲线段构成，且可根据需求使壁厚沿渐开线展开方向增大或减小，如图 5.4 所示。

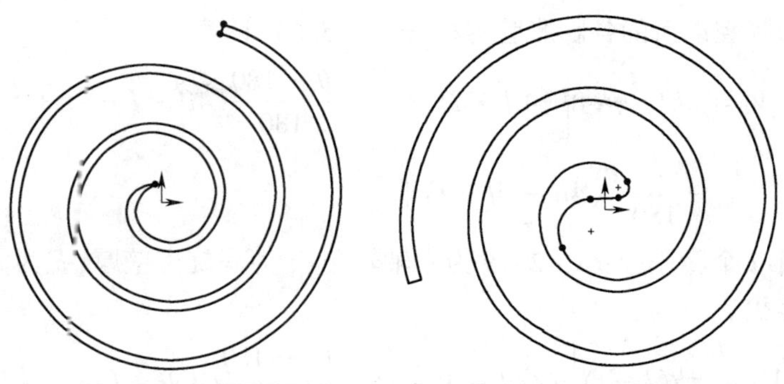

（a）代数螺线涡旋齿型线　　（b）变径基圆渐开线涡旋齿型线

图 5.4　渐变壁厚涡旋齿型线

5.3　等壁厚型线类型对涡旋齿结构参数的影响

在上一小节中已经介绍到，有许多曲线可以构成涡旋型线，渐开线就是最常被选用的由线。为了阐明不同渐开线类涡旋型线的特点，本节以线段渐开线、正四边形渐开线和圆渐开线 3 种等壁厚渐开线类涡旋型线为例，分析型线类型对涡旋膨胀机结构参数和工作性能的影响。

5.3.1　3 种等壁厚型线的生成

1. 线段渐开线

线段渐开线是按以下过程生成的：以线段的两端点 A、B 为圆弧中心点，将线段按渐开线生成原理进行展开，线段以上的一系列半圆圆心为 A，以下的一系列半圆圆心为 B，节距为 P_t，节距与线段长度 l 之间满足 $P_t=2l$，如图 5.5 所示。

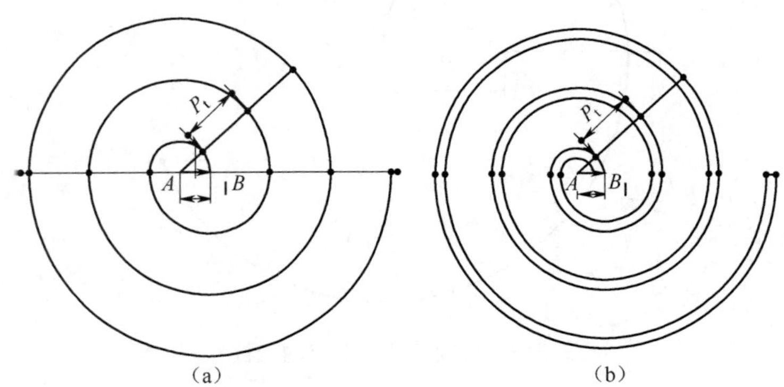

（a）　（b）

图 5.5　线段渐开线及其形成的涡旋齿

第 2 膨胀腔以后的各膨胀腔容积按式（5.6）计算

$$V_i = \pi h(l - t)\left[(4il - 3l - t) + \frac{\theta - 180}{180}(4il - l - t) + \frac{360 - \theta}{180}(4il - 5l - t)\right] \quad (5.6)$$

式中：i 为第 i 个膨胀腔；$i \geq 2$；θ 为主轴转角；t 为涡旋齿壁厚；h 为涡旋齿高。

排气容积

$$V_e = \pi h(l - t)\left[(4Nl - 3l - t) + \frac{\theta_e - 180}{180}(4Nl - l - t) + \frac{360 - \theta_e}{180}(4Nl - 5l - t)\right] \quad (5.7)$$

式中，θ_e 为排气起始角。

吸气容积

$$V_s = V_2\theta^* = \pi h(l - t)\left[(5l - t) + \frac{\theta^* - 180}{180}(7l - t) + \frac{360 - \theta^*}{180}(3l - t)\right] \quad (5.8)$$

式中，θ^* 为膨胀起始角，当齿头未修正时按 $\theta^* = 270°$计算。

行程容积比

$$\nu = \frac{V_e}{V_s} \quad (5.9)$$

线段渐开线上点的坐标如图 5.6 所示，其坐标满足式（5.10）。

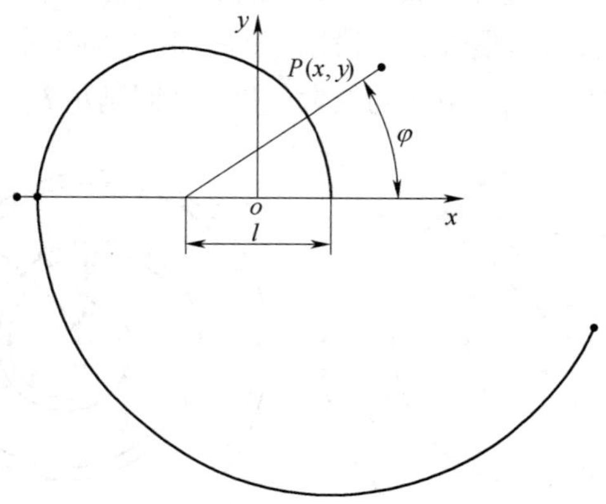

图 5.6　线段渐开线上点的坐标

$$\left.\begin{aligned}&\left(x+\frac{l}{2}\right)^2+y^2=(2i-1)^2l^2,\quad 0\leqslant\varphi\leqslant 180^\circ\\&\left(x-\frac{l}{2}\right)^2+y^2=(2il)^2,\ 180^\circ\leqslant\varphi\leqslant 360^\circ\end{aligned}\right\}\tag{5.10}$$

2. 四边形渐开线

四边形渐开线是一条以正四边形的各个边为基线，画出首尾依次连接的圆弧构成的曲线，如图 5.7 所示。它由一系列 1/4 圆偏心渐开线所组成，各个圆弧的圆心依次为正四边形的 A、B、C、D 四个端点。设正四边形边长为 a，节距为 P_t，P_t 与 a 之间满足 $P_t=4a$。

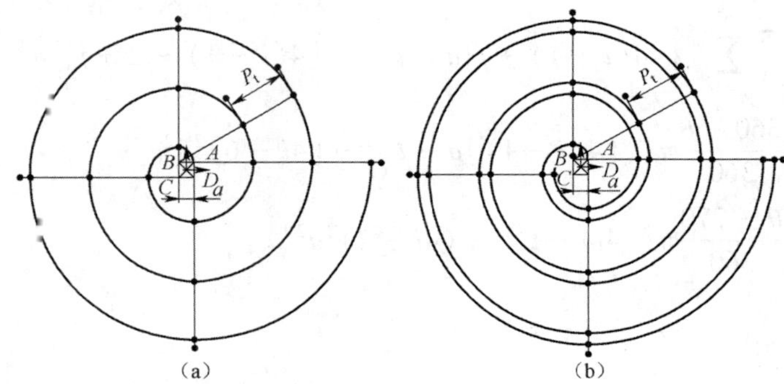

图 5.7　四边形渐开线及其形成的涡旋齿

第 i 个膨胀腔容积

$$V_i=2S_ih,\quad i\geqslant 2\tag{5.11}$$

式中，S_i 为第 i 个膨胀腔的轴向投影面积，按式（5.12）~式（5.15）计算。

$0^\circ\leqslant\theta\leqslant 90^\circ$ 时，

$$\begin{aligned}S_i=&\frac{\pi}{4}\sum_{j=0}^{2}\{\{[4(i-1)-2+j]a-t\}^2-[4(i-2)+j]^2a^2\}+\\&\frac{90-\theta}{360}\pi\{\{[4(i-1)-3]a-t\}^2-[4(i-1)-5]^2a^2\}+\\&\frac{\theta}{360}\pi\{\{[4(i-1)+1]a-t\}^2-[4(i-1)-1]^2a^2\}\end{aligned}\tag{5.12}$$

$90^\circ\leqslant\theta\leqslant 180^\circ$ 时，

$$\begin{aligned}S_i=&\frac{\pi}{4}\sum_{j=0}^{2}\{\{[4(i-1)-1+j]a-t\}^2-[4(i-1)-3+j]^2a^2\}+\\&\frac{180-\theta}{360}\pi\{\{[4(i-1)-2]a-t\}^2-[4(i-2)]^2a^2\}+\\&\frac{\theta-90}{360}\pi\{\{[4(i-1)+2]a-t\}^2-[4(i-1)]^2a^2\}\end{aligned}\tag{5.13}$$

$180° \leqslant \theta \leqslant 270°$时，

$$S_i = \frac{270 - \theta}{360}\pi\{\{[4(i-1)-1]a - t\}^2 - [4(i-1)-3]^2a^2\} + \frac{\pi}{4}\sum_{j=0}^{2}\{\{[4(i-1)+j]a - t\}^2 - [4(i-1)-2+j]^2a^2\} + \frac{\theta - 180}{360}\pi\{\{[4i-1]a - t\}^2 - [4i-3]^2a^2\} \tag{5.14}$$

$270° \leqslant \theta \leqslant 360°$时，

$$S_i = \frac{\pi}{4}\sum_{j=0}^{3}\{\{[4(i-1)+j]a - t\}^2 - [4(i-1)-2+j]^2a^2\} + \frac{360 - \theta}{360}\pi\{\{[4(i-1)]a - t\}^2 - [4i-6]^2a^2\} + \frac{\theta - 270}{360}\pi\{\{4ia - t\}^2 - (4i-2)^2a^2\} \tag{5.15}$$

排气容积

$$V_e = 2S_e h \tag{5.16}$$

吸气容积

$$V_s = \frac{\pi}{2}h\sum_{j=0}^{3}\{[(4+j)a - t]^2 - (2+j)^2a^2\} \tag{5.17}$$

行程容积比按式（5.9）计算。

四边形渐开线上点的坐标如图 5.8 所示，且其坐标满足式（5.18）。

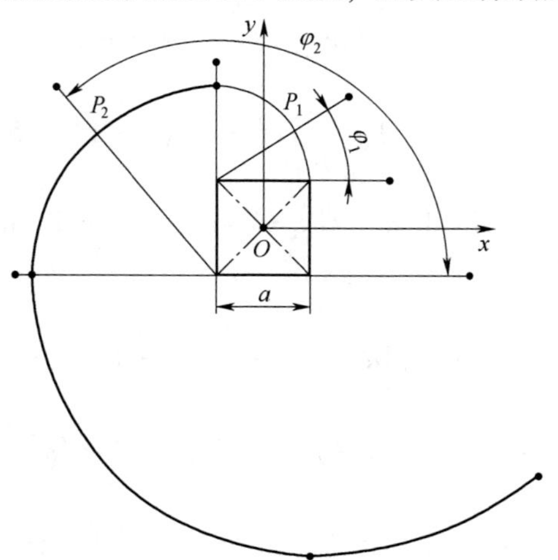

图 5.8　四边形渐开线上点的坐标

$$
\left.\begin{aligned}
&\left(x+\frac{a}{2}\right)^2+\left(y-\frac{a}{2}\right)^2=[4(i-1)+1]^2a^2, && 0\leqslant\varphi\leqslant 90^\circ\\
&\left(x+\frac{a}{2}\right)^2+\left(y+\frac{a}{2}\right)^2=[4(i-1)+2]^2a^2, && 90^\circ\leqslant\varphi\leqslant 180^\circ\\
&\left(x-\frac{a}{2}\right)^2+\left(y+\frac{a}{2}\right)^2=[4(i-1)+3]^2a^2, && 180^\circ\leqslant\varphi\leqslant 270^\circ\\
&\left(x-\frac{a}{2}\right)^2+\left(y-\frac{a}{2}\right)^2=(4i)^2a^2, && 270^\circ\leqslant\varphi\leqslant 360^\circ
\end{aligned}\right\}
\tag{5.18}
$$

式中，i 为正四边形渐开线上的点在第 i 圈。

3. 圆渐开线

当直线 AP 沿圆周作纯滚动时，直线上任意一点 P 的轨迹 BP 称为该圆的渐开线。A 为该直线与圆的切点，该圆称为基圆，半径用 R_b 表示，如图 5.9 所示。

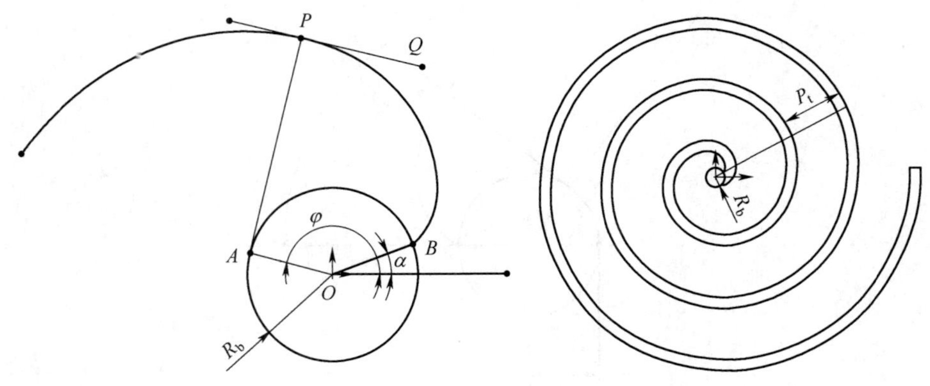

图 5.9 圆渐开线及其形成的涡旋齿

膨胀起始角 θ^* 由式（5.19）和式（5.20）计算得到。

$$\theta^* = \pi/2 + \varphi_0 - \alpha \tag{5.19}$$

$$\varphi_0 + 2\varphi_0\sin(\varphi_0 - \alpha) + 2\cos(\varphi_0 - \alpha) = (\pi - \alpha)^2 - 2 \tag{5.20}$$

式中：α 为渐开线发生角；φ_0 为与刀具圆相关的中间变量。

第 i 个膨胀腔的容积

$$V_i = \pi P(P - 2t)\left[(2i - 1) + \frac{\theta}{\pi}\right]h \tag{5.21}$$

式中：θ 为曲轴转角；P 为涡旋齿节距；h 为涡旋齿高；t 为齿厚。

排气容积

$$V_e = \pi P(P - 2t)(2N - 1)h \tag{5.22}$$

式中，N 为涡旋型线圈数。

吸气容积

$$V_s = \pi P(P - 2t)(1 + \theta^* / \pi)h \tag{5.23}$$

行程容积比

$$\nu = \frac{V_e}{V_s} = \frac{2N - 1}{1 + \theta^* / \pi} \tag{5.24}$$

圆渐开线上点的坐标如图 5.10 所示，其坐标满足

$$\left.\begin{aligned} x &= R_b(\cos\varphi + \varphi\sin\varphi) \\ y &= R_b(\sin\varphi - \varphi\cos\varphi) \end{aligned}\right\} \tag{5.25}$$

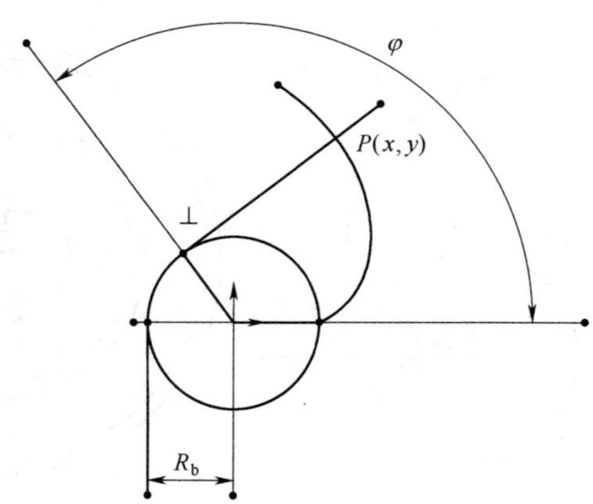

图 5.10 圆渐开线上点的坐标

5.3.2 3 种型线涡旋齿结构参数的比较

在对由不同型线构成的涡旋体进行比较时，应满足以下规定：

(1) 涡旋体高度相同。

(2) 涡旋体节距相等。

(3) 涡旋体壁厚相同。

3 种型线的基本参数约定如下：

涡旋体高度 h = 33 mm，节距 P = 6.4 π mm，动涡盘公转半径 R_{or} = 5.58 mm，可得齿厚 t = 4.473 mm。

1. 相同终端展角时的比较

渐开线终端展角直接决定其构成的涡旋齿的结构参数，当渐开线终端展角分别为 6π、8π、10π、12π 时，3 种型线的几何参数见表 5.1。

表 5.1　终端展角相同时不同渐开线类型涡旋体结构参数

渐开线终端展角	渐开线类型	吸气容积 /mm³	排气容积 /mm³	行程容积比	外接圆半径 /mm
φ_e = 6π	线段渐开线	52 982.17	111 139.62	2.10	65.35
	四边形渐开线	47 166.42	105 323.87	2.23	62.88
	圆渐开线	37 973.40	104 681.60	2.76	62.63
φ_e = 8π	线段渐开线	52 982.17	157 665.58	2.98	85.45
	四边形渐开线	47 166.42	151 849.83	3.22	82.98
	圆渐开线	37 973.40	151 206.76	3.98	82.72
φ_e = 10π	线段渐开线	52 982.17	204 191.54	3.85	105.56
	四边形渐开线	47 166.42	198 375.80	4.21	103.07
	圆渐开线	37 973.40	197 731.92	5.21	102.81
φ_e = 12π	线段渐开线	52 982.17	250 717.50	4.73	125.66
	四边形渐开线	47 166.42	244 901.76	5.19	123.18
	圆渐开线	37 973.40	244 257.08	6.43	122.92

由表 5.1 及图 5.11～图 5.13 可以得出，当涡旋体齿高、节距、齿厚以及渐开线终端展角相同时，圆渐开线膨胀机的行程容积比最大，线段渐开线最小，正四边形渐开线介于二者之间。随着渐开线终端展角的增大，3 种渐开线行程容积比均增大，且圆渐开线增长幅度大于四边形渐开线及线段渐开线，四边形渐开线增长幅度介于二者之间。线段渐开线的排气容积最大，四边形渐开线与圆渐开线相当，圆渐开线排气容积略小于四边形渐开线，3 种渐开线排气容积随渐开线终端展角的增长幅度相当。线段渐开线外接圆半径最大，圆渐开线最小，四边形渐开线介于二者之间，且三者随渐开线终端展角的增长幅度相当。

由上述分析可知，增大渐开线展开角度可增大涡旋膨胀机的排气容积及行程容积比，以满足大膨胀比的要求。但与此同时，涡旋盘的外接圆半径会随之增大，整机的占用空间也会变大。

2. 相同外接圆半径时的比较

如图 5.14 所示，对于采用同一外径尺寸的涡旋盘，由不同型线构成的涡

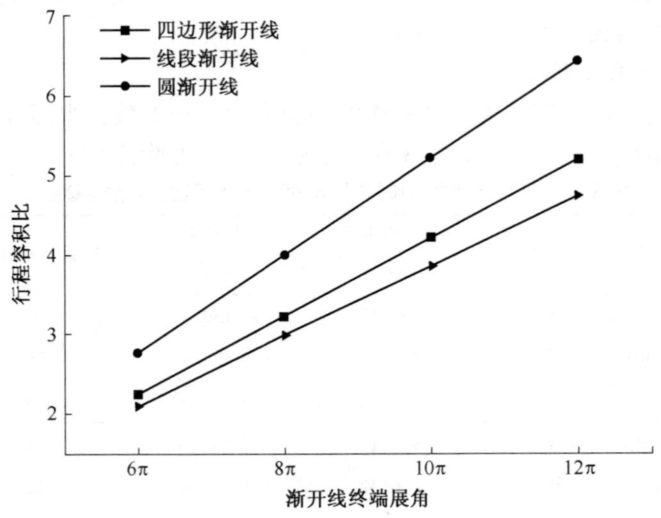

图 5.11　行程容积比随终端展角变化曲线

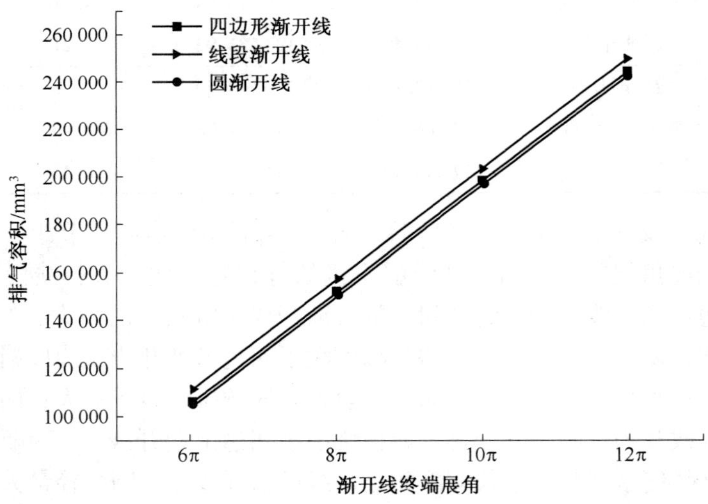

图 5.12　排气容积随终端展角变化曲线

旋膨胀机，其行程容积、行程容积比、圈数各不相同，因此有必要对各种型线涡旋体的特点进行比较。

当涡旋体齿高 $h = 33$ mm 、节距 $P = 6.4\pi$ mm 、齿厚 $t = 4.473$ mm ，且涡旋齿外接圆半径分别为 60 mm 、65 mm 、70 mm 及 75 mm 时，3 种型线的几何参数见表 5.2。

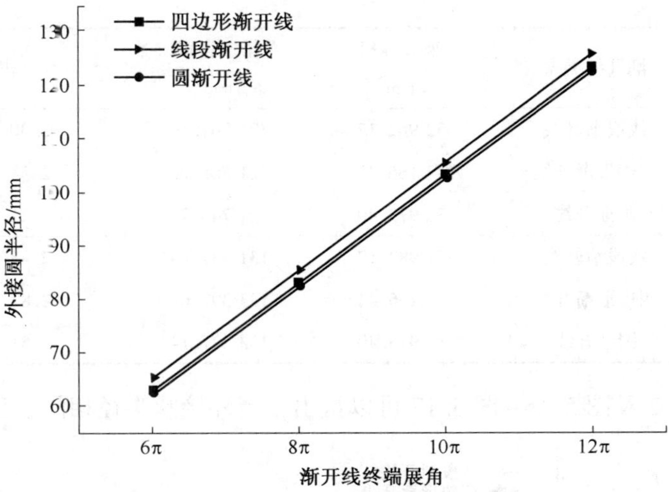

图5.13　外接圆半径随终端展角变化曲线

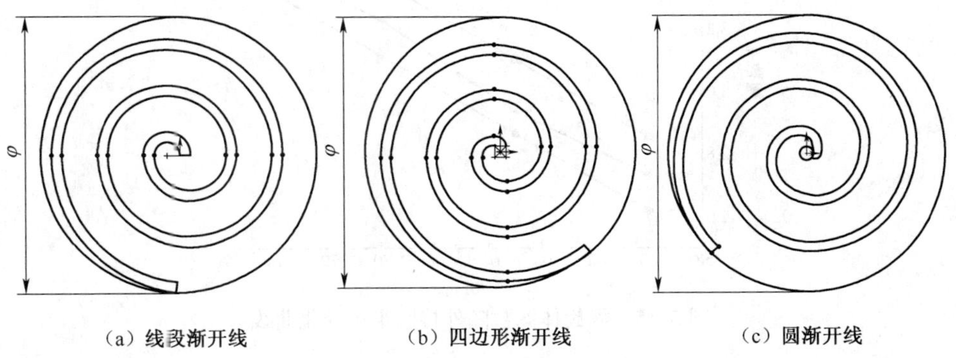

图5.14　外接圆半径相同时的涡旋齿

表5.2　外接圆半径相同时不同渐开线类型涡旋体结构参数

外接圆半径 R/mm	渐开线类型	吸气容积/mm³	排气容积/mm³	行程容积比	圈数
60	线段渐开线	52 982.17	98 732.69	1.86	2.73
	四边形渐开线	47 166.42	98 624.13	2.09	2.86
	圆渐开线	37 973.40	98 577.50	2.60	2.62
65	线段渐开线	52 982.17	108 268.97	2.04	2.94
	四边形渐开线	47 166.42	110 218.40	2.34	3.11
	圆渐开线	37 973.40	110 162.27	2.90	2.87

（续）

外接圆半径 R/mm	渐开线类型	吸气容积 /mm^3	排气容积 /mm^3	行程容积比	圈数
70	线段渐开线	52 982.17	121 961.56	2.30	3.23
	四边形渐开线	47 166.42	121 808.02	2.58	3.35
	圆渐开线	37 973.40	121 744.71	3.21	3.12
75	线段渐开线	52 982.17	131 331.89	2.48	3.43
	四边形渐开线	47 166.42	133 397.64	2.83	3.60
	圆渐开线	37 973.40	133 327.14	3.51	3.37

由表 5.2 及图 5.15~图 5.17 可以得出，当外接圆半径相同，且涡旋体高

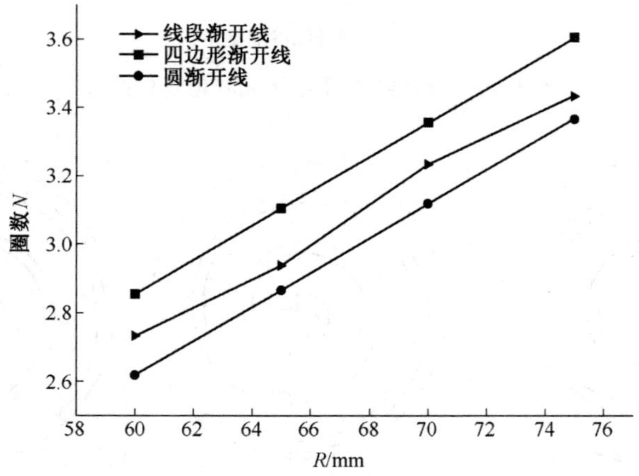

图 5.15　涡旋体圈数随外接圆半径变化曲线

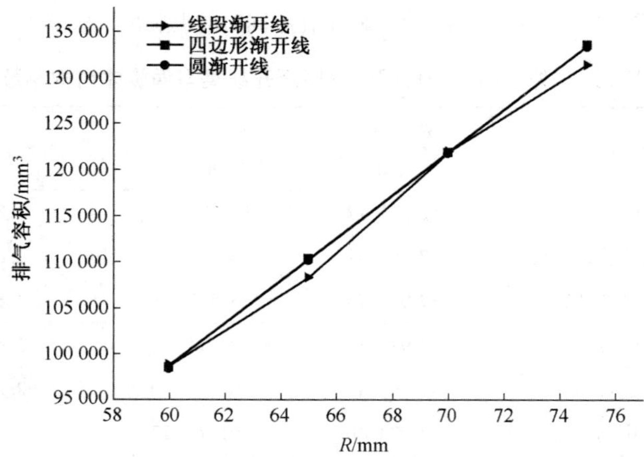

图 5.16　排气容积随外接圆半径变化曲线

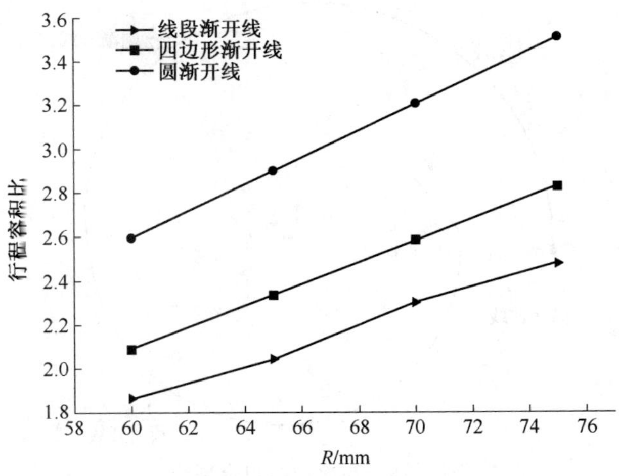

图 5.17 行程容积比随外接圆半径变化曲线

度、节距、壁厚相同时，圆渐开线涡旋齿圈数最少，四边形渐开线圈数最多，线段渐开线介于二者之间。圆渐开线涡旋齿的行程容积比最大，线段渐开线最小，四边形渐开线介于二者之间，且圆渐开线行程容积比随外接圆半径的增长幅度最大，三者的排气容积相差不大。

基于上述分析可知，当膨胀机实际运行膨胀比较大时，由于圆渐开线涡旋齿构成的膨胀机行程容积比更大，运行时更加接近理想膨胀状态。并且圆渐开线形成的涡旋圈数较少，泄漏线长度较短，因此在小型轻量化的前提下，圆渐开线优于另外两种型线。

5.4 圆渐开线-高次曲线-圆渐开线组合型线的建立

由组合型线生成的涡旋齿截面是变化的，并且都是在满足式（5.5）的基础上建立起来的。组合型线涡旋齿的啮合运动与单一型线涡旋齿运动方式相同，齿头和齿尾部分由原基圆渐开线构成，中间部分采用幂级数形式的高次曲线，如图5.18所示，且高次曲线部分满足

$$\left.\begin{aligned} R_s &= c_0 + c_1\varphi + c_2\varphi^2 + c_3\varphi^3 \\ R_g &= c_1 + 2c_2\varphi + 3c_3\varphi^2 \end{aligned}\right\} \tag{5.26}$$

式中：c_0，c_1，c_2，c_3 为待定系数；φ 为 $\overrightarrow{R_g}$ 的矢量角。

根据以上描述，可得高次曲线组合型线方程，基圆渐开线部分方程为

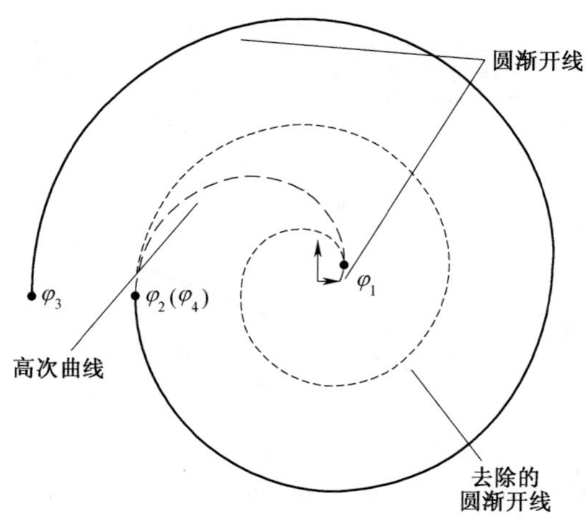

图 5.18　高次曲线组合型线

$$\left.\begin{aligned}x &= R_{g1}\cos\varphi + R_{s1}\sin\varphi\\ y &= R_{g1}\sin\varphi - R_{s1}\cos\varphi\\ &(0 \leqslant \varphi < \varphi_1 \cup \varphi_2 \leqslant \varphi < \varphi_3)\end{aligned}\right\} \tag{5.27}$$

式中，$R_{g1} = a$，$R_{s1} = a\varphi$，a 为基圆半径。

高次曲线部分方程如式（5.28）所示。

$$\left.\begin{aligned}x &= R_{g2}\cos\varphi + R_{s2}\sin\varphi\\ y &= R_{g2}\sin\varphi - R_{s2}\cos\varphi\\ &(\varphi_1 \leqslant \varphi < \varphi_4)\end{aligned}\right\} \tag{5.28}$$

式中：$R_{g2} = c_1 + 2c_2(\varphi - \pi/2) + 3c_3(\varphi - \pi/2)^2$

$R_{s2} = c_0 + c_1(\varphi - \pi/2) + c_2(\varphi - \pi/2)^2 + c_3(\varphi - \pi/2)^3$，$\varphi_4 = \varphi_2 - 2n\pi$

连接点处的约束条件：在连接点处有相同的法线和切线，即满足约束方程（5.29）及（5.30）。

连接点 φ_1 处

$$\left.\begin{aligned}R_{g1}(\varphi_1) &= R_{g2}(\varphi_1)\\ R_{s1}(\varphi_1) &= R_{s2}(\varphi_1)\end{aligned}\right\} \tag{5.29}$$

连接点 φ_2 处：

$$\left.\begin{aligned}R_{g2}(\varphi_2) &= R_{g2}(\varphi_4)\\ R_{s2}(\varphi_2) &= R_{s2}(\varphi_4)\end{aligned}\right\} \tag{5.30}$$

当涡旋型线内外壁渐开线发生角均为 α 时，静涡盘内外壁型线方程如式（5.31）~式（5.34）所示。

静盘外壁基圆渐开线部分方程为

$$\left.\begin{aligned} x &= R_{g1}\cos\varphi + (R_{s1} + a\alpha)\sin\varphi \\ y &= R_{g1}\sin\varphi - (R_{s1} + a\alpha)\cos\varphi \\ &(0 \leqslant \varphi < \varphi_1 \cup \varphi_2 \leqslant \varphi < \varphi_3) \end{aligned}\right\} \tag{5.31}$$

高次曲线部分方程为

$$\left.\begin{aligned} x &= R_{g2}\cos\varphi + (R_{s2} + a\alpha)\sin\varphi \\ y &= R_{g2}\sin\varphi - (R_{s2} + a\alpha)\cos\varphi \\ &(\varphi_1 \leqslant \varphi < \varphi_4) \end{aligned}\right\} \tag{5.32}$$

静盘内壁基圆渐开线部分方程为

$$\left.\begin{aligned} x &= - R_{g1}\cos\varphi - [R_{s1} + a(\pi - \alpha)]\sin\varphi \\ y &= - R_{g1}\sin\varphi + [R_{s1} + a(\pi - \alpha)]\cos\varphi \\ &(0 \leqslant \varphi < \varphi_1 \cup \varphi_2 \leqslant \varphi < \varphi_3) \end{aligned}\right\} \tag{5.33}$$

高次曲线部分方程为

$$\left.\begin{aligned} x &= - R_{g2}\cos\varphi - [R_{s2} + a(\pi - \alpha)]\sin\varphi \\ y &= - R_{g2}\sin\varphi + [R_{s2} + a(\pi - \alpha)]\cos\varphi \\ &(\varphi_1 \leqslant \varphi < \varphi_4) \end{aligned}\right\} \tag{5.34}$$

本课题组所用圆渐开线涡旋膨胀机基本参数见表 5.3 及图 5.19 所示。

表 5.3　圆渐开线涡旋膨胀机基本参数

基本参数	参　数　值
基圆半径 a/mm	3.2
齿高 h/mm	33
渐开线发生角 α	2π/9
公转半径 R_{or} /mm	5.58
最终展角 φ_e	5.27π
修正圆弧中心 O_1，O_2	(3.61，5.78) (−3.61，5.78)
修正圆弧半径 r_{O1}/mm，r_{O2}/mm	3，8.5
修正圆弧中心角 λ_1，λ_2	2π/3，2π/3

根据表 5.3 中的参数，并选定 $\varphi_1=\pi$，$\varphi_2=4\pi$，$\varphi_3=5.27\pi$，$\varphi_4=2\pi$，代入式（5.23）及式（5.29）得 $c_0=27.3667$，$c_1=-25.6$，$c_2=12.2231$，$C_3=-1.2969$，进而得到静盘外壁方程。

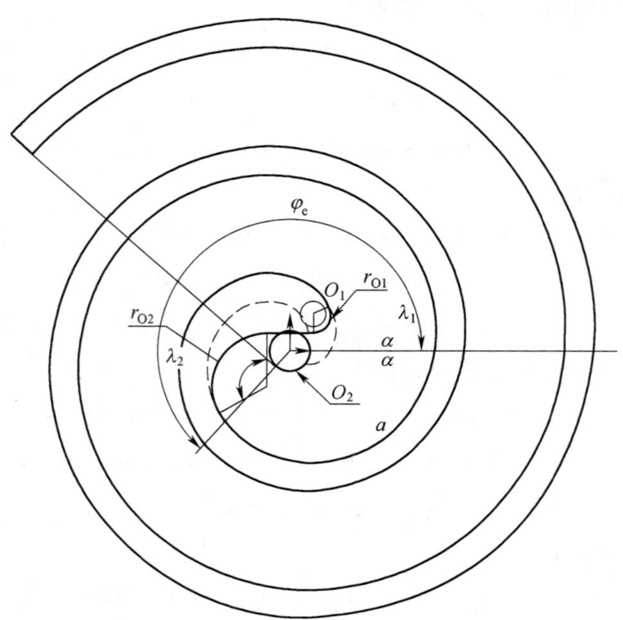

图 5.19　圆渐开线涡旋齿参数示意图

静盘外壁基圆渐开线部分方程为

$$\left.\begin{aligned} &x = 3.2 \times [\cos\varphi + (\varphi + 2\pi/9)\sin\varphi] \\ &y = 3.2 \times [\sin\varphi - (\varphi + 2\pi/9)\cos\varphi] \\ &\varphi \in (2.094,\ \pi) \cup (4\pi,\ 5.27\pi) \end{aligned}\right\} \tag{5.35}$$

高次曲线部分方程为

$$\left.\begin{aligned} x = {} & [-25.6 + 2 \times 12.2231 \times (\varphi - \pi/2) - 3 \times 1.2969 \times \\ & (\varphi - \pi/2)^2)\cos\varphi + [27.3667 - 25.6 \times (\varphi - \pi/2) + 12.2231 \times \\ & (\varphi - \pi/2)^2 - 1.2969 \times (\varphi - \pi/2)^3]\sin\varphi \\ y = {} & [-25.6 + 2 \times 12.2231 \times (\varphi - \pi/2) - 3 \times 1.2969 \times \\ & (\varphi - \pi/2)^2]\sin\varphi - [27.3667 - 25.6 \times (\varphi - \pi/2) + \\ & 12.2231 \times (\varphi - \pi/2)^2 - 1.2969 \times (\varphi - \pi/2)^3]\cos\varphi \\ \varphi \in {} & (\pi,\ 2\pi) \end{aligned}\right\} \tag{5.36}$$

静盘内壁基圆渐开线部分方程为

$$\left.\begin{aligned} &x = -3.2 \times \cos\varphi - [3.2 \times \varphi + 3.2 \times (\pi - 2/9\pi)]\sin\varphi \\ &y = -3.2 \times \sin\varphi + [3.2 \times \varphi + 3.2 \times (\pi - 2/9\pi)]\cos\varphi \\ &\varphi \in (2.094,\ \pi) \cup (4\pi,\ 5.27\pi) \end{aligned}\right\} \tag{5.37}$$

高次曲线部分方程为

$$
\begin{aligned}
x &= -[-25.6 + 2 \times 12.2231 \times (\varphi - \pi/2) - 3 \times 1.2969 \times \\
&\quad (\varphi - \pi/2)^2)\cos\varphi - [32.9518 - 25.6 \times (\varphi - \pi/2) + 12.2231 \times \\
&\quad (\varphi - \pi/2)^2 - 1.2969 \times (\varphi - \pi/2)^3]\sin\varphi \\
y &= -[-25.6 + 2 \times 12.2231 \times (\varphi - \pi/2) - 3 \times 1.2969 \times \\
&\quad (\varphi - \pi/2)^2]\sin\varphi + [32.9518 - 25.6 \times (\varphi - \pi/2) + 12.2231 \times \\
&\quad (\varphi - \pi/2)^2 - 1.2969 \times (\varphi - \pi/2)^3]\cos\varphi \\
\varphi &\in (\pi,\ 2\pi)
\end{aligned}
\tag{5.38}
$$

根据以上公式建立的涡旋型线如图 5.20 所示。

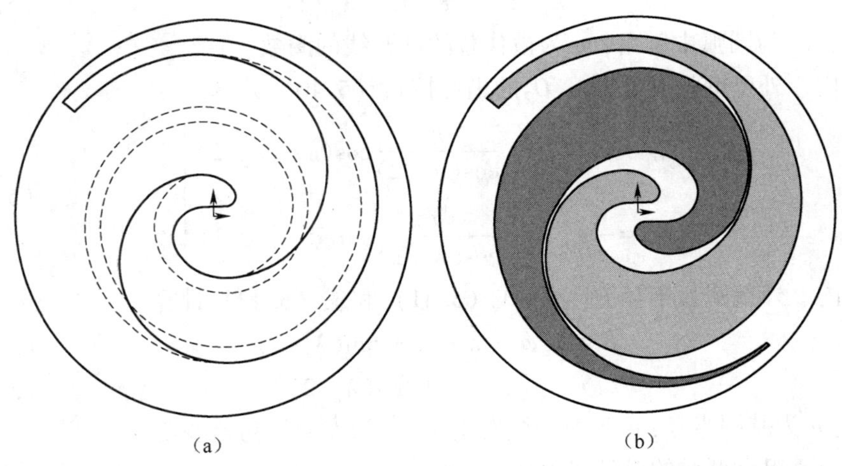

(a)　　(b)

图 5.20　高次曲线组合型线（虚线为圆渐开线涡旋齿）

5.5　圆渐开线-圆弧-圆渐开线组合型线的建立

圆渐开线-圆弧-圆渐开线组合型线按以下过程生成：用中心角相同的一段圆弧替代内、外壁型线上的一圈或 n 圈圆渐开线，即将展角区间为 $\lambda_n + 2n\pi$ 的渐开线用中心角为 λ_n 的圆弧替代，如图 5.21 所示。

根据文献［138］，构成圆弧组合型线的必要条件为

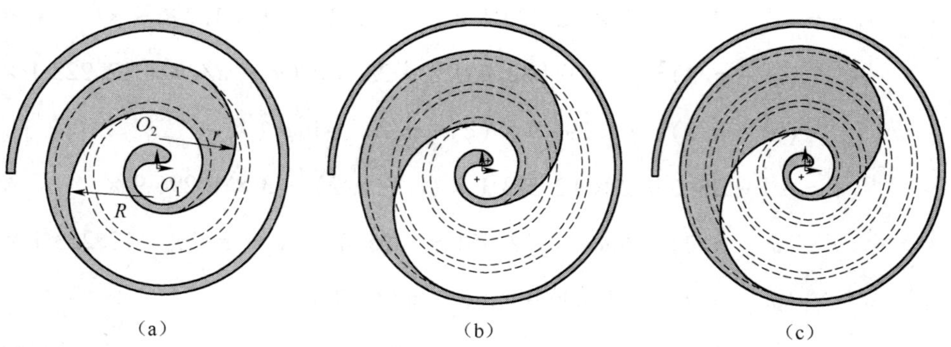

图 5.21 圆弧组合型线

$$\lambda_n/2 + n\pi = \tan(\lambda_n/2) \tag{5.39}$$

式中：λ_n 为圆弧中心角；n 为被代替的渐开线的圈数。

内、外壁圆弧圆心 O_1、O_2的坐标按式（5.40）计算。

$$\left.\begin{aligned} x_{O_1} &= -x_{O_2} = -\frac{a}{\cos(\lambda_n/2)}\cos(\varphi + \lambda_n/2) \\ y_{O_1} &= -y_{O_2} = -\frac{a}{\cos(\lambda_n/2)}\sin(\varphi + \lambda_n/2) \end{aligned}\right\} \tag{5.40}$$

内、外壁圆弧半径 R、r 按式（5.41）和式（5.42）计算。

$$R = a[\varphi + \pi - \alpha + \tan(\lambda_n/2)] \tag{5.41}$$

$$r = a[\varphi + \alpha + \tan(\lambda_n/2)] \tag{5.42}$$

式中：a 为基圆半径；α 为渐开线发生角；φ 为连接处初始展角。

圆弧组合型线的设计步骤如下：

（1）确定基圆半径 a 和渐开线发生角 α，建立渐开线。

（2）选择初始展角 φ 及整数圈 n。

（3）根据式（5.39）计算圆弧中心角 λ_n。

（4）根据式（5.40）~式（5.42）计算两圆弧的圆心坐标及半径。

根据以上步骤可得圆渐开线-圆弧-圆渐开线组合型线静盘内外壁型线方程。

静盘外壁圆渐开线部分方程为

$$\left.\begin{aligned} x &= a[\cos\varphi + (\varphi + \alpha)\sin\varphi] \\ y &= a[\sin\varphi - (\varphi + \alpha)\cos\varphi] \end{aligned}\right\} \tag{5.43}$$

圆弧部分方程为

$$\left.\begin{aligned} x &= x_{O1} + r\cos\varepsilon \\ y &= y_{O1} + r\sin\varepsilon \\ \varepsilon &\in \left(\varphi - \frac{\pi}{2},\ \varphi - \frac{\pi}{2} + \lambda_n\right) \end{aligned}\right\} \tag{5.44}$$

静盘内壁圆渐开线部分方程为

$$\left.\begin{aligned} x &= a[\cos\varphi + (\varphi - \alpha)\sin\varphi] \\ y &= a[\sin\varphi - (\varphi - \alpha)\cos\varphi] \end{aligned}\right\} \tag{5.45}$$

圆弧部分方程为

$$\left.\begin{aligned} x &= x_{O2} + R\cos\varepsilon \\ y &= y_{O2} + R\sin\varepsilon \\ \varepsilon &\in \left(\varphi + \frac{\pi}{2},\ \varphi + \frac{\pi}{2} + \lambda_n\right) \end{aligned}\right\} \tag{5.46}$$

由表 5.3 可知，$a = 3.2$ mm，$\alpha = \dfrac{2\pi}{9}$，选定初始展角 $\varphi = \pi$，$n = 1$。将以上参数代入式（5.43）~式（5.46）得到静盘外壁方程。

静盘外壁圆渐开线部分方程为

$$\left.\begin{aligned} x &= 3.2 \times [\cos\varphi + (\varphi + 2\pi/9)\sin\varphi] \\ y &= 3.2 \times [\sin\varphi - (\varphi + 2\pi/9)\cos\varphi] \\ \varphi &\in (2.094,\ \pi) \cup (12.133,\ 5.27\pi) \end{aligned}\right\} \tag{5.47}$$

圆弧部分方程为

$$\left.\begin{aligned} x &= -2.967 + 26.687\cos\varphi \\ y &= -14.378 + 26.687\sin\varphi \\ \varphi &\in (1.580,\ 4.274) \end{aligned}\right\} \tag{5.48}$$

静盘内壁圆渐开线部分方程为

$$\left.\begin{aligned} x &= 3.2 \times [\cos\varphi + (\varphi - 2\pi/9]\sin\varphi] \\ y &= 3.2 \times [\sin\varphi - (\varphi - 2\pi/9)\cos\varphi] \\ \varphi &\in (5.236,\ 2\pi) \cup (15.275,\ 5.27\pi) \end{aligned}\right\} \tag{5.49}$$

圆弧部分方程为

$$\left.\begin{aligned} x &= 2.967 + 32.272\cos\varphi \\ y &= 14.378 + 32.272\sin\varphi \\ \varphi &\in (1.5\pi,\ 7.416) \end{aligned}\right\} \tag{5.50}$$

根据以上公式建立的涡旋型线如图 5.22 所示。

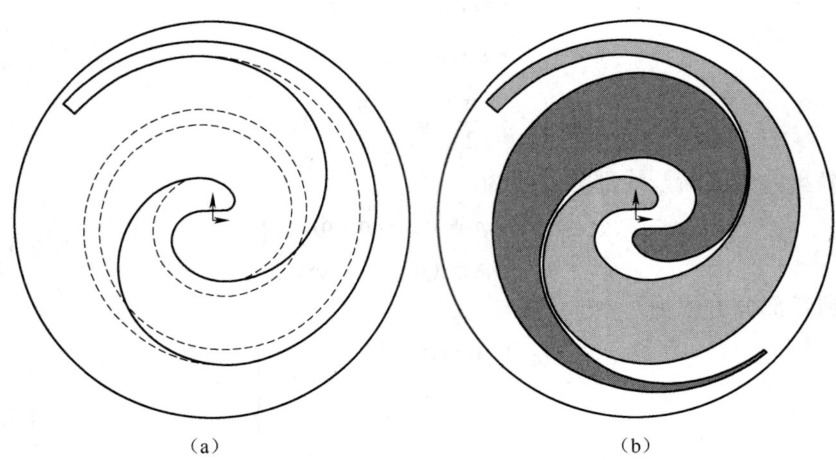

图 5.22 圆弧组合型线（虚线为圆渐开线涡旋齿）

5.6 变径基圆渐开线涡旋型线的建立

定基圆涡旋型线由半径为常数 a 的基圆所创建，变径基圆涡旋型线与其最大的区别在于基圆半径 a 及曲率半径 ρ 随展开角而变化，如图 5.23 所示。

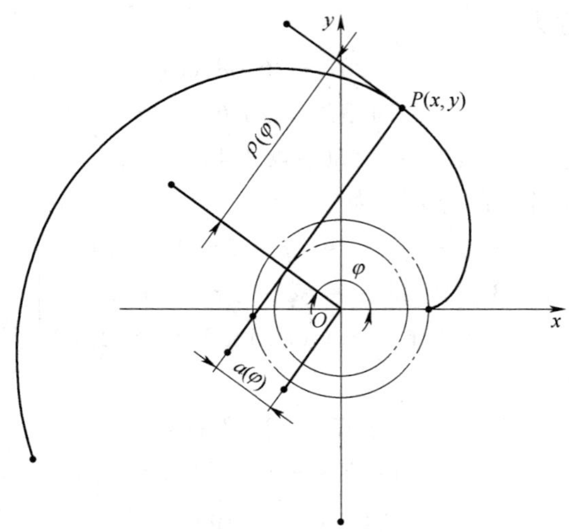

图 5.23 变径基圆渐开线原理

渐开线上点的坐标由式（5.51）表示[64]。

$$\left.\begin{aligned} x &= a(\varphi)\cos(\varphi) + \rho(\varphi)\sin(\varphi) \\ y &= a(\varphi)\sin(\varphi) - \rho(\varphi)\cos(\varphi) \end{aligned}\right\} \tag{5.51}$$

式中：$a(\varphi)=a_0-\delta_0\varphi^k$；$\rho(\varphi)=\int_0^{\varphi}(a_0+\delta_0\varphi^k)\mathrm{d}\varphi=a_0\varphi+\frac{\delta_0}{k+1}\varphi^{k+1}$；$\varphi$ 为渐开线展开角度；a_0 为初始基圆半径；δ_0 为修正增量；k 为多变指数。

当 $\delta_0=0$ 时，即可得传统的定基圆渐开线。$\delta_0>0$ 时，内、外壁曲线间的距离将逐渐增大；$\delta_0<0$ 时，内、外壁曲线间的距离将逐渐减小。且 δ_0 的绝对值越大，尺寸变化越大。

根据以上公式，当涡旋型线内、外壁渐开线具有相同的发生角（$\alpha_{ou}=\alpha_{in}=\alpha$）时，涡旋型线内、外壁型线方程可分别由式（5.52）和式（5.53）表示。

静盘外壁方程为

$$\left.\begin{aligned} x &= [a_0+\delta_0(\varphi+\alpha)^k]\cos\varphi+\left[a_0(\varphi+\alpha)+\frac{\delta_0}{k+1}(\varphi+\alpha)^{k+1}\right]\sin\varphi \\ y &= [a_0+\delta_0(\varphi+\alpha)^k]\sin\varphi-\left[a_0(\varphi+\alpha)+\frac{\delta_0}{k+1}(\varphi+\alpha)^{k+1}\right]\cos\varphi \end{aligned}\right\} \tag{5.52}$$

静盘内壁方程为

$$\left.\begin{aligned} x &= [a_0+\delta_0(\varphi-\pi+\alpha)^k]\cos\varphi+ \\ &\quad\left\{a_0(\varphi-\alpha)+\frac{\delta_0}{k+1}[(\varphi-\pi+\alpha)^{k+1}-(\pi-2\alpha)^{k+1}]\right\}\sin\varphi \\ y &= [a_0-\delta_0(\varphi-\pi+\alpha)^k]\sin\varphi- \\ &\quad\left\{a_0(\varphi-\alpha)+\frac{\delta_0}{k+1}[(\varphi-\pi+\alpha)^{k+1}-(\pi-2\alpha)^{k+1}]\right\}\cos\varphi \end{aligned}\right\} \tag{5.53}$$

动涡盘公转半径

$$r_{ob}=a_0(\pi-2\alpha)-\frac{\delta_0}{2}(\pi-2\alpha)^2 \tag{5.54}$$

为保证涡旋盘的运动及啮合，膨胀机工作时应保证的最小空间如图 5.24 所示。动静涡盘占用空间应满足

$$D_{min}=2[\rho_{ou}(\varphi_E+\alpha)+r_{ob}]=2[a_0(\varphi_E+\alpha)+1/2\delta_0(\varphi_E+\alpha)^2+r_{ob}] \tag{5.55}$$

根据表 5.3 中的尺寸参数，确定初始基圆半径 $a_0=3.2\ \mathrm{mm}$，渐开线发生角 $\alpha=2\pi/9$，$D_{min}=121.59\ \mathrm{mm}$。当 $k=1$，$\delta_0=-0.02$ 时，由式（5.52）和式（5.53）得到静盘外壁型线方程

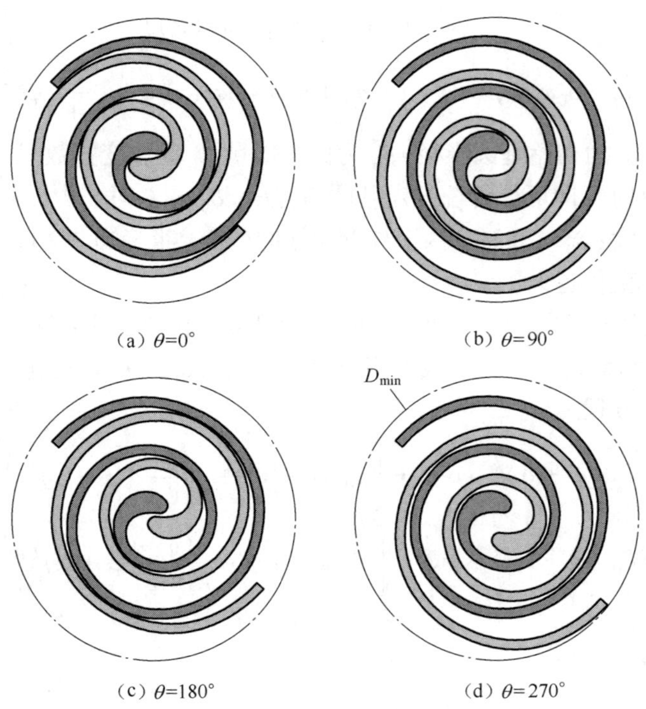

(a) $\theta=0°$ (b) $\theta=90°$ (c) $\theta=180°$ (d) $\theta=270°$

图 5.24 膨胀机工作时应保证的最小空间

$$\left.\begin{aligned} x &= \left[3.2 - 0.02 \times \left(\varphi + \frac{2}{9}\pi\right)\right]\cos\varphi + \\ &\quad \left[3.2 \times \left(\varphi + \frac{2}{9}\pi\right) - \frac{1}{2} \times 0.02 \times \left(\varphi + \frac{2}{9}\pi\right)^2\right]\sin\varphi \\ y &= \left[3.2 - 0.02 \times \left(\varphi + \frac{2}{9}\pi\right)\right]\sin\varphi - \\ &\quad \left[3.2 \times \left(\varphi + \frac{2}{9}\pi\right) - \frac{1}{2} \times 0.02 \times \left(\varphi + \frac{2}{9}\pi\right)^2\right]\cos\varphi \end{aligned}\right\} \tag{5.56}$$

静盘内壁型线方程为

$$\left.\begin{aligned} x &= \left[3.2-0.02\times\left(\varphi-\pi+\frac{2}{9}\pi\right)\right]\cos\varphi + \\ &\quad \left\{3.2\times\left(\varphi-\frac{2}{9}\pi\right)-\frac{1}{2}\times 0.02\times\left[\left(\varphi-\pi+\frac{2}{9}\pi\right)^2-\left(\pi-2\times\frac{2}{9}\pi\right)^2\right]\right\}\sin\varphi \\ y &= \left[3.2-0.02\times\left(\varphi-\pi+\frac{2}{9}\pi\right)\right]\sin\varphi - \\ &\quad \left\{3.2\times\left(\varphi-\frac{2}{9}\pi\right)-\frac{1}{2}\times 0.02\times\left[\left(\varphi-\pi+\frac{2}{9}\pi\right)^2-\left(\pi-2\times\frac{2}{9}\pi\right)^2\right]\right\}\cos\varphi \end{aligned}\right\} \tag{5.57}$$

涡旋齿齿头采用与原型机相同的双圆弧加直线修正方法及修正量[62]，修正角$\beta=120°$，修正圆弧中心偏移距离$\Delta r=0.6$ mm，公转半径r_{ob} = 5.615 5 mm，建立的涡旋型线如图 5.25 所示。

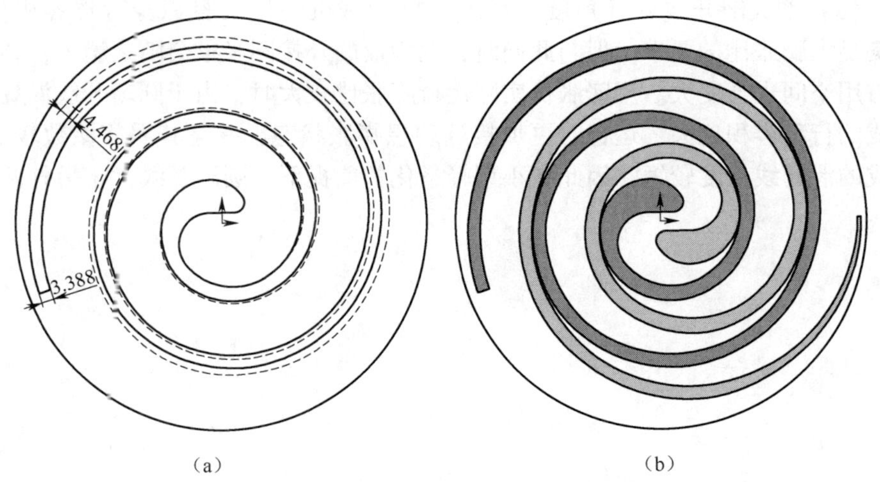

图 5.25　变径基圆渐开线涡旋齿（虚线为圆渐开线涡旋齿）

5.7　本 章 小 结

本章首先介绍了涡旋型线啮合理论，明确了涡旋型线啮合的基本条件，并介绍了涡旋齿型线的类型及特点，构造出线段渐开线、正四边形渐开线和圆渐开线 3 种等壁厚渐开线类涡旋型线并对其结构参数进行了计算，分析了 3 种型线类型对涡旋膨胀机结构参数和工作性能的影响。并针对本课题组 ORC 系统中的涡旋膨胀机，在保证其占用空间不变的前提下，建立了高次曲线组合型线、圆弧组合型线及变径基圆渐开线涡旋型线 3 种变壁厚涡旋膨胀机的几何模型，为之后的膨胀机流场仿真及性能的分析奠定了基础。本章得到如下结论：

（1）当涡旋体齿高、节距、齿厚以及渐开线终端展角相同时，圆渐开线膨胀机的行程容积比最大，线段渐开线最小，正四边形渐开线介于二者之间。随着渐开线终端展角的增大，3 种渐开线行程容积比均增大，圆渐开线增长幅度大于四边形渐开线及线段渐开线，且四边形渐开线增长幅度介于二者之间。线段渐开线外接圆半径最大，圆渐开线最小，四边形渐开线介于二者之间，且三者随渐开线终端展角的增长幅度相当。

（2）当外接圆半径相同，且涡旋体高度、节距、壁厚相同时，圆渐开线圈数最少，四边形渐开线圈数最多，线段渐开线介于二者之间。圆渐开线的行程容积比最大，线段渐开线最小，四边形渐开线介于二者之间，且圆渐开线行程容积比随外接圆半径的增长幅度最大。三者的排气容积相差不大。

（3）增大渐开线展开角度可增大涡旋膨胀机的排气容积及行程容积比，以满足大膨胀比的要求。但与此同时，涡旋盘的外接圆半径会随之增大，整机的占用空间也会变大。当膨胀机实际运行膨胀比较大时，由于圆渐开线涡旋齿构成的行程容积比大，运行时更加接近理想膨胀状态，并且其涡旋圈数较少，形成的泄露线长度较短，因此在小型轻量化的前提下，圆渐开线优于另外两种型线。

第6章 不同型线涡旋膨胀机性能影响规律研究

6.1 不同型线涡旋齿气体力分析

图6.1~图6.3所示为当主轴转速 n=2 000 r/min，进口压力为1.1 MPa，总温为405 K，出口压力为0.44 MPa时3种变壁厚型线动涡盘所受轴向力、切向力及径向力随曲轴转角的变化曲线。可以得出，与变径基圆渐开线相比，组合型线的气体力在动涡盘旋转一周内的变化幅度要大得多。由于组合型线的圈数减少，导致动盘受力面积减小，故其轴向力比变径基圆渐开线动涡盘小得多，这对于减小轴向间隙造成的径向泄漏是有利的。组合型线动涡盘的切向力在一个周期内的波动幅度要高于变径基圆渐开线，这会增加膨胀机输出扭矩的不稳定性，使其动力特性变差。从径向力方面来看，变径基圆渐开线动涡盘所

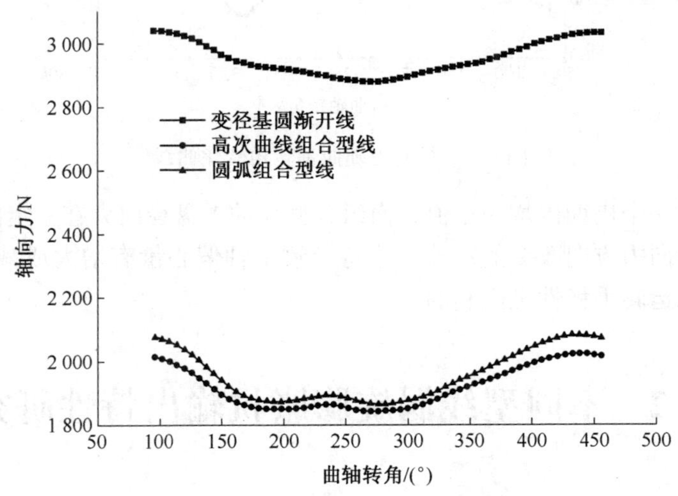

图6.1　轴向力随曲轴转角变化曲线

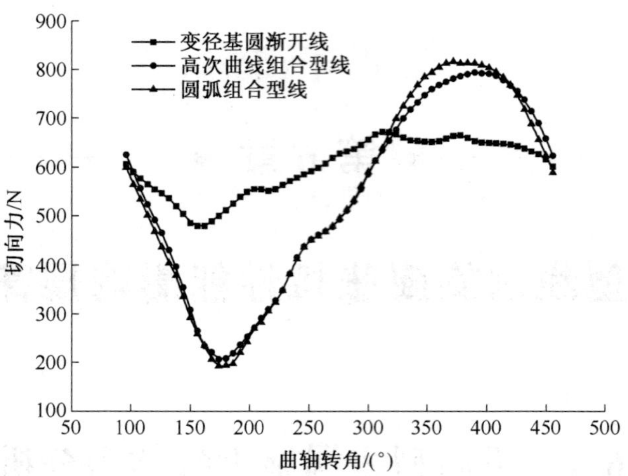

图 6.2　切向力随曲轴转角变化曲线

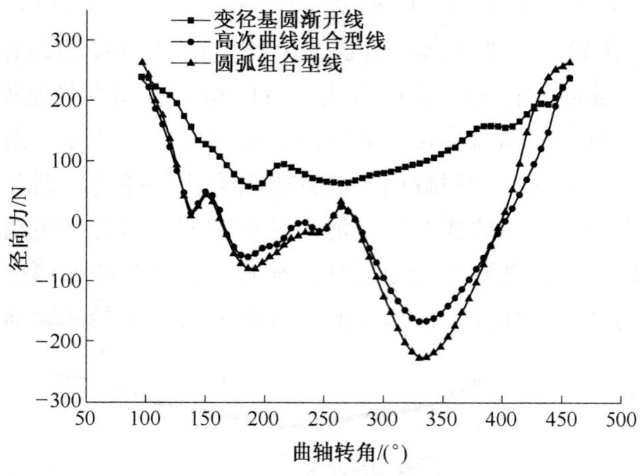

图 6.3　径向力随曲轴转角变化曲线

受径向力在一个周期内均为正值，而组合型线动涡盘径向力在一定曲轴转角范围内出现径向力方向改变的现象，这将导致主轴偏心量有增大或减小的趋势，对于膨胀机运转平稳性是不利的。

6.2　不同型线涡旋膨胀机输出特性研究

本节利用第 5 章所建立的 3 种变截面型线涡旋膨胀机进行仿真，选定模拟工况同 6.1 节。图 6.4 所示为 3 种渐开线涡旋膨胀机输出扭矩随曲轴转角的变化曲线。可以看出，变径基圆渐开线涡旋膨胀机瞬时扭矩在一个周期内的波动范围很小，输出较为平稳，而高次曲线组合型线及圆弧组合型线涡旋膨胀机扭矩波动范围很大，以圆弧组合型线为例，其瞬时扭矩随曲轴转角的变化有一个先下降随后上升的过程，扭矩分别在174°曲轴转角及372°曲轴转角达到最小值 1.04 N · m 和最大值 4.39 N · m，这对于膨胀机运转平稳性是不利的。

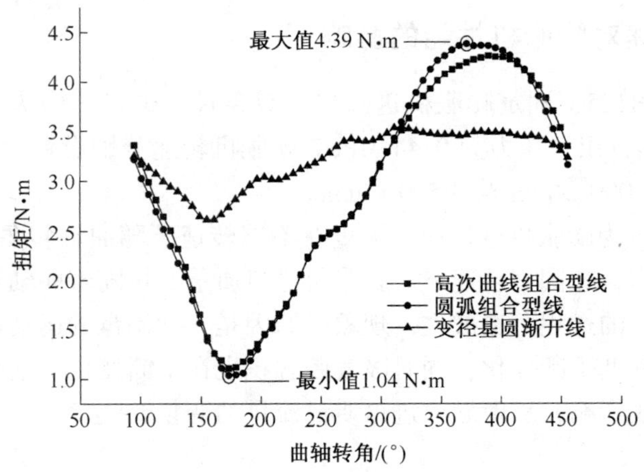

图 6.4 输出扭矩随曲轴转角变化曲线

由表 6.1 可得，在相同的运行工况下，变径基圆渐开线涡旋膨胀机的输出扭矩及功率高于另外 3 种涡旋型线。当膨胀机占用空间相同时，变径基圆渐开线与圆渐开线相比，扭矩增大了 0.03 N · m，功率提高 5.33 W，效率提升 3.3%。组合型线与圆渐开线相比，扭矩、功率及效率均有所下降。这是由于本书课题组所用的圆渐开线涡旋膨胀机涡旋圈数较少，改为组合型线后会使得内容积比有所降低。另外，高次曲线组合型线和圆弧组合型线的输出扭矩、功率及效率相同，说明当选取相同的连接点位置时，组合型线的中间段曲线不会对涡旋膨胀机的输出性能造成影响，这与重庆大学张永栋所进行的理论分析[139]相一致。

表 6.1 不同型线涡旋膨胀机性能比较

型线类型	输出扭矩/(N · m)	输出功率/W	效率/%
圆渐开线	3.21	671.25	41.7
高次曲线组合型线	2.89	605.28	36.2
圆弧组合型线	2.89	605.28	36.2
变径基圆渐开线	3.23	676.58	45.0

6.3 不同运行参数对膨胀机输出性能的影响

为了解不同的运行参数对膨胀机性能的影响，本节以高次曲线组合型线涡旋膨胀机为例，分别研究了膨胀机在不同转速及不同进口压力条件下的性能。

6.3.1 转速对膨胀机性能的影响

选用工质 R123，固定膨胀机进出口边界条件：进口压力为 1.1 MPa，进口总温为 405 K，出口压力为 0.44 MPa。膨胀机转速分别设置为 2 000 r/min、2 500 r/min、3 000 r/min 及 3 500 r/min。

图 6.5 所示为膨胀机进口质量流量在不同转速下随曲轴转角的变化曲线。从图中可以看出，在同一转速下，膨胀机进口质量流量随着曲轴转角增大有一个先减小后增大的过程。造成这一现象的原因是，动涡盘的运动使得其齿头对进气孔的遮挡程度不断变化，同时吸气腔容积也在不断变化，这会对进气口处的气体流动造成影响，从而导致进口质量流量的变化。

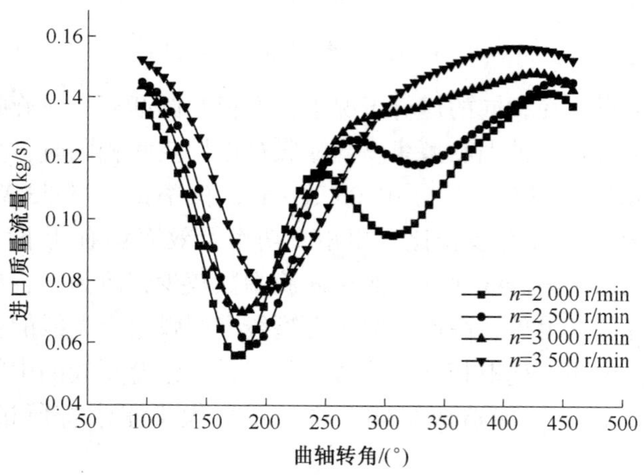

图 6.5 进口质量流量随曲轴转角变化曲线

由图 6.6 可以得出，膨胀机进口平均质量流量随转速的增加近乎线性地增加，这是因为进口面积一定时，膨胀机转速增大会使得气体流动速度增大，而气体密度相对变化不大，进而导致气体的流量呈增大的趋势。此结论与刘广彬所做模拟结果[140]及李伟所做试验结果[141]一致。

图 6.7 和图 6.8 所示为膨胀机输出扭矩及输出功率随曲轴转角的变化曲

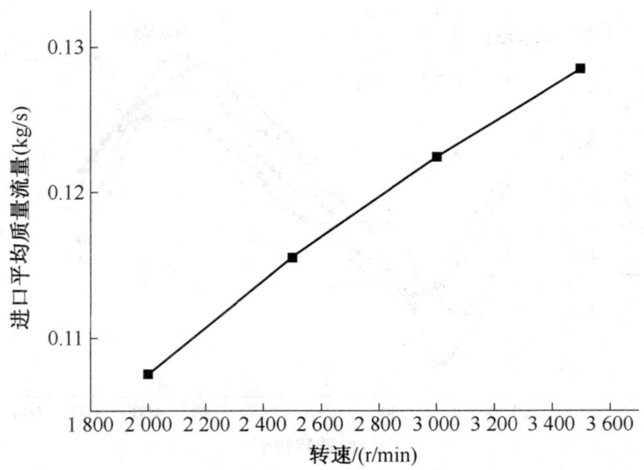

图 6.6　平均质量流量随转速的变化

线。由图可得，在动涡盘运动一个周期范围内，由于动涡盘的运动使得工作腔体容积不断变化，各腔体间的切向压差也随之变化，导致输出扭矩及输出功率呈现出先降低然后上升的变化趋势，并且随着转速的增大，在曲轴转角为 200°~325°范围内出现扭矩及功率的二次波动。

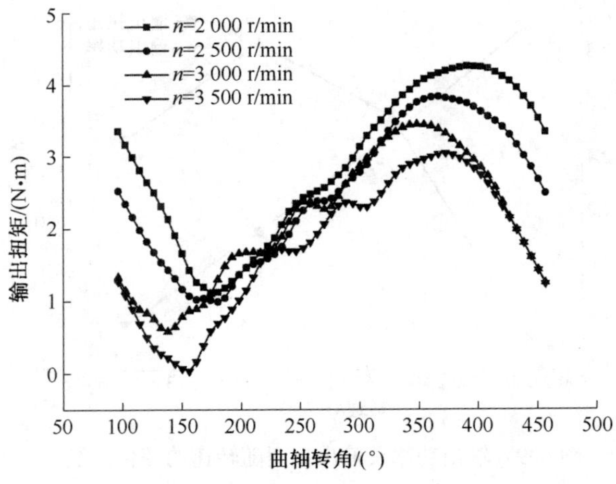

图 6.7　输出扭矩随曲轴转角变化曲线

图 6.9 所示为膨胀机输出功率及输出扭矩随转速的变化曲线。当转速在 2 000~3 500 r/min 范围变化时，输出扭矩随转速的增大而下降，输出功率随

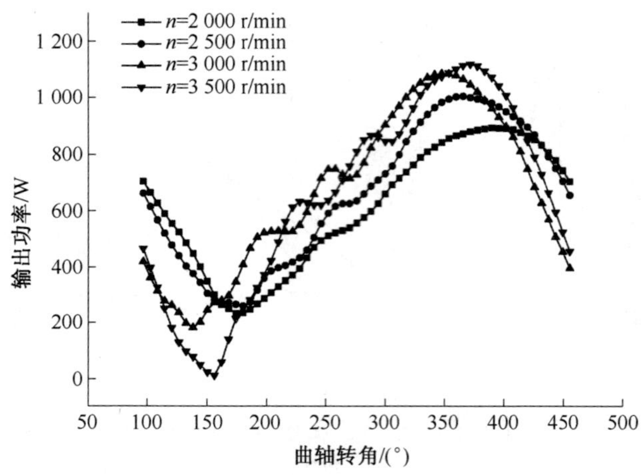

图 6.8 输出功率随曲轴转角变化曲线

转速的增大先升高随后降低，当转速为 3 000 r/min 左右时，达到最大功率 665.86 W。造成 3 000 r/min 后功率下降的原因是此转速下的扭矩过小，只有 1.76 N·m，在高转速下仍无法提供较高的功率。图 6.10 所示为膨胀机效率随转速的变化曲线，当转速在 2 000~3 500 r/min 范围变化时，膨胀机效率在 36.2%~39.2%，当转速为 3 000 r/min 时达到最大效率 39.2%。

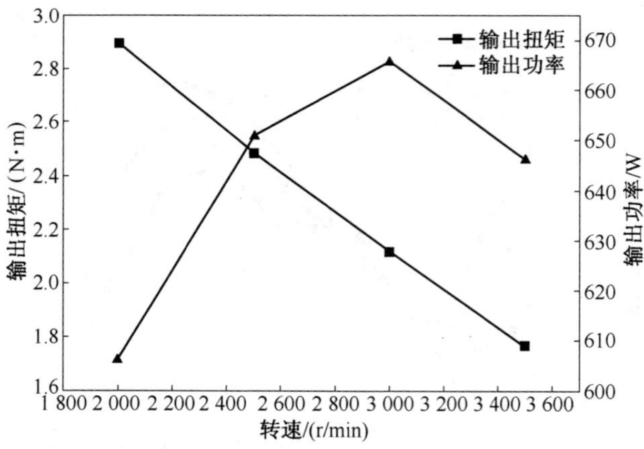

图 6.9 输出功率及输出扭矩随转速的变化曲线

6.3.2 进口压力对膨胀机性能的影响

本书在模拟时保证进口过热度为 16 K，固定膨胀机转速为 3 500 r/min，出口压力 0.44 MPa，具体模拟工况见表 6.2。

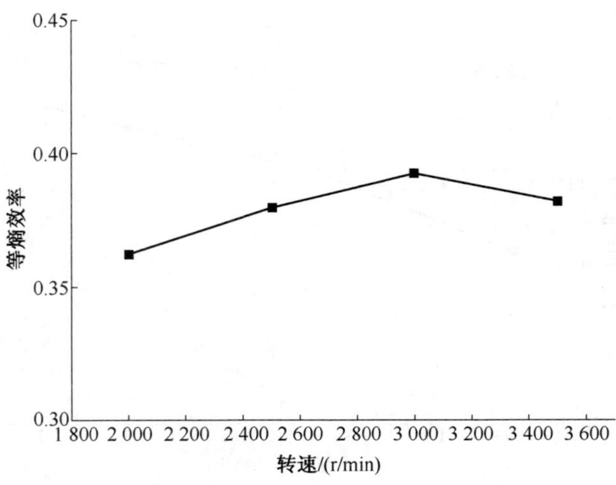

图 6. 10　膨胀机效率随转速的变化曲线

表 6. 2　模拟工况

工况编号	进口压力/MPa	进口总温/K	出口压力/MPa	转速/(r/min)
1	1. 10	405	0. 44	3 500
2	1. 35	415	0. 44	3 500
3	1. 60	424	0. 44	3 500
4	1. 70	427	0. 44	3 500

图 6. 11 和图 6. 12 所示分别为膨胀机进口瞬时质量流量随曲轴的变化曲线

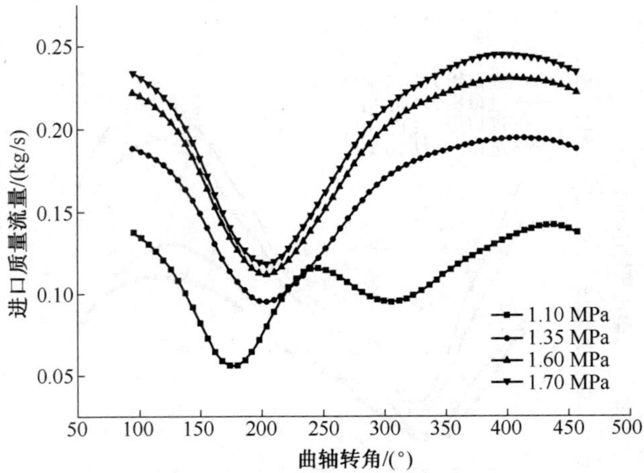

图 6. 11　进口质量流量随曲轴转角变化曲线

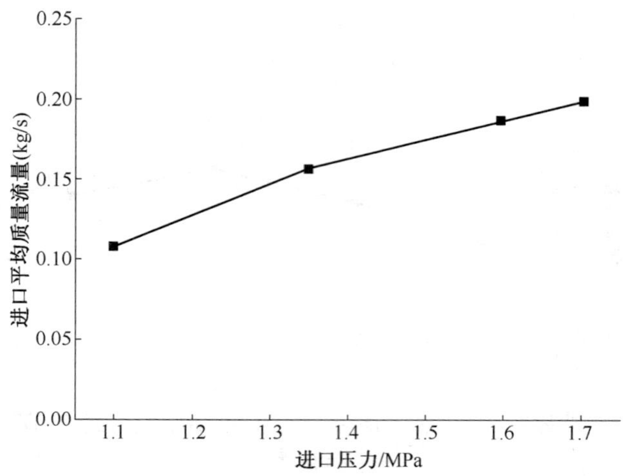

图 6. 12 进口平均质量流量随进口压力的变化曲线

及平均质量流量随进口压力的变化曲线。由图可得，当膨胀机转速及出口压力一定且保持进口工质过热度一定时，随着进口压力的增大，进口质量流量增大，这是由于当转速一定，进口压力增大时，进口处工质密度会随之增大而速度变化较小，从而导致质量流量的增加。

图 6. 13 和图 6. 14 所示为不同进口压力下膨胀机输出扭矩及功率随曲轴转角的变化曲线。由图可知，当进口压力较低时，瞬时扭矩及功率在一个周期内波动较小。随着进口压力的升高，扭矩及功率的波动性随之增大，这对于膨胀机运转平稳性是不利的，在实际运行中，应当适当控制膨胀机运行压比，以保证其运转平稳性。

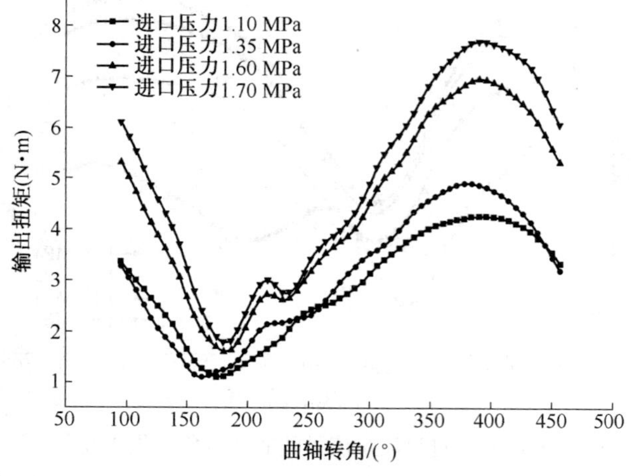

图 6. 13 输出扭矩随曲轴转角变化曲线

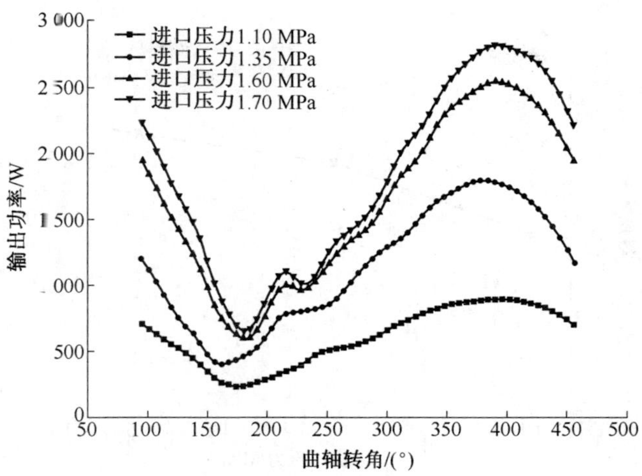

图 6.14　功率随曲轴转角变化曲线

图 6.15 所示为膨胀机平均输出功率及输出扭矩随进口压力的变化曲线。由图可得，当膨胀机转速及出口压力一定时，输出扭矩及功率随进口压力的增加而增大，这是因为涡旋膨胀机理想工作过程是等熵膨胀过程，当膨胀终了压力一定时，进口压力增大会使得进出口的温差增大，从而导致输出功的增加。此结果与严雨林[142]、褚晓广[49]等所做试验结果及 Deng Pan 所做的涡旋膨胀机二维模拟结果[103]一致。图 6.16 所示为膨胀机效率随进口压力的变化曲线，可得膨胀机效率随着膨胀机进口压力的升高而缓慢升高，当进口压力在 1.1~1.7 MPa 范围内变化时，膨胀机效率范围为 36.2%~49.6%。

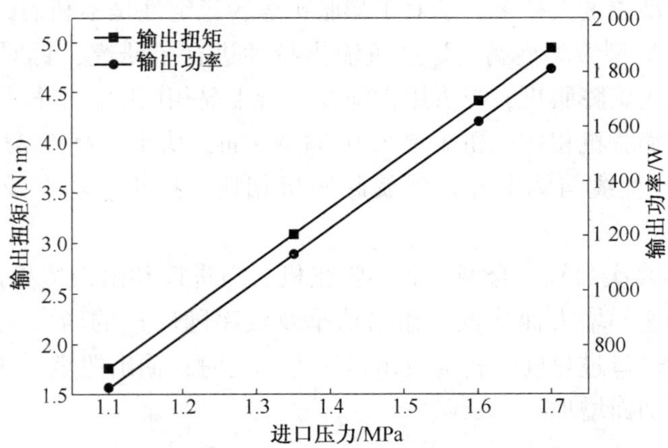

图 6.15　输出功率及扭矩随进口压力的变化曲线

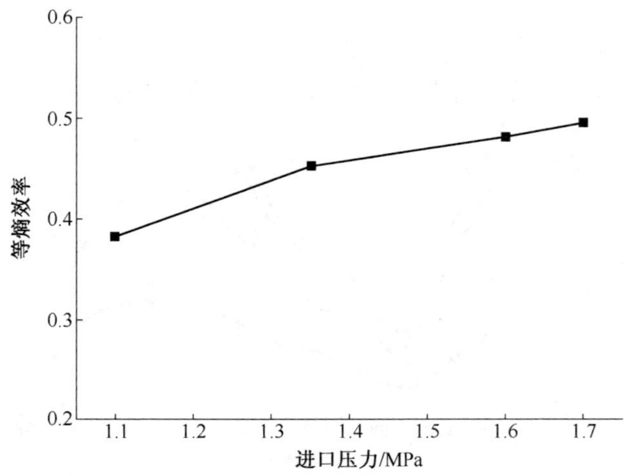

图 6.16　膨胀机等熵效率随进口压力的变化曲线

6.4　本 章 小 结

（1）本章对建立的高次曲线组合型线、圆弧组合型线及变径基圆渐开线型线 3 种变壁厚涡旋膨胀机动涡盘进行了气体力分析，得出如下结论：两种组合型线动涡盘的轴向力小于变径基圆渐开线动涡盘所受轴向力，有利于减小轴向间隙造成的径向泄漏，但与变径基圆渐开线相比，组合型线动涡盘所受切向力及径向力波动幅度大得多，这对于膨胀机运转稳定性是不利的。

（2）对不同型线类型涡旋膨胀机输出特性进行了研究，针对本书课题组所用圆渐开线涡旋膨胀机，当占用空间及运行工况相同时，变径基圆渐开线与圆渐开线涡旋膨胀机相比，扭矩增大 0.03 N·m，功率提高 5.33 W，效率提升 3.3%。组合型线与圆渐开线涡旋膨胀机相比，扭矩、功率及效率均有所下降。

（3）对于高次曲线组合型线涡旋膨胀机，当进口和出口边界条件相同时，输出扭矩随转速的增大而降低，输出功率及效率随转速的增大先升高随后降低。当膨胀机进口过热度、转速及出口压力一定时，输出扭矩、功率及效率随进口压力的增加而增加。

第7章 型线变化对涡旋膨胀机涡旋盘变形特性的影响研究

7.1 引　　言

气体的膨胀状态受膨胀机各工作腔的形状和容积的大小所影响，而工作腔的形状和容积则取决于构成涡旋齿形线的类型与参数[129-130]，不同型线类型对膨胀机的几何尺寸、功耗、效率等重要参数以及磨损、加工性能、使用寿命等关键技术指标有着直接影响。目前大多数对涡旋型线的研究集中于热力学、动力学理论的分析计算，这对于不同型线的特点无法给出直观的评价；仅有部分研究针对变截面型线的涡旋机械工作腔内流场及温度场的变化[131-134]，很少有对比不同型线对流场的影响规律研究。且目前的研究均未对工作腔内工质的流动特性对结构变形的影响展开细致深入的探索。

由前面的分析可知，吸气集气室中的高温高压气体对作用于静涡旋盘上的温度载荷和内压载荷均有较大影响，同时在对称工作腔的非对称分布以及背压腔温度分布和流场结构的影响下，动、静涡旋齿的热变形和压力变形对涡旋齿总变形的贡献都不容忽视。针对上述问题，本章采用多场耦合数值模拟方法，在保证原型机主要几何参数不变的前提下，通过对比分析原型机的等径基圆渐开线和变径基圆渐开线型线这两种最基本型线的流场特性，讨论型线参数对涡旋齿所受温度载荷和内压载荷的影响规律，分析对比不同型线涡旋齿的变形特性。

7.2 变径基圆型线涡旋膨胀机研究模型

7.2.1 型线选择的考虑因素

本书所研究的膨胀机原型机是由车用空调涡旋压缩机改装而成的，该压缩机涡旋型线为传统的定基圆半径圆渐开线型线。车用空调涡旋压缩机结构紧凑，其涡旋型线不足 3 圈，若用组合曲线涡旋型线代替原型线并不能发挥出组合型线的优势，且组合型线的加工和测量较为不便，其气体力的波动程度也更大。相比之下，变径基圆渐开线更适合取代原型机的定基圆半径渐开线型线。对于涡旋压缩机，变径基圆渐开线与定基圆渐开线相比较，具有以下特点[135]：

（1）涡旋齿的齿厚随渐开角的不同而逐渐变化，更便于涡旋型线的设计。

（2）若涡旋型线其他结构参数不变时，变径基圆渐开线所需涡旋齿的高度更低；若涡旋齿高度也保持不变时，变径基圆渐开线涡旋压缩机可获得的吸气容积更大。

（3）与定基圆半径渐开线相比，变径基圆渐开线基圆半径的变化会引起各压缩腔容积的变化。

根据前面的数值模拟结果，在齿高方向上，涡旋齿齿顶位置是变形量最大位置，因此涡旋体的齿高很大程度地影响了涡旋盘的变形特性。鉴于齿高对涡旋盘变形规律的影响较为明确，因此，本章在不改变涡旋体高度的前提下，同时保持与原型机相同的涡旋齿齿端修正型线结构和吸气孔口位置，选取设计方便的变径基圆渐开线型线来取代定基圆半径渐开线型线，分析两种型线膨胀机性能、工作腔内部流动特征和涡旋盘变形分布的差异。

7.2.2 研究模型

与定基圆半径渐开线涡旋膨胀机一样，变径基圆渐开线涡旋膨胀机的内膨胀比由内容积比确定，当涡旋齿高度一致时，内容积比可等定义为最终膨胀腔与吸气腔 Z 轴向横截面之比，即

$$r_{v,\mathrm{i}} = \left(\frac{V_{\mathrm{d}}}{V_{\mathrm{suc}}}\right)^n = \left(\frac{S_{\mathrm{d}}}{S_{\mathrm{suc}}}\right)^n \tag{7.1}$$

当动、静涡旋齿在渐开线任意展角 φ 处啮合时单个封闭腔横截面面积为

$$\begin{aligned} S(\varphi) = &-\frac{1}{12}\pi(\pi-2\varphi_0)[-2a_0+(\pi-2\varphi_0)\delta_0]\cdot \\ &\{-6a_0(\pi+2\varphi_0-2\varphi)+\delta_0[5\pi^2+12\pi(\varphi_0-\varphi)+6(\varphi^2-\varphi_0^2)]\} \end{aligned} \tag{7.2}$$

在保证原型机膨胀机壳体尺寸、齿头修正参数不变的前提下，根据以上各式，得到变径基圆渐开线涡旋膨胀机模型各主要参数，图 7.1 给出了新建模型的涡旋型线，其中，图 7.1(a) 表示静涡旋体几何型线，图 7.1(b) 表示主轴转角为 264°时变径基圆动、静涡旋体几何型线。用 A0 表示原型机，A1 表示变径基圆涡旋膨胀机模型，两个模型的主要几何结构参数及设计参数见表

7.1。A1 动涡旋盘所占用空间的最小当量直径与 A0 相比低了 4.50%，结构变得更为紧凑。A1 的内容积比与 A0 相当，这表示两者具有相似的做功能力。

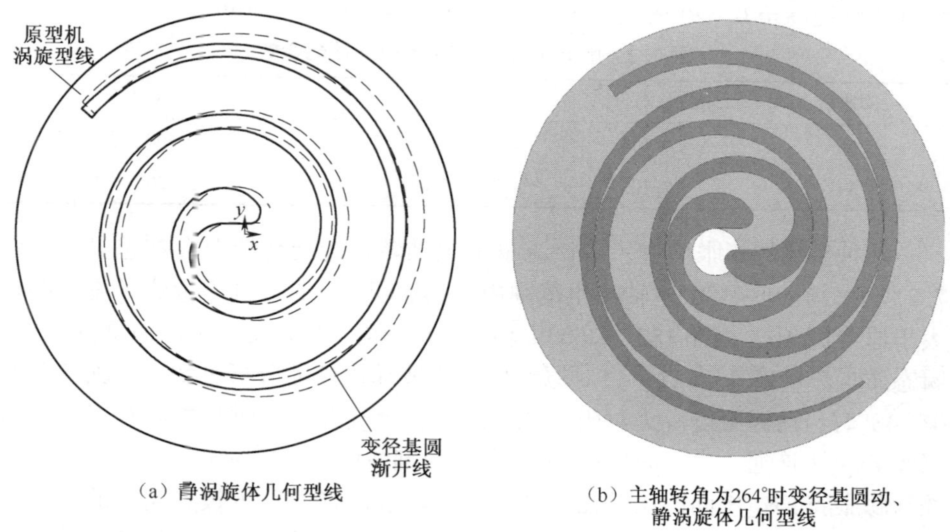

（a）静涡旋体几何型线

（b）主轴转角为264°时变径基圆动、静涡旋体几何型线

图 7.1　变径基圆渐开线涡旋型线

表 7.1　涡旋型线几何结构及设计参数

参数名称	A0	A1
基圆半径 r_b/mm	3.20	3.20
修正增量 δ_0/mm	0	−0.02
涡旋齿高度 H/mm	33.00	33.00
偏心距 R_{or}/mm	5.58	5.56
最小工作面积当量直径 D_{min}/mm	112.65	107.58
内容积比/$r_{v,i}$	2.58	2.56

本章针对不同膨胀机结构，分别建立了涡旋膨胀机多场耦合模型，并针对第 3 章所选取的膨胀机工况进行数值计算，即主轴转速为 2 000 r/min，进口绝对总压为 1.1 MPa，进口总温为 405 K，出口绝对静压为 0.44 MPa。

7.3　不同型线下涡旋膨胀机性能及流动变化特征

7.3.1　不同型线膨胀机性能的差异

表 7.2 给出了膨胀机 A0 和 A1 的时均性能参数，其中，A1 与 A0 相比较，

质量流量下降约 4.6%，膨胀机 A1 的泄漏线长度小于原型机 A0 是引起质量流量下降的重要原因。膨胀机 A1 的轴功率相比 A0 减少了 1.49%，但等熵效率由 0.309 提高至 0.320 增大 3.56%，A1 工作腔气体的熵增更少。

表 7.2 膨胀机 A0 与 A1 的时均性能参数

膨胀机	流量/(kg/s)	功率/kW	等熵效率
A0	0.108	0.670	0.309
A1	0.103	0.660	0.320

两种型线的膨胀机进、出口流量随主轴转角的变化情况存在差异，如图 7.2 所示。在 0°~180°主轴转角范围内，膨胀机 A1 的进口质量流量波动明显大于原型机 A0，而在 180°~360°主轴转角范围内，内泄漏更大的原型机 A0 的瞬态质量流量略高于 A1。由对原型机气流波动机理的分析可知，主轴转角在 0°~48°时，动涡旋齿齿头对吸气孔的遮挡，吸气孔口同时与中心吸气腔和膨胀腔 Exp_1 连通。由于原型机 A0 较长的泄漏线增加了质量流量，其中心吸气腔与膨胀腔 Exp_1 间的压差在吸气孔与膨胀腔的连通位置被关闭后的一段时间里低于膨胀机 A1，A1 吸气腔中的进气流速较大而导致两者质量流量的差异。两者的排气质量流量变化情况基本一致，原型机 A0 的瞬态质量流量整体略高于 A1，但值得注意的是，在 120°~138°转角范围时，原型机 A0 的出口质量流量急剧下降至最小值，而膨胀机 A1 的出口流量变化很小。这可能是由 A0 背压腔的流动损失更大，排气流速下降所致。

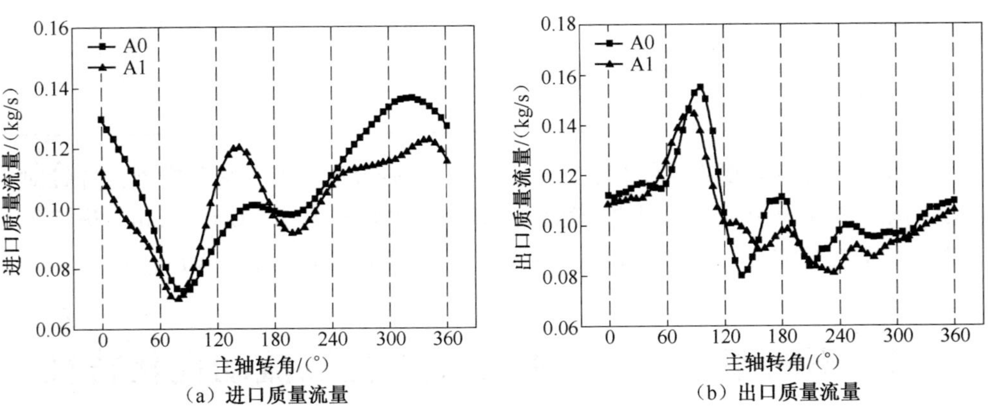

图 7.2 膨胀机进/出口质量流量随主轴转角变化曲线

图 7.3 对比了给定工况下 A0 和 A1 的动、静涡旋盘所受瞬态气体力。可以看出，两膨胀机的动、静涡旋盘的各气体力变化波形并无明显相位差异。膨

胀机 A1 的径向气体力在一个周期内始终略高于 A0，这可能会使 A1 动、静涡旋齿的径向间隙更大，但由于径向气体力数值不大，因此对涡旋齿变形影响的差异较小。原型机 A0 中动涡旋盘所受瞬态气体驱动力大于 A1，这是由于原型机 A0 的膨胀比略高，对工作腔气体更大程度地进行了膨胀。膨胀机 A1 中动涡旋盘所受瞬态轴向力明显高于 A0，这是由于在渐开线展开角相同时，变径基圆渐开线涡旋齿所占用的面积更小，增加了工作腔气体作用面积，导致轴向气体力的增加。动涡旋盘所受轴向气体力的增加对于有吸气集气室的膨胀机来说更为有利，这使得静涡旋盘所受轴向气体力有所下降，如图 7.3（d）所示，膨胀机 A1 中静涡旋盘所受最大轴向力发生在主轴转角 150°位置，与原型机相差 24°。

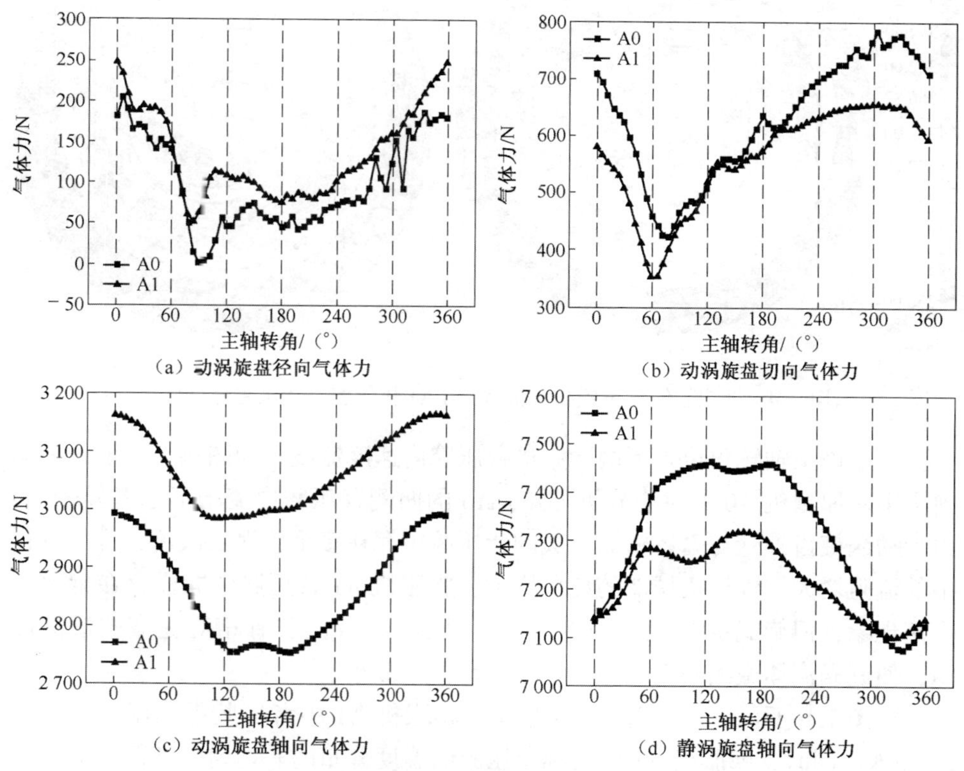

图 7.3　膨胀机动、静涡旋盘气体力随主轴转角变化曲线

7.3.2　不同型线工作腔流场分布特征差异

由前面对变径基圆渐开线涡旋型线的分析可知，渐开角 φ 越大，变径基圆渐开线的基圆半径和曲率半径与原型机 A0 差异越大，因此在涡旋齿外圈所

围成的排气腔与背压腔内部流场受型线变化的影响最为直接。因此，本节仅对膨胀机 A0 和 A1 的排气腔与背压腔内部压力、速度和温度分布进行对比，选取动涡旋齿单个转动周期内 0°、90°、180°和 270°四个主轴转角位置进行分析，如图 7.4~图 7.15 所示。

当主轴转至 0°位置时，膨胀机处于排气过程的末端，与原型机 A0 相比，膨胀机 A1 背压腔压力明显较低，如图 7.4 所示。这是由于采用变径基圆渐开线的膨胀机 A1 具有更大的膨胀腔容积，增强了气体膨胀效果。同时，A1 背压腔内气体压力分布更均匀，近排气道入口处的静压畸变程度更小。

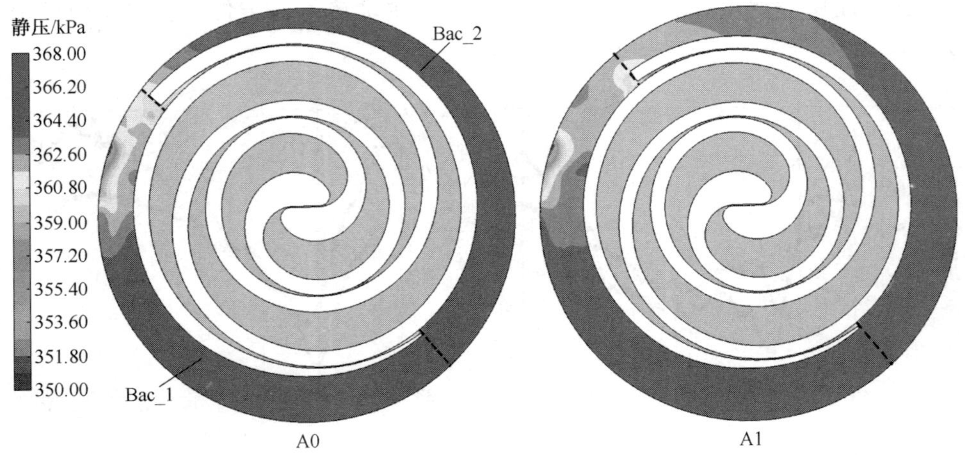

图 7.4　0°主轴转角位置膨胀机 A0 与 A1 排气腔、背压腔静压分布

对比该主轴转角位置下两膨胀机背压腔内速度流线，如图 7.5 所示，根据前文中对原型机 A0 的流场分析可知，A0 的两侧背压腔内流动形态差异较大，由于动涡旋齿外壁与壳体壁面形成的背压腔中存在多个旋涡二次流，排气过程中的流阻增大，气体机械能的耗散增加。膨胀机 A1 背压腔中同样存在旋涡二次流现象，但旋涡的尺度和强度更小，且 A1 中背压腔有相对更宽的过流面积，使旋涡流体微团间的摩擦减小，流动损失减小。

如图 7.6 所示，与原型机 A0 相比，膨胀机 A1 中背压腔平均温度降低了约 10 K。同时，膨胀机 A1 中对称背压腔的温度分布的非均匀程度低于原型机 A0。这是由于膨胀机 A1 减小了原型机背压腔内二次流旋涡的强度和尺度，两侧背压腔流速更高，旋涡流体微团间的摩擦减小，气体机械能向内能的转化程度下降，机械能耗散的减小降低了工质的熵增，温度下降，同时工质与壁面间的换热减弱。

如图 7.7 所示，当主轴转至 90°位置时，两侧排气腔的气动排气口开度增

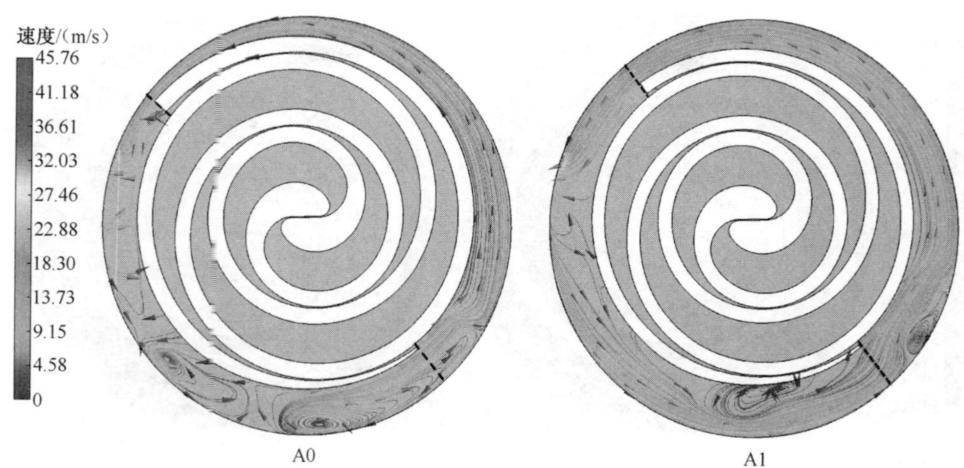

图 7.5　0°主轴转角位置膨胀机 A0 与 A1 排气腔、背压腔速度流线

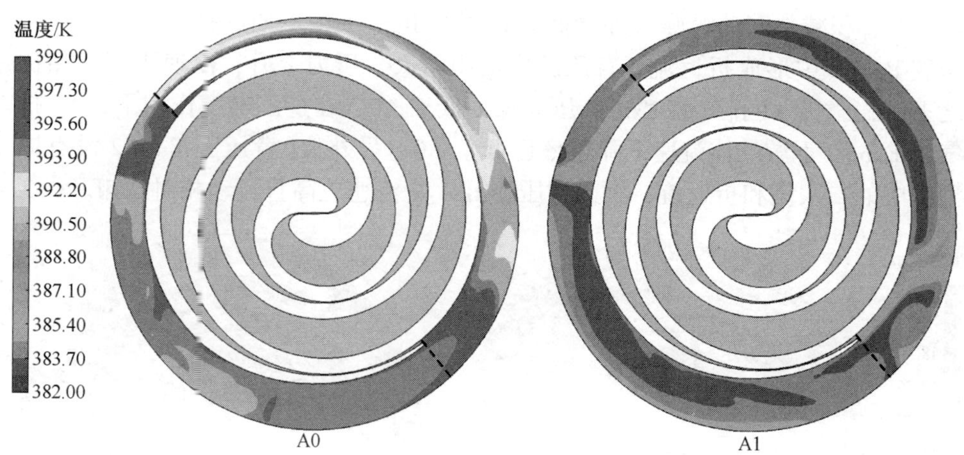

图 7.6　0°主轴转角位置膨胀机 A0 与 A1 排气腔、背压腔温度分布

大，排气腔压力持续下降。此时两膨胀机的排气腔的压力分布特征截然相反，膨胀机 A1 中对称排气腔压力分布特征类似于原型机 A0 在 126°主轴转角位置下的压力分布。由式（7.2）易知，由于两膨胀机高度相同，在该转角位置下膨胀机 A1 膨胀腔和背压腔容积大于 A0，气体膨胀更充分，压力下降快，因此 A1 的两侧排气控压力低于 A0。膨胀机 A1 排气腔 Exh_2 压力低于 Exh_1，两背压腔压力远低于背压腔，而原型机 A0 的排气腔 Exh_2 压力低于背压腔。

如图 7.8 所示，原型机 A0 中排气腔 Exh_2 气流沿主流方向呈逆压梯度，在较高的气体惯性力作用下两侧排气腔中气体持续流入背压腔，在壳体壁面的

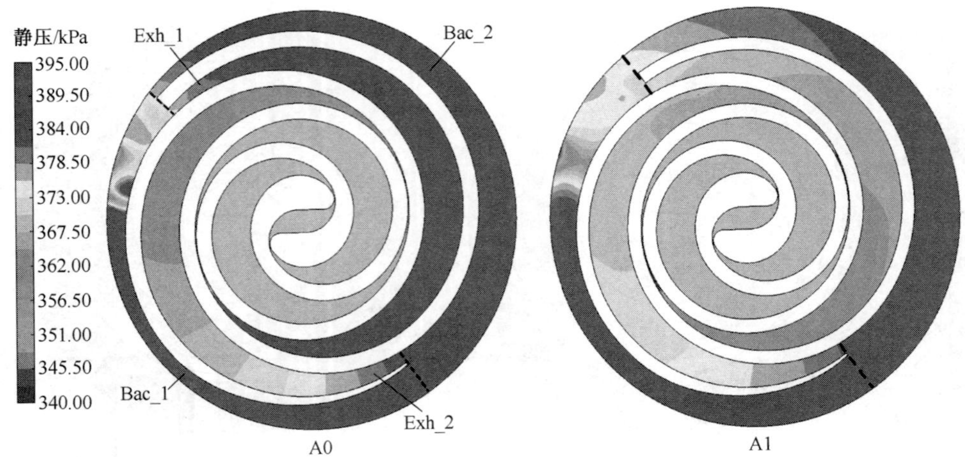

图 7.7　90°主轴转角位置膨胀机 A0 与 A1 排气腔、背压腔静压分布

约束作用下，背压腔 Bac_2 红色虚线框处形成二次流低速旋涡，同时背压腔 Bac_1 容积减小，动涡旋齿外壁面对背压腔 Bac_1 中工质的挤压作用，使背压腔 Bac_2 中形成折返流。背压腔中流阻增大，压力上升，流速下降。相比之下，膨胀机 A1 排气腔 Exh_2 压力梯度低于 A0，在逆压梯度作用下，A1 排气腔 Exh_2 下游气体流速下降速率也低于 A0，另外 A1 背压腔 Bac_2 没有原型机中的二次流和折返流，因此背压腔 Bac_2 流速更高且流动相对均匀。

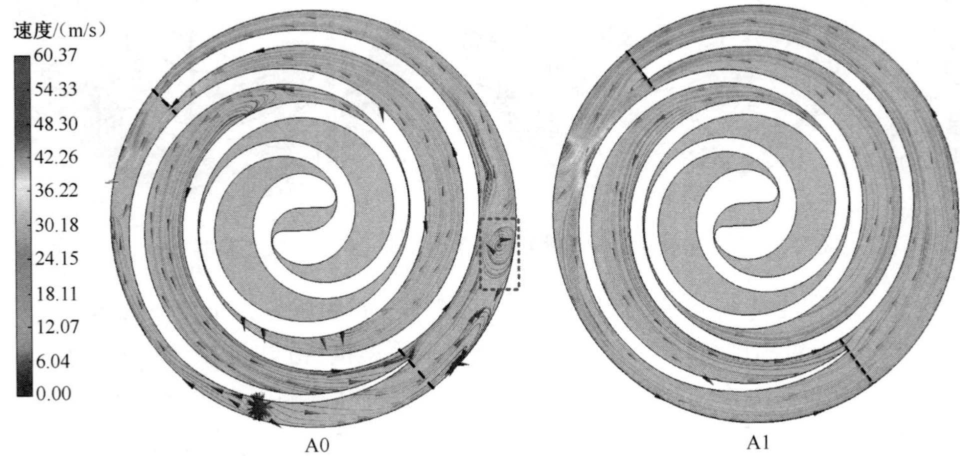

图 7.8　90°主轴转角位置膨胀机 A0 与 A1 排气腔、背压腔速度流线

如图 7.9 所示，该位置下膨胀机 A1 中背压腔的平均温度仍比原型机低约 10 K，A0 背压腔中的多个复杂的二次流和折返流，使气体机械能更多地转化为内能，能量耗散的增加使原型机 A0 背压腔的温度上升明显。此外，在排气

腔 Exh_1 沿主流方向原型机 A0 的温度梯度高于 A1，特别在气动排气口处温度下降更快，这是由于膨胀机 A1 沿渐开线展开方向型线曲率下降更慢，导致气动排气口开度小于 A0，因此在气动排气口处气流速度的增加量更小。由此可见，在该主轴转角位置下，对比 A0 和 A1 的排气腔与背压腔的流场分布结构发现，涡旋型线的改变，减小了排气腔和背压腔压力，同时降低了排气阻力和气体温度。

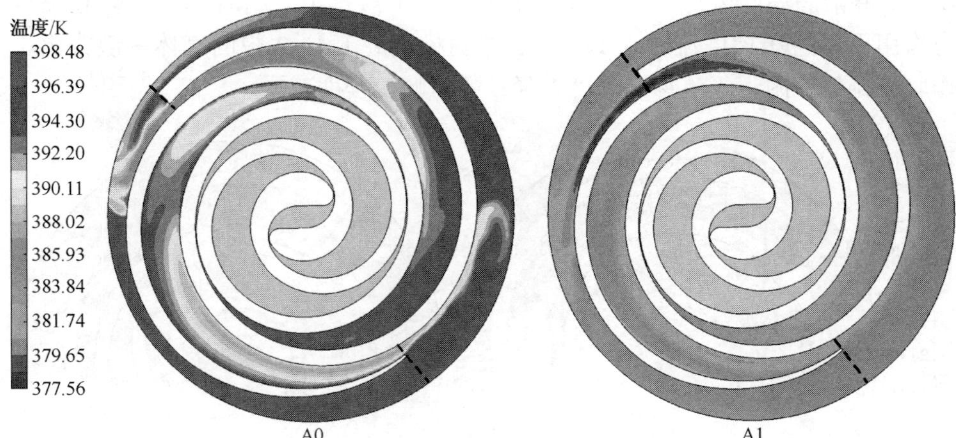

图 7.9　90°主轴转角位置膨胀机 A0 与 A1 排气腔、背压腔温度分布

如图 7.10 所示，当主轴转至 180°位置时，两膨胀机中的排气腔和背压腔压力分布仍呈颠倒分布。原型机 A0 的两侧排气腔压力分布与 90°转角位置相似。膨胀机 A1 排气腔 Exh_2 中的压力分布均匀，且压力值大于下游背压腔 Bac_2，排气腔 Exh_1 中的压力梯度并不明显，腔内压力高于背压腔 Bac_1。

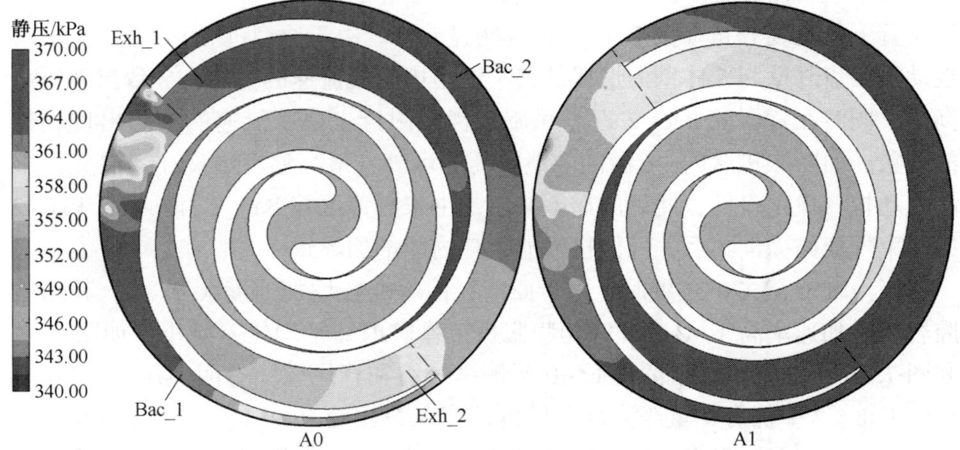

图 7.10　180°主轴转角位置膨胀机 A0 与 A1 排气腔、背压腔静压分布

图 7. 11 给出了 180°转角位置下排气腔和背压腔的速度流线，图中不难看出，涡旋型线的改变不仅使膨胀机背压腔流动更平稳，也降低了背压腔 Bac_1 近排气道处的气流掺混强度。由前面的分析可知，原型机 A0 在背压腔 Bac_1 排气道附近有来自排气腔 Exh_2 两侧通道和排气腔 Exh_1 中的三股气流掺混。膨胀机 A1 背压腔 Bac_ 1 近动涡旋齿齿尾处没有发生原型机 A0 中明显的静压畸变，排气腔 Exh_2 中的气体经气动排气口时在较高压力驱动下流入背压腔 Bac_2 并沿静涡旋齿外壁面流入背压腔 Bac_1 后排出。同时部分气体在惯性力作用下沿逆压梯度流进入 Bac_2，并随排气腔 Exh_2 中的气体一起排出工作腔，排气道附近气流掺混程度下降，静压畸变程度减弱。

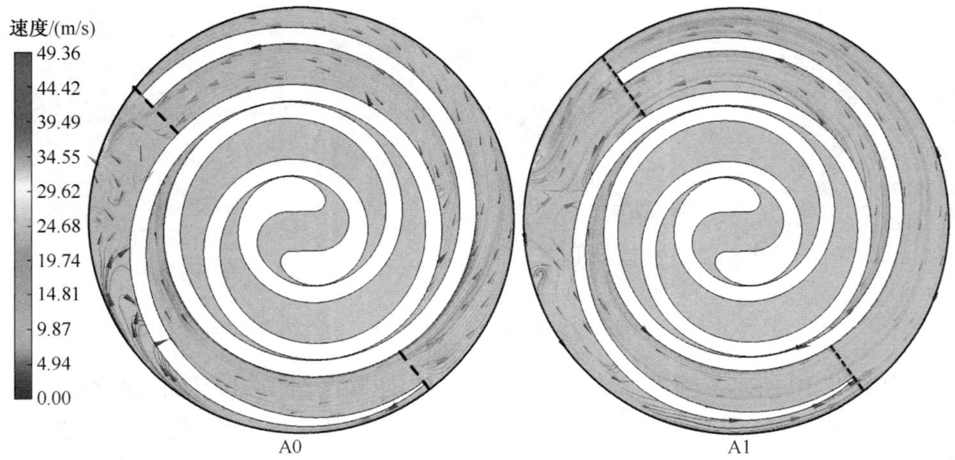

图 7. 11 180°主轴转角位置膨胀机 A0 与 A1 排气腔、背压腔速度流线

由于该转角位置下两膨胀机排气腔和背压腔的流动特性有较大差异，因此该位置下的温度分布（图 7. 12）也有明显差异。由于原型机 A0 背压腔 Bac_1 近动涡旋齿外壁与壳体壁面形成的狭窄通道内气流流速的突降，导致出现局部高温，同时在背压腔 Bac_2 近静涡旋齿齿尾附近也由于流速的下降出现相似的现象。而膨胀机 A1 除上游间隙泄漏高温区外，最高温度出现在动涡旋齿末端气动排气口出口处，此处的局部高温是由来自背压腔 Bac_1 和排气腔Exh_2 的两束气流碰撞汇集后，气体机械能损耗内能增加导致。

当主轴转至 270°位置时，由于原型机曲率变径增加速度大于 A1，其膨胀腔容积增加速率高于 A1，此时两膨胀机工作腔内的平均压差减小。如图 7. 13 和图 7. 14 所示，该转角位置下 A0 两侧排气腔和背压腔间有明显压差，A0 排气腔 Exh_ 2 中仍有少量气流排出后折返流入背压腔 Bac_1。且随着动涡旋齿的运动，Bac_1 的容积增加，压力下降，更多的气体由排气道附近流入背压腔

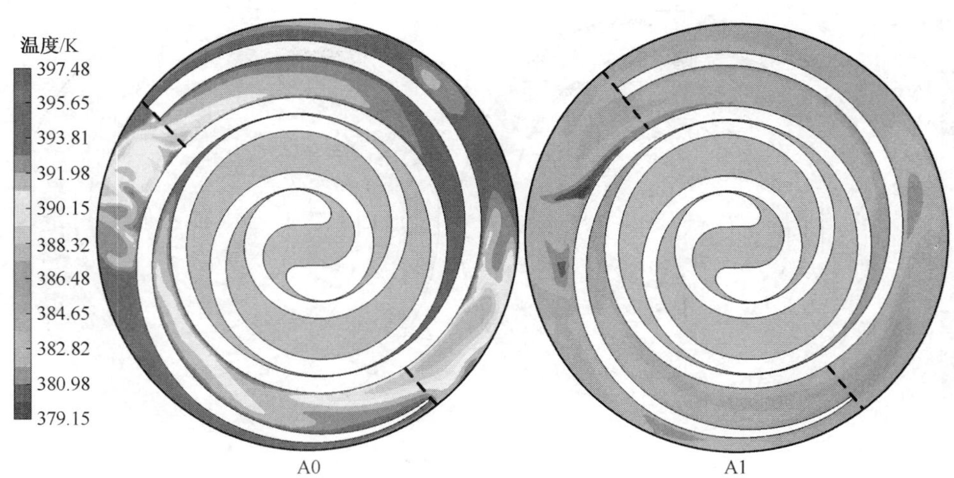

图 7.12　180°主轴转角位置膨胀机 A0 与 A1 排气腔、背压腔温度分布

Bac_1，这两股气流的冲撞使背压腔 Bac_1 中形成两个较大尺度的旋涡，导致 A0 中排气流阻增加。膨胀机 A1 背压腔 Bac_2 近动涡旋齿末端形成的低速旋涡是受动涡旋齿的扰动所致，同时背压腔 Bac_2 近排气道处部分回流气体在动涡旋齿壁面约束下形成回流旋涡，但相比 A0 背压腔中旋涡尺度和强度要小。对比该位置下两膨胀机排气腔和背压腔的温度分布，如图 7.15 所示，原型机 A0 排气腔和背压腔内的温度仍高于 A1，且在流动损失较高的回流旋涡区域出现了局部高温。

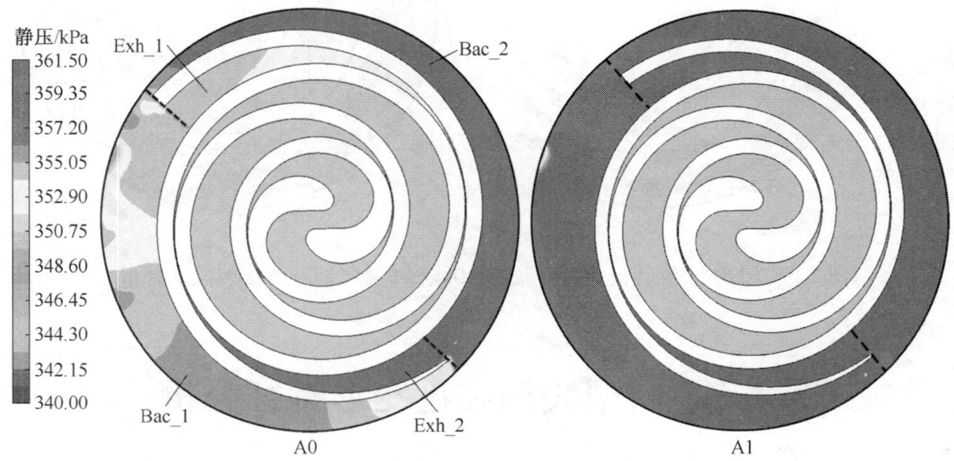

图 7.13　270°主轴转角位置膨胀机 A0 与 A1 排气腔、背压腔静压分布

通过以上分析可知，当采用变径基圆涡旋型线时，动、静涡旋齿外壁面与

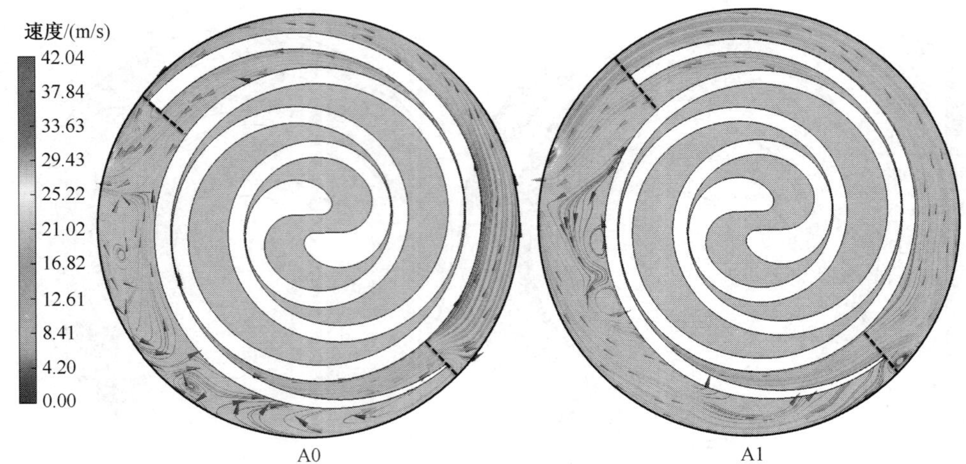

图 7.14 270°主轴转角位置膨胀机 A0 与 A1 排气腔、背压腔速度流线

壳体间通道过流面积增加，背压腔内二次流机械能耗散减弱，背压腔内流动损失更小，且压力和温度分布较原型机更均匀。

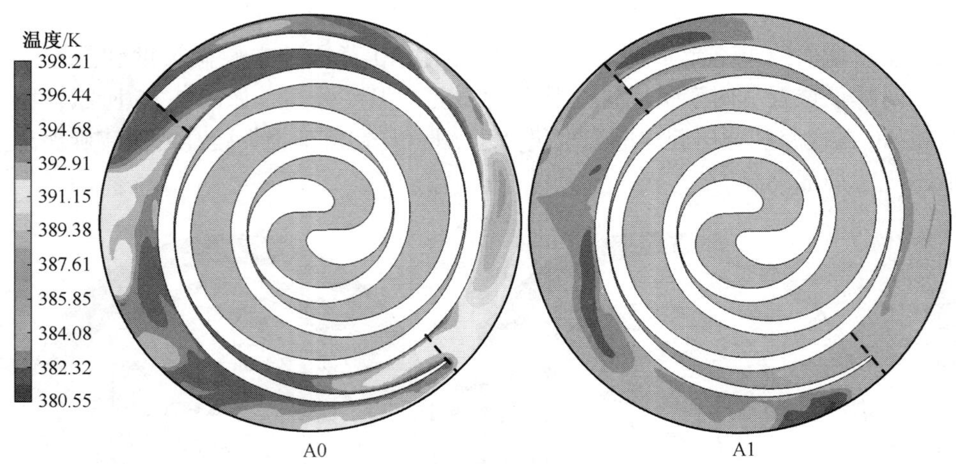

图 7.15 270°主轴转角位置膨胀机 A0 与 A1 排气腔、背压腔温度分布

7.4 不同型线涡旋盘变形特征分析

由对膨胀机 A1 气体力分析可知，当主轴转至 150°位置时，其静涡旋盘所受轴向力最大，认为该转角位置为变形最大的时刻，因此本节仅对膨胀机 A0

和 A1 分别在其变形最大时刻下的变形情况进行对比。图 7.16 给出了膨胀机 A1 动、静涡旋齿温度分布情况，可以看出，A1 涡旋齿的温度分布趋势与原型机 A0 相似，最高温度发生于齿头位置，并沿渐开线展开，温度先下降再升高最后下降，但 A1 涡旋齿整体温度更低，且外圈没有出现明显高温区域。

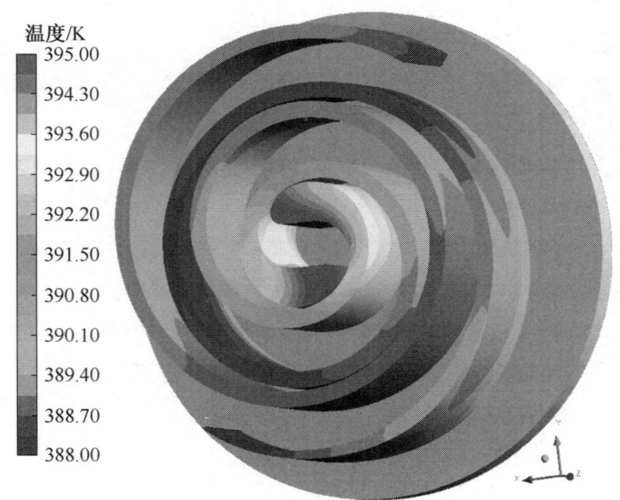

图 7.16　150°主轴转角位置 A1 膨胀机涡旋齿温度分布

由于 A0 和 A1 涡旋轮廓线长度并不相同，但渐开线展开角度相同，因此对两膨胀机动、静涡齿齿顶线位移量按渐开线展开角进行展开分析。图 7.17 给出了两膨胀机静涡旋齿齿顶分别在温度载荷、内压载荷以及两者耦合作用下沿涡旋线展开角的变形分布曲线，不难看出，在各载荷作用下，两者静涡旋齿的变形趋势均基本一致。

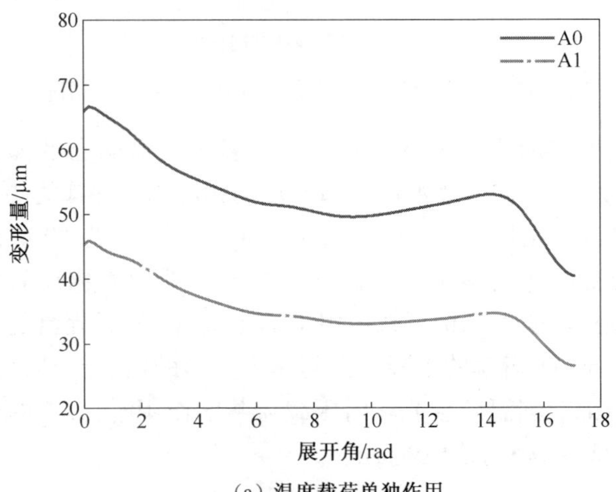

(a) 温度载荷单独作用

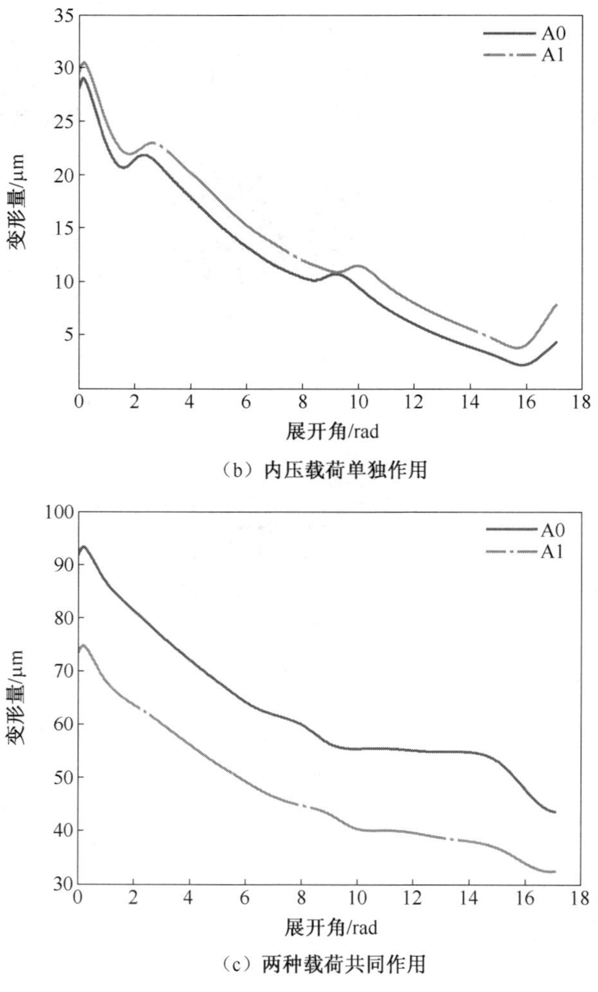

（b）内压载荷单独作用

（c）两种载荷共同作用

图 7.17 涡旋膨胀机静涡旋盘齿顶涡旋线变形情况

在吸气集气室的加热作用下，A0 和 A1 静涡旋盘的温度梯度不大，但在流场的影响下原型机静涡旋盘温度分布不均匀程度高，热应力更大，因此热变形量更高。当展开角范围在 10.47～13.96 rad 时，原型机 A0 静涡旋齿温度上升较快，导致此处的热变形曲线的斜率高于 A1。当只有内压载荷作用时，尽管根据静涡旋盘的轴向力分析可知作用于膨胀机 A1 静涡旋盘的轴向气体力低于原型机，但由于 A1 齿厚的下降，引起压力变形的增加，其最大压力变形量比 A0 高出约 2 μm。当温度载荷和内压载荷共同作用时，A1 的最大变形量为 74 μm，相比原型机减小了约 19 μm。

如图 7.18 所示，膨胀机 A0 和 A1 动涡旋齿在温度载荷单独作用下的最大变形分别发生于展开角为 16.06 rad 和 13.09 rad 位置。与 A0 相比，A1 动涡旋齿最大热变形减小了约 22.75%。当内压载荷单独作用下，A0 和 A1 动涡旋齿在展开角大于 13.09 rad 时开始出现较大差异，此时由于 A1 消除了原型机排气腔 Exh_2 中气体折返流入背压腔 Bac_1 的现象，减小了齿尾处内外壁面的压差，降低了压力变形。当两种载荷耦合作用时，最大变形都发生于动涡旋齿末端，A1 的最大变形值为 36.7 μm，相比 A0 减少了 39.8%。

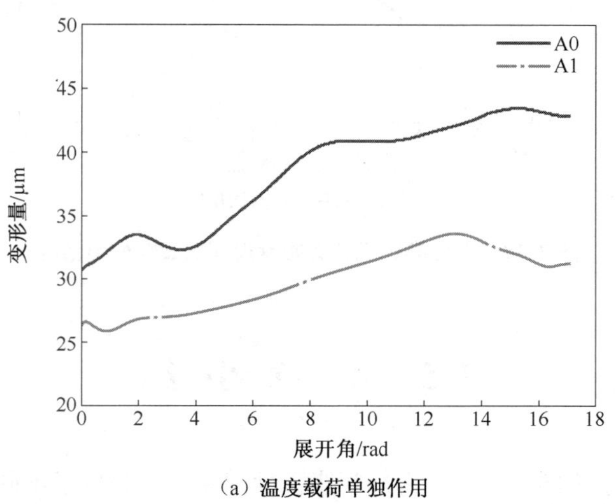

（a）温度载荷单独作用

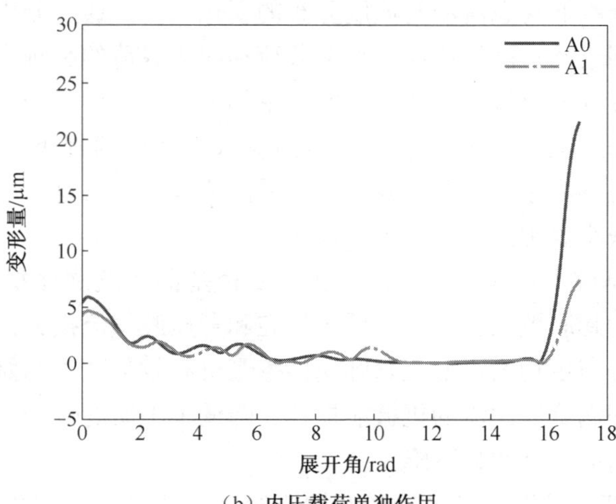

（b）内压载荷单独作用

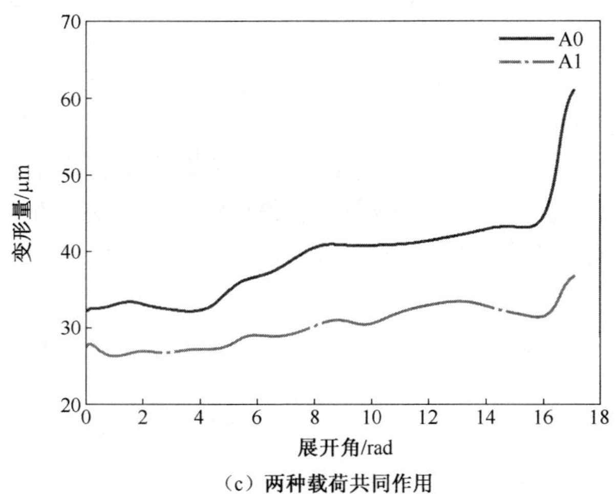

（c）两种载荷共同作用

图 7.18　涡旋膨胀机动涡旋盘齿顶涡旋线变形情况

7.5　本章小结

本章对比了不同涡旋型线涡旋膨胀机性能差异，分析了不同涡旋型线膨胀机排气腔和背压腔非稳态流动与温度分布的变化规律。通过分析膨胀机工作腔流场分布对作用于动、静涡旋齿的温度载荷和内压载荷的影响，比较分析了两种涡旋型线涡旋盘变形规律。本章主要结论如下：

（1）当保证涡旋膨胀机基本几何结构参数不变的前提下，变径基圆涡旋膨胀机能有效提升膨胀机的等熵效率，降低内泄漏，且具有与原型机相似的工作能力，同时减小涡旋齿的最小工作容积。

（2）与定基圆半径涡旋膨胀机相比，变径基圆涡旋膨胀机能够有效增强膨胀腔内工质的膨胀效果，同时降低排气腔和背压腔气流损失，使两侧排气腔和背压腔压力分布更均匀；变径基圆涡旋膨胀机有效削减了两侧背压腔内部气流微团的摩擦和涡旋二次流的机械能损耗，降低了工质的熵增，提高了排气流速，使工作腔内的温度明显下降。

（3）变径基圆涡旋膨胀机等径基圆半径涡旋齿外圈的温度分布较定基圆半径涡旋膨胀机更为均匀，且温度值更低。

（4）不同型线膨胀机的动、静涡旋齿在各载荷作用下的变形量差异很大。与原型机相比，变径基圆渐开线静涡旋盘温度分布更均匀，热变形值更小；受齿厚的影响，变径基圆渐开线静涡旋盘在内压载荷单独作用下的变形略有增大，但在温度载荷和内压载荷共同作用时，变形量下降。变径基圆渐开线动涡旋盘在各载荷作用下的变形均小于原型机。特别是当内压载荷单独作用时，两膨胀机在齿尾附近的变形值开始出现较大差异，这是由于变径基圆涡旋膨胀机减弱了原型机排气腔中二次流强度，减小了齿尾末端内外壁面的压差，降低了压力变形。

第8章 全文总结及展望

8.1 全文总结

本书对膨胀机的三维非稳态流场和温度场分布规律进行研究，获取作用在动、静涡旋盘上的温度载荷和内压载荷分布，探讨了影响涡旋盘结构变形的因素。针对应用于ORC车用余热回收系统的涡旋膨胀机，本书开展的主要研究内容及结论如下。

1. 有机工质涡旋膨胀机流–热–固多场耦合模拟方法研究

(1) 为精确获取作用于涡旋盘的温度载荷和内压载荷，讨论并确定了涡旋膨胀机流–热–固多场耦合求解方法，采用有限体积法和有限元法相结合的方式，先用有限体积法离散求解涡旋膨胀机工作腔非稳态流动和传热方程，再将得到的涡旋盘表面压力和体温度作为边界条件加载入涡旋盘有限元模型，以求解涡旋盘的应力应变场，实现对动、静涡旋盘的变形分析。

(2) 通过调整涡旋膨胀机工作腔网格尺度，对比不同网格尺度下膨胀机平均质量流量和轴功率等性能参数的差异，验证数值模型的网格无关性，达到控制网格数量的目的。工作腔动态计算域的网格通过弹簧光顺、2.5D面重构和局部单元重构方法，达到控制网格质量的目的。

(3) 对比分析特定工况下涡旋膨胀机的时均质量流量和轴功率等性能参数的实验结果与模拟计算结果，验证了涡旋膨胀机非稳态流–固耦合传热模型的可行性，其计算结果能够为涡旋盘结构变形分析提供可靠依据。

2. 涡旋膨胀机流场分布对涡旋盘应力变形的影响研究

(1) 揭示了动、静涡旋盘的温度分布规律，分析了影响涡旋盘的温度分布的主要因素。吸气集气室的加热作用是引起动、静涡旋齿外圈出现局部高温的重要原因。在工质与涡旋齿壁面的热交换和自身的热传导影响下，涡旋齿温度分布沿涡旋型线由齿头向齿尾方向先减小再增加最后减小。

（2）分析了特定工况下作用于动、静涡旋盘上的非稳态气体力，并对比分析了各气体力最大值发生对应主轴转角下的变形情况。当主轴转角位置不同时，背压腔的流动形态发生改变，动涡旋盘齿尾末端压力变形的方向也发生变化。当热变形与压力变形方向相同时，温度载荷与内压载荷耦合作用下的变形量增加；当热变形与压力变形方向相反时，温度载荷与内压载荷耦合作用下的变形量减小。

（3）对比分析了动、涡旋盘在各载荷单独作用下的变形分布规律。温度载荷对动、静涡旋盘的最大变形分布影响最大；压力载荷引起的变形仅仅改变了变形量，而对变形分布趋势的影响较小；惯性载荷的加载仅增加了动涡旋齿齿尾的变形量。

（4）分析了动、静涡旋盘径、轴向干涉分布情况，对比了动、静涡旋盘在装配前后应力变形分布的差异。动涡旋盘在装配前后的最大变形都发生在齿尾顶部附近位置；静涡旋盘在动、静涡旋盘装配前的最大变形发生在齿头顶部，装配后由于受到轴向干涉的影响，齿头的变形量减小。与内压载荷相比，温度载荷对装配后动、静涡旋盘间的应力和变形影响更大。在本书的工况条件下，膨胀机动、静涡旋盘径向无干涉，但轴向干涉区间大。

3. 吸气温度/压力对涡旋膨胀机工作腔流动和涡旋盘变形特性的影响研究

（1）分析了吸气温度的变化对膨胀机性能和工作腔流场分布特征的影响。吸气温度的升高对膨胀机的轴功率和等熵效率的增加并不明显。吸气温度升高，增加了工质流经间隙泄漏区域时的压力损失。同时，吸气温度升高，使得背压腔压力更接近于排气背压，背压腔压力分布更均匀。此外，吸气温度升高，泄漏质量流量下降，膨胀机单个腔体内温度分布梯度更大。不同吸气温度下均出现背压腔部分区域的工质温度超过排气腔中游区域工质温度的现象，且吸气温度越低，这种现象越明显。

（2）对比分析了吸气温度变化时动、静涡旋齿的变形规律。吸气温度的升高使得动、静涡旋齿的变形量增加，但对分布趋势基本没有影响。与静涡旋齿相比，工质吸气温度的变化对齿尾处壁厚较小的动涡旋齿的变形影响更大。这是由于不同吸气温度下排气腔与背压腔的流场结构分布并不完全相同，当吸气温度下降，动涡旋齿的热膨胀量减小，但更高的排气腔与背压腔间的压差，增大了动涡旋齿末端的压力变形，在温度载荷和内压载荷的耦合作用下，动涡旋齿齿尾末端的变形量增大。

（3）分析了吸气压力的变化对工作腔压力场和温度场分布特征的影响。吸气压力增加，气流在气动排气口处流速增大，背压腔内气量增加，并在较大的气体惯性力作用下撞击壁面，在壁面附近形成二次流旋涡，旋涡的强度和尺度都随吸气压力的增加而增大，导致排气阻力增加，气流微团间的摩擦增大，腔内温度上升，工质和壁面间的换热增强。

(4) 分析了吸气压力的变化对动、静涡旋齿变形特性的影响。吸气压力增加，动、静涡旋盘的热变形和压力变形都增大，且变化趋势基本一致。静涡旋盘热变形的增加相比其压力变形的增加更为明显，热变形的增量沿涡旋线展开方向基本保持不变，压力变形的增量沿涡旋线展开方向逐渐下降。

4. 不同类型涡旋型线的构造和比较

(1) 等壁厚涡旋型线的比较。构造出线段渐开线、正四边形渐开线和圆渐开线 3 种等壁厚渐开线类涡旋型线并对其结构参数进行了计算。当涡旋体高度、节距及壁厚相同时，3 种涡旋膨胀机的排气容积、行程容积比及外接圆半径随渐开线终端展角的增大而增大，且圆渐开线膨胀机的行程容积比高于另外两种型线，外接圆半径小于另外两种型线。当涡旋体高度、节距及壁厚相同且外接圆半径相同时，圆渐开线膨胀机行程容积比最大，圈数最少。因此在小型轻量化的前提下，圆渐开线优于另外两种型线。

(2) 变壁厚涡旋型线的建立。针对本书课题组 ORC 系统中的涡旋膨胀机，在保证其占用空间不变的前提下，建立了高次曲线组合型线、圆弧组合型线及变径基圆渐开线涡旋型线 3 种变壁厚涡旋膨胀机的几何模型。

5. 型线类型及运行工况对涡旋膨胀机性能影响的研究

(1) 组合型线动涡盘的轴向力小于变径基圆渐开线动涡盘所受轴向力，有利于减小轴向间隙造成的径向泄漏，但与变径基圆渐开线相比，组合型线动涡盘所受切向力及径向力波动幅度大得多，这对于膨胀机运转稳定性是不利的。

(2) 针对本书课题组所用圆渐开线涡旋膨胀机，当占用空间及运行工况相同时，变径基圆渐开线与圆渐开线涡旋膨胀机相比，扭矩增大 0.03 N·m，功率提高 5.33 W，效率提升 3.3%。组合型线与圆渐开线涡旋膨胀机相比，扭矩、功率及效率均有所下降。

(3) 对于高次曲线组合型线涡旋膨胀机，当进出口边界条件相同时，输出扭矩随转速的增大而降低，输出功率及效率随转速的增大先升高随后降低。当膨胀机进口过热度、转速及出口压力一定时，输出扭矩、功率及效率随进口压力的增加而增加。

6. 型线变化对涡旋膨胀机涡旋盘变形特性的影响研究

(1) 对比了具有相同几何结构的变径基圆涡旋型线与定基圆半径型线涡旋膨胀机性能差异。变径基圆涡旋膨胀机能有效提升膨胀机的等熵效率，降低内泄漏，且具有与原型机相似的工作能力，同时减小涡旋齿的最小工作容积。

(2) 对比了具有相同几何结构的变径基圆涡旋型线与定基圆半径型线涡旋膨胀机工作腔压力场和温度场分布特征的差异。与定基圆半径涡旋膨胀机相比，变径基圆涡旋膨胀机能够有效增强膨胀腔内工质的膨胀效果，同时降低排气腔和背压腔气流损失，使两侧排气腔和背压腔压力分布更均匀。变径基圆涡旋膨胀机有效削减了两侧背压腔内部气流微团的摩擦和涡旋二次流的机械能损耗，降低了工质的熵增，提高了排气流速，使工作腔内的温度较定基圆半径涡旋膨胀机有明显下降。

(3) 对比分析了不同型线膨胀机在各载荷作用下变形规律的差异。与原型机相比，变径基圆渐开线静涡旋盘的温度分布更均匀，热变形量更小。受齿厚的影响，与原型机相比，变径基圆渐开线静涡旋盘在内压载荷单独作用时的变形量略有增大，但在温度载荷和内压载荷共同作用下的变形量减小。变径基圆渐开线动涡旋盘在各载荷作用下的变形均小于原型机。特别是当内压载荷单独作用时，两膨胀机在动涡旋齿齿尾附近的变形值差异较大，这是由于变径基圆涡旋膨胀机减小了齿尾末端内外壁面的压差，使得压力变形减小。

8.2　主要创新点

(1) 从涡旋膨胀机内部的流体流动换热机制出发，揭示了工作腔流场分布对动、静涡旋齿温度分布的影响规律。动、静涡旋齿的温度并不是沿涡旋线展开方向逐渐降低，而是由齿头位置先下降再增大最后下降。涡旋齿温度首先下降是由于气体膨胀做功而温度下降；接着涡旋齿温度的上升一方面与吸气集气室加热作用有关；另一方面是由于较高的背压腔流阻使气体流速下降，气体能量耗散增加；最终齿尾附近区域的温度下降是由气动排气口附近工质的流速大、换热强度高引起的。

(2) 揭示了膨胀机工作腔的非稳态流动对涡旋齿变形的影响规律。工作腔的吸、排气气流的扰动使动、静涡旋齿的温度梯度集中于齿头和齿尾附近，动涡旋齿的最大热变形发生于齿尾处，静涡旋盘的最大热变形发生于齿头位置。工作腔的非稳态流动使作用于涡旋齿内外侧壁面的压差大小和方向发生变化，导致各主轴转角下壁厚较小的动涡旋齿末端的压力变形方向和大小都不相同，且当热变形与压力变形方向相同时，耦合场作用下的变形量增加，而当热变形与压力变形方向相反时，耦合场作用下的变形量减小。

(3) 揭示了工质进口温度和压力对动、静涡旋齿变形的影响规律。不同吸气温度下涡旋齿的变形规律基本相同，静涡旋齿的最大变形发生在齿头位置，变形值沿涡旋轮廓线展开方向逐渐减小；动涡旋齿的最大变形发生于齿尾末端，变形值沿涡旋轮廓线展开方向整体呈上升趋势。不同吸气压力下动、静涡旋齿的变形规律基本一致，变形值受吸气压力影响极大，呈现出明显的正相关关系。吸气压力增大，背压腔二次流旋涡的尺度和强度增大，二次流损失增加，工质与壁面间的换热增强，导致涡旋齿温度分布的不均匀性增加，动、静涡旋齿热变形的增加相比其压力变形的增加更为明显。

8.3 对后续研究工作的展望

本书采用有限体积法和有限元法相结合对应用于车用发动机 ORC 余热回收系统的涡旋膨胀机动、静涡旋盘的变形特性开展了研究，根据研究过程中取得的一些研究成果和遇到的困难，对后续研究工作提出以下建议：

（1）本书仅考虑了小变形条件下涡旋膨胀机内部流场对涡旋盘变形的单向影响，忽略了膨胀机结构域的变形对流体域流场的影响。今后可采用双向耦合方法，进行涡旋膨胀机涡旋盘变形特性的研究。

（2）本书仅研究了动、静涡旋齿在不同载荷作用下的变形及干涉特性，由于有机工质涡旋膨胀机工作环境复杂，涡旋齿的变形较大。为评价现有涡旋膨胀机的寿命、强度和可靠性，今后需对涡旋齿在非稳态流场作用下的振动特性和结构强度开展研究。

（3）本书未研究不同型线对涡旋齿变形特性和膨胀机非稳态性能的影响。在后续研究中，可以此为着眼点，对其他涡旋型线或涡旋齿头、齿尾修正型线的涡旋膨胀机非稳态性能和涡旋齿变形规律展开研究。

（4）鉴于时间的限制，本书对涡旋盘的变形特性分析并未综合考虑涡旋膨胀机润滑、电动机和主轴轴承发热等因素，今后在进行涡旋盘的变形分析时可考虑建立于涡旋膨胀机整机热传递分析的基础上，来获取更准确的热载荷。

参考文献

[1] BAATZ E, HEIDT G. First waste heat power generating plant using the Organic Rankine Cycle process for utilizing residual clinker cooler exhaust air [C]. ZKG International, 2000: 425-436.

[2] LEGMANN H. Recovery of industrial heat in the cement industry by means of the ORC process [C]. Cement Industry Technical Confernece, 2002: 44.

[3] HUNG T C. Waste heat recovery of organic Rankine cycle using dry fluids [J]. Energy Conversion and Management, 2001, 42 (5): 539-553.

[4] NOWAK W, BORSUKIEWICZ-GOZDUR A, STACHEL A. Using the low-temperature Clausius-Rankine cycle to cool technical equipment [J]. Applied Energy, 2008 (85): 582-588.

[5] MCMAHAN A, KLEIN S, REINDL D. A finite-time thermodynamic framework for optimizing solar-thermal power plants [J]. Journal of Solar Energy Engineering, 2007 (129): 355-362.

[6] KOHLENBACH P, MCEVOY S, STEIN W, et al. Novel parabolic trough collectors driving a small-scale Organic Rankine Cycle system [C]. ASME 2007 Energy Sustainability Conference; 2007, American Society of Mechanical Engineers.

[7] SWIFT A, REID R, SEWELL M, et al. Operational results for a 3355 m^2 solar pond in El Paso, Texas, in Solar Engineering [J]. The American Society of Mechanical Engineers, 1987: 279-293.

[8] TABOR H, DORON B. The Beith Ha'Arava 5 MW (e) solar pond power plant (SPPP) - progress report [J]. Solar Energy, 1990 (45): 247-253.

[9] KAMOGAWA H. OTEC research in Japan [J]. Energy, 1980 (5): 481-492.

[10] 赵力, 王晓东, 张启. 非共沸工质用于太阳能低温朗肯循环的理论研究 [J]. 太阳能学报, 2009, 30 (6): 738-743.

[11] CHAMMAS RE, CLODIC D. Combined cycle for hybrid vehicles [C]. SAE Technical Paper, 2005.

[12] TENG H, REGNER G, COWLAND C. Achieving high engine efficiency for heavy-duty diesel engines by waste heat recovery using supercritical organic-fluid Rankine cycle [C]. SAE Technical Paper, 2006.

[13] ARIAS D A, SHEDD T A, JESTER R K. Theoretical analysis of waste heat recovery from an internal combustion engine in a hybrid vehicle [C]. SAE Technical Paper, 2006.

[14] STOBART R, WEERASINGHE R. Heat recovery and bottoming cycles for SI and CI engines-a perspective [C]. SAE Technical Paper, 2006.

[15] 方金莉, 魏名山, 王瑞君, 等. 采用中温有机朗肯循环回收重型柴油机排气余热的模拟 [J]. 内燃机学报, 2010 (4): 362-367.

[16] 魏名山，方金莉，王瑞君，等．柴油机工况对中温有机朗肯循环性能影响的模拟［J］. 内燃机学报，2011（3）：248-252.

[17] 魏名山，史磊，宋盼盼，等．以 R245fa 为工质的余热回收系统试验研究［J］. 农业机械学报，2014，45（3）：26-41.

[18] 史磊，魏名山，宋盼盼，等．以 R245fa 为工质的重型柴油机余热回收系统的模拟与试验研究［C］. 中国内燃机学会燃烧净化节能分会 2013 年学术年会，2013.

[19] 史磊，魏名山，马朝臣．膨胀器对车用余热回收系统性能影响的试验［J］. 内燃机学报，2015（1）：83-88.

[20] ZHAO M，WEI M，SONG P，et al. Performance evaluation of a diesel engine integrated with ORC system［J］. Applied Thermal Engineering，2017（115）：221-228.

[21] ZHAO M，WEI M，TIAN G，et al. Simulation of effects of ORC system installation on heavy-duty truck［J］. Applied Thermal Engineering，2018（128）：1322-1330.

[22] 何茂刚，张新欣，曾科．车用发动机余热回收的新型联合热力循环［J］. 西安交通大学学报，2009. 43（11）：1-5.

[23] 张新欣，何茂刚，曾科，等．发动机余热利用蒸气动力循环的工质筛选［J］. 工程热物理学报，2010，31（1）：15-18.

[24] 吕登科．基于朗肯循环的发动机废气能量回收利用研究［D］. 天津：天津大学，2009.

[25] 王恩华．车用有机朗肯底循环系统研究［D］. 北京：北京工业大学，2013.

[26] PLATELL P. Displacement expanders for small scale cogeneration［M］. Stockholm：Department of Machine Design，Royal Institute of Technology，1993.

[27] MOORE R W，MASS L C. Investigation of scroll fluid machinery for cryogenic helium refrigerators［M］. Defense Technical Information Center，1975.

[28] QIU G，LIU H，RIFFAT S. Expanders for micro-CHP systems with organic Rankine cycle［J］. Applied Thermal Engineering，2011，31（16）：3301-3307.

[29] EMERSON. Scroll compressors［EB/OL］.（2015-02-22），［2013-10-29］，http：//www. emersonclimate. com/en-ca/Products/Compressors/Scroll_ Compressors/.

[30] Sanden. Scroll compressors［EB/OL］.［2013-10-29］，http：//www. sanden. com/scroll-compressors. html.

[31] AOTECAR. Electric scroll compressor［EB/OL］.（2013-12-16），［2014-01-05］，http：//zt. cnautonews. com/bjgys/qyzs/201312/t20131205_ 268028. htm.

[32] COAIRE. Air compressors 2013［EB/OL］.（2013-02-14），［2013-10-19］，http：//www. coaire. com/oil-less-scroll-air-end. html.

[33] ZANELLI R，FAVRAT D. Experimental investigation of a hermetic scroll expander-generator［C］. International Compressor Engineeing Conference，1994.

[34] KANE M，LARRAIN D，FAVRAT D，et al. Small hybrid solar power system［J］. Energy，2003，28（14）：1427-1443.

[35] SAITOH T，YAMADA N，WAKASHIMA S I. Solar Rankine cycle system using scroll ex-

pander [J]. Journal of Environment and Engineering, 2007, 2 (4): 708-719.

[36] TAKARA S. Study on heat recovery generation system for co-generation [C]. The Japan Society of Mechanical Engineers, Japan, 2007.

[37] AOUN B, CLODIC D. Theoretical and experimental study of an oil-free scroll type vapor expander [C]. 19th International Compressor Engineering Conference at Perdue, 2008.

[38] PETERSON R, WANG H, HERRON T. Performance of a small-scale regenerative Rankine power cycle employing a scroll expander [J]. Proceedings of the Institution of Mechanical Engineers, Part A: Journal of Power and Energy, 2008, 222 (3): 271-282.

[39] WANG H, PETERSON R, HERRON T. Experimental performance of a compliant scroll expander for an organic Rankine cycle [J]. Proceedings of the Institution of Mechanical Engineers, Part A: Journal of Power and Energy, 2009, 223 (7): 863-872.

[40] LEMORT V, TCODORESE I V, LEBRUN J. Experimental study of the integration of a scroll expander into a heat recovery Rankine cycle [J]. 18th International Compressor Engineering Conference, 2006.

[41] MATHIAS J A, JOHNSTON J R, CAO J, et al. Experimental testing of gerotor and scroll expanders used in, and energetic and exergetic modeling of an organic Rankine cycle [J]. Journal of Energy Resources Technology, 2009, 131 (1): 21-24.

[42] DECLAYE S, QUOILIN S, GUILLAUME L, et al. Experimental study on an open-drive scroll expander integrated into an ORC (Organic Rankine Cycle) system with R245fa as working fluid [J]. Energy, 2013 (55): 173-183.

[43] YAMADA N, WATANABE M, HOSHI A. Experiment on pumpless Rankine-type cycle with scroll expander [J]. Energy, 2013 (49): 137-145.

[44] TARIQUE A, DINCER I, ZAMFIRESCU C. Experimental investigation of a scroll expander for an organic Rankine cycle [J]. International Journal of Energy Research, 2014, 38 (14): 1825-1834.

[45] 郑敏之. 涡卷式膨胀机的性能试验 [J]. 压缩机技术, 1991 (3): 1-5.

[46] 刘广彬, 刘云霞, 赵远扬, 等. 涡旋膨胀机工作腔内部压力实验研究 [C]. 中国工程热物理学会 (热机气动热力学), 2010.

[47] 顾伟, 孙绍芹, 翁一武, 等. 采用涡旋膨胀机的低品位热能有机物朗肯循环发电系统实验研究 [J]. 中国电机工程学报, 2011, 31 (17): 20-25.

[48] 韦伟, 严瑞东, 刘杰, 等. 采用涡旋式膨胀机的有机朗肯循环系统试验研究 [J]. 流体机械, 2012, 40 (11): 1-4.

[49] 褚晓广, 张承慧, 李珂, 等. 涡旋膨胀机改造及试验性能研究 [J]. 西安交通大学学报, 2014 (1): 37-41

[50] HOQUE S M E. Experimental investigation of an R134a based organic Rankine cycle [D]. University of Ontario Institute of Technology, 2011.

[51] JRADI M, LI J, LIU H, et al. Micro-scale ORC-based combined heat and power system

using a novel scroll expander [J]. International Journal of Low-Carbon Technologies, 2014, 9 (2): 91-99.

[52] 樊灵, 屈宗长, 靳春梅. 涡旋压缩机型线研究概述 [J]. 机械工程学报, 2000, 36 (9): 1-4.

[53] LI Z, LI L, ZHAO Y. Test and analysis on the working process of dry scroll vacuum pump [J]. Vacuum, 2010 (85): 95-100.

[54] LIU G, ZHAO Y, LI L. Simulation and experiment research on wide ranging working process of scroll expander driven by compressed air [J]. Applied Thermal Engineering, 2010 (30): 2073-2079.

[55] WANG B, SHI W, LI X. Numerical research on the scroll compressor with refrigeration injection [J]. Applied Thermal Engineering, 2008 (28): 440-449.

[56] LIU Y, HUNG C, CHANG Y. Mathematical model of bypass behaviors used in scroll compressor [J]. Applied Thermal Engineering, 2009 (29): 1058-1066.

[57] MORISHITA E. Geometrical theory of scroll compressor [J]. Turbomachine, 1985, 13 (4): 23-33.

[58] GRAVESEN J. The geometry of the scroll compressor [J]. Siam Review, 2001, 43 (1): 113-126.

[59] BUSH W J, BEAGLE W P, HOUSMAN M E. Maximizing scroll compressor displacement using generalised wrap geometry [C]. International Compressor Engineering Conference, 1994.

[60] 李连生, 束鹏程. 涡旋型线对涡旋式压缩机性能的影响 [J]. 西安交通大学学报, 1997 (2): 45-50.

[61] 邵兵, 王训杰, 刘涛. 代数阿基米德螺旋涡旋型线研究 [J]. 兰州理工大学学报, 2004, 30 (5): 64-67.

[62] LIU Y, HUNG C H, CHANG Y. Study on involute of circle with variable radii in a scroll compressor [J]. Mechanism and Machine Theory, 2010 (45): 1520-1521.

[63] 田亚永. 变径基圆渐开线涡旋型线的分析 [D]. 兰州: 兰州理工大学, 2011.

[64] 孙迎. 变截面涡旋压缩机数学模型的研究 [D]. 兰州: 兰州理工大学, 2012.

[65] 张臣. 型线结构对涡旋膨胀机性能影响的研究 [D]. 北京: 北京理工大学, 2015.

[66] GRAVESEN J, HENRIKSEN C. The geometry of the scroll compressor [J]. Siam Review, 2001, 43 (1): 113-126.

[67] 陈进, 王立存, 李世六. 通用涡旋型线理论研究与深入分析 [J]. 机械工程学报, 2006, 42 (5): 11-15.

[68] 王立存. 通用涡旋型线集成设计理论与方法研究 [D]. 重庆: 重庆大学, 2007.

[69] QIANG J. Study on basic parameters of scroll fluid machine based on general profile [J]. Mechanism and Machine Theory, 2010 (45): 212-223.

[70] OROSZ S M, MUELLER V A, DESCHENE J B, et al. Geometric design of scoll expander

optimized for small organic rankine cycles [J]. Journal of Engineering for Gas Turbine power, 2013, 135 (3): 042303.

[71] GRAVESEN J, HENRIKSEN C. The Geometry of the scroll compressor [M]. Society for Industrial and Applied Mathematics, 2001.

[72] HIRANO T, HAGIMOTO K, MAEDA M. Study on scroll profile for scroll fluid machines [J]. Transactions of the Japan Society of Refrigerating and Air Conditioning Engineers, 1991, 8 (1): 53-64.

[73] LEE Y, WU W. On the profile design of a scroll compressor [J]. International Journal of Refrigeration, 1995, 18 (5): 308-317.

[74] BELL H I, GROLL E A, BRAUN E J. Update on scroll compressor chamber geometry [C]. International Compressor Engineering Conference, 2010.

[75] BLUNIER B, CIRRINCIONE G, HERVE Y, et al. A new analytical and dynamical model of a scroll compressor with experimental validation [J]. Journal of Refrigeration, 2009 (32): 874-891.

[76] INCROPERA F P, LAVINE A S, DEWITT D P. Fundamentals of heat and mass transfer [M]. John Wiley & Sons, 2011.

[77] MAHFOUZ H A G, HASSAN M N B W, MUSA M N. Analytical and experimental study on a scroll compressor [C]. In: Proceedings of International Compressor Engineering Conference; Purdue; 2004: 1648.

[78] 屈宗长, 王开宁, 李元鹤, 等. 背压平衡涡旋压缩机传热学研究 [J]. 陕西理工学院学报 (自然科学版), 1998 (1): 40-46.

[79] 刘振全, 吴伟东. 全封闭涡旋压缩机动态数学模型 [J]. 兰州理工大学学报, 2004, 26 (3): 59-64.

[80] ISHII N, KAWAMURA S, YAMAMOTO S, et al. Efficiency simulations with consideration of heat losses of a R410a compact scroll compressor for its optimal performance [C]. International Compressor Engineering Conference, 2002.

[81] Ooi K T, Zhu J. Convective heat transfer in a scroll compressor chamber: A 2-D simulation [J]. International Journal of Thermal Sciences, 2004, 43 (7): 677-688.

[82] JANG K, JEONG S. Experimental investigation on convective heat transfer mechanism in a scroll compressor [J]. International Journal of Refrigeration, 2006, 29 (5): 744-753.

[83] 王吉岱, 梁新军, 杨兴华, 等. 涡旋式膨胀机数学模型及仿真研究 [J]. 设计研究, 2012 (5): 13-14

[84] 杨兴华, 潘家祯, 王吉岱, 等. 涡旋式膨胀机内部流场的数值模拟研究 [J]. 流体机械, 2013, 41 (2): 15-18.

[85] CHANG C W, CHANG J C, HUNG T C, et al. CFD simulation and experiment of scroll expander for organic Rankine Systems [C]. Advanced Materials Research, 2013.

[86] CHANG J C, CHANG C W, HUNG T C, et al. Experimental study and CFD approach for

scroll type expander used in low-temperature organic Rankine cycle [J]. Applied thermal engineering, 2014, 73 (2): 1444-1452.

[87] MORINI M, PAVAN C, PINELLI M, et al. Analysis of a scroll machine for micro ORC applications by means of a RE/CFD methodology [J]. Applied Thermal Engineering, 2015 (80): 132-140.

[88] SONG P, WEI M, LIU Z, et al. Effects of suction port arrangements on a scroll expander for a small scale ORC system based on CFD approach [J]. Applied Energy, 2015 (150): 274-285.

[89] WEI M, SONG P, ZHAO B, et al. Unsteady flow in the suction process of a scroll expander for an ORC waste heat recovery system [J]. Applied Thermal Engineering, 2015 (78): 460-470.

[90] SONG P, WEI M, SHI L, et al. Numerical simulation of three-dimensional unsteady flow in a scroll expander applied in waste heat recovery [C]. IOP Conference Series: Materials Science and Engineering, 2013.

[91] SUEFUJI K, SHIIBAYSHI M, MINAKATA R, et al. Deformation analysis of scroll members in hermetic scroll compressors for air conditioners [J]. Oak Knoll Press, 1988.

[92] DINIZ M C, PEREIRA E L, DESCHAMPS C J. A lumped-parameter thermal model for scroll compressors including the solution for the temperature distribution along the scroll wraps [J]. International Journal of Refrigeration, 2015, 53: 184-194.

[93] O'LEARY J, WEADOCK T, GATECLIFF G. Scroll compressor cupping analysis [J]. International Compressor Engineering Conference, 1998.

[94] 赵树峰, 陈旭, 田涛. 涡旋压缩机动涡盘的应力及变形分析 [J]. 化工机械, 2003 (1): 17-20.

[95] 袁荣华, 李连生, 王国梁. 涡旋压缩机动涡盘结构设计中的三维有限元分析 [J]. 流体机械, 2004, 32 (3): 14-17.

[96] LIN C, CHANG Y, LIANG K, et al. Temperature and thermal deformation analysis on scrolls of scroll compressor [J]. Applied thermal engineering, 2005, 25 (11): 1724-1739.

[97] LIU Y, TANG Y, CHANG Y, et al. Optimum design of scroll profiles created from involute of circle with variable radii by using finite element analysis [J]. Mechanism and Machine Theory, 2012 (55): 1-17.

[98] 李超, 谢文君, 赵嫚. 多场耦合作用下动涡旋盘的变形和应力研究 [J]. 流体机械, 2013 (8): 16-20.

[99] 金丹, 陈旭, 田涛. 非均匀温度场下涡旋压缩机动涡盘的应力及变形分析 [J]. 流体机械, 2003, 31 (6): 11-13.

[100] 杜涛, 汪伟, 王刚. 涡旋体热与结构应力的耦合分析 [J]. 河南科技, 2015 (3): 52-54.

[101] 黄蕾, 唐景春, 韩坤. 温度场对动涡旋盘应力与应变的影响 [J]. 低温与超导, 2013, 41 (5): 60-63.

[102] CUI M. Numerical study of unsteady flows in a scroll compressor [J]. Journal of Fluids Engineering, 2006, 128 (5): 947-955.

[103] 肖根福, 刘国平, 王俊亭, 等. 动网格在涡旋压缩机三维流场数值模拟中的应用 [J]. 流体机械, 2014 (1): 25-29.

[104] PEREIRA E L, DESCHAMPS C J. A numerical study of convective heat transfer in the compression chambers of scroll compressors [C]. Proceedings of International Compressor Engineering Conference: Purdue, 2012.

[105] 刘涛, 王永威. 基于流场的变截面动涡盘热应力变形分析 [J]. 机械制造与自动化, 2015 (5): 11-14.

[106] 王永威. 变截面涡旋压缩机动涡盘热-结构耦合的应力和变形分析 [D]. 兰州: 兰州理工大学, 2014.

[107] 王君, 张娜, 刘凯, 等. 基于流场模拟的涡旋压缩机涡齿应力变形分析 [J]. 工程热物理学报, 2012, 3 (8): 1334-1337.

[108] 强建国. 涡旋压缩腔几何模型与涡旋齿强度研究 [D]. 兰州: 兰州理工大学, 2007.

[109] QIANG J, WEN T. Numerical modelling of temperature distribution for orbiting scroll wrap in an air scroll compressor [J]. International Journal of Heat & Mass Transfer, 2013, 67 (12): 678-689.

[110] 宋盼盼. 应用于有机朗肯循环的涡旋膨胀机非稳态流动特性研究 [D]. 北京: 北京理工大学, 2015.

[111] 肖根福. 无油涡旋压缩机腔内流场建模仿真及实验研究 [D]. 南昌: 南昌大学, 2013.

[112] 谢文君. 无油润滑涡旋压缩机动静涡旋盘的有限元分析 [D]. 兰州: 兰州理工大学, 2013.

[113] 李风宁. 新型无油涡旋压缩机涡旋盘的有限元分析 [D]. 兰州: 兰州理工大学, 2016.

[114] 汪军, 唐甜甜, 李连生, 等. 喷水涡旋空气压缩机压缩过程的换热特性分析 [J]. 流体机械, 2003, 31 (11): 7-9.

[115] 宋少云. 多场耦合问题的协同求解方法研究与应用 [D]. 武汉: 华中科技大学, 2007.

[116] 张强. 换热管及内外流体多场耦合数值分析方法研究 [D]. 大庆: 东北石油大学, 2011.

[117] 宋学官, 蔡林, 张华. ANSYS 流固耦合分析与工程实例 [M]. 北京: 中国水利水电出版社, 2012.

[118] 陶文铨. 数值传热学 [M]. 2 版. 西安: 西安交通大学出版社, 2008.

[119] 姜宗林, 陈耀松. 关于 RNG 代数湍流模式的研究 [J]. 力学学报, 1995, 27 (1):

99-103.

[120] MOMPEAN G. Numerical simulation of a turbulent flow near a right-angled corner using the speziale non-linear model with RNG k-ε equations [J]. Computers & Fluids, 1998, 27 (7): 847-859.

[121] XIA J L, YADIGAROGLU G, LIU Y S. Numerical and experimental study of swirling flow in a model combustor [J]. International Journal of Heat and Mass Transfer, 1998, 41 (11): 1485-1491.

[122] 王福军. 计算流体动力学分析: CFD 软件原理与应用 [M]. 北京: 清华大学出版社, 2004.

[123] GHOBADIAN A, VASQUEZ S A. A general purpose implicit coupled algorithm for the solution of eulerian multiphase transport equation [C]. International Conference on Multiphase Flow: Leipzig, Germany, 2007.

[124] 阎超, 于剑, 徐晶磊, 等. CFD 模拟方法的发展成就与展望 [J]. 力学进展, 2011, 41 (5): 562-584.

[125] BAUER H. Bosch automotive handbook 8th edition [M]. Stuttart: Robert Bosch GmbH, 2011.

[126] QUOILIN S, DECLAYE S, TCHANCHE B F, et al. Thermo-economic optimization of waste heat recovery Organic Rankine Cycles [J]. Applied Thermal Engineering, 2011, 31 (14): 2885-2893.

[127] VADIM Z, NIKOLAI B, MICHAEL G. Chapter five-Industrial casting aluminum alloys. In casting aluminum alloys [M]. Elsevier, 2007.

[128] Online Materials Information Resource - MatWeb, http: //www. matweb. com/search/SpecificMaterial. asp? bassnum=MCFE14.

[129] 刘振全, 张川. 变截面涡旋压缩机型线的研究 [J]. 甘肃工业大学学报, 2002, 28 (4): 61-64.

[130] 森下悦生, 杉原正浩. 涡旋压缩机的设计问题 [J]. 压缩机技术, 1988 (4): 11-20.

[131] 刘涛, 刘振全, 邬再新. 修正型线涡旋压缩机的内容积比确定方法 [J]. 流体机械, 2003, 31 (10): 12-14.

[132] 李超, 罗辉, 张芸豫. 不同涡旋型线压缩腔流场的模拟分析 [J]. 压缩机技术, 2009 (4): 11-14.

[133] 刘祯, 张臣, 魏名山, 等. 发动机余热回收用涡旋膨胀机涡旋型线的研究 [C]. 内燃机科技-中国内燃机学会第九届学术年会论文集, 2016.

[134] 刘涛, 李传恒, 侯富勇. 变截面型线涡旋压缩机的 CFD 流场分析 [J]. 兰州理工大学学报, 2017, 43 (2): 45-49.

[135] 李连生. 涡旋压缩机 [M]. 北京: 机械工业出版社, 1998.

[136] 刘杰, 陈江平, 祁照岗. 低温有机朗肯循环的热力学分析 [C]. 第六届全国制冷空调

新技术研讨会，2010.

[137] 刘振全，王君，强建国. 涡旋式流体机械与涡旋压缩机 [M]. 北京：机械工业出版社，2009.

[138] 杜文武. 组合型线涡旋压缩机型线设计与涡旋齿的有限元分析 [D]. 兰州：兰州理工大学，2011.

[139] 张永栋. 基于多目标遗传算法的涡旋型线形状优化设计研究 [D]. 重庆：重庆大学，2004.

[140] 刘广彬，赵远扬，李连生，等. 低温余热回收用涡旋膨胀机性能模拟研究 [J]. 西安交通大学学报. 2009 (7)：88-91.

[141] 李伟. 涡旋式膨胀机热力特性分析与台架实验 [D]. 杭州：浙江大学，2012.

[142] 严雨林. 有机朗肯循环系统涡旋膨胀机工作过程分析与实验研究 [D]. 天津：天津大学，2011.